A LIBRARY OF DOCTORAL DISSERTATIONS IN SOCIAL SCIENCES IN CHINA

中国社会科学博士论文文库

非对称合作何以可能：
以美墨非传统安全合作为例

How is Asymmetric Cooperation Possible?
A Case Study of Non-Traditional Security Cooperation between the US and Mexico

陈 岚 著

导师 钱 皓

中国社会科学出版社

图书在版编目(CIP)数据

非对称合作何以可能：以美墨非传统安全合作为例 / 陈岚著. —北京：中国社会科学出版社，2023.8

（中国社会科学博士论文文库）

ISBN 978-7-5227-1891-0

Ⅰ.①非… Ⅱ.①陈… Ⅲ.①国家安全—国际合作—研究—美国、墨西哥 Ⅳ.①D771.235②D773.135

中国国家版本馆 CIP 数据核字（2023）第 079945 号

出版人	赵剑英
责任编辑	高 歌
责任校对	李 琳
责任印制	李寡寡

出 版	中国社会科学出版社
社 址	北京鼓楼西大街甲 158 号
邮 编	100720
网 址	http://www.csspw.cn
发行部	010-84083685
门市部	010-84029450
经 销	新华书店及其他书店
印 刷	北京明恒达印务有限公司
装 订	廊坊市广阳区广增装订厂
版 次	2023 年 8 月第 1 版
印 次	2023 年 8 月第 1 次印刷
开 本	710×1000 1/16
印 张	15
字 数	253 千字
定 价	78.00 元

凡购买中国社会科学出版社图书，如有质量问题请与本社营销中心联系调换
电话：010-84083683

版权所有 侵权必究

《中国社会科学博士论文文库》
编辑委员会

主　　任：李铁映
副 主 任：汝　信　江蓝生　陈佳贵
委　　员：（按姓氏笔画为序）
　　　　　王洛林　王家福　王缉思
　　　　　冯广裕　任继愈　江蓝生
　　　　　汝　信　刘庆柱　刘树成
　　　　　李茂生　李铁映　杨　义
　　　　　何秉孟　邹东涛　余永定
　　　　　沈家煊　张树相　陈佳贵
　　　　　陈祖武　武　寅　郝时远
　　　　　信春鹰　黄宝生　黄浩涛
总 编 辑：赵剑英
学术秘书：冯广裕

总　序

在胡绳同志倡导和主持下，中国社会科学院组成编委会，从全国每年毕业并通过答辩的社会科学博士论文中遴选优秀者纳入《中国社会科学博士论文文库》，由中国社会科学出版社正式出版，这项工作已持续了12年。这12年所出版的论文，代表了这一时期中国社会科学各学科博士学位论文水平，较好地实现了本文库编辑出版的初衷。

编辑出版博士文库，既是培养社会科学各学科学术带头人的有效举措，又是一种重要的文化积累，很有意义。在到中国社会科学院之前，我就曾饶有兴趣地看过文库中的部分论文，到社科院以后，也一直关注和支持文库的出版。新旧世纪之交，原编委会主任胡绳同志仙逝，社科院希望我主持文库编委会的工作，我同意了。社会科学博士都是青年社会科学研究人员，青年是国家的未来，青年社科学者是我们社会科学的未来，我们有责任支持他们更快地成长。

每一个时代总有属于它们自己的问题，"问题就是时代的声音"（马克思语）。坚持理论联系实际，注意研究带全局性的战略问题，是我们党的优良传统。我希望包括博士在内的青年社会科学工作者继承和发扬这一优良传统，密切关注、深入研究21世纪初中国面临的重大时代问题。离开了时代性，脱离了社会潮流，社会科学研究的价值就要受到影响。我是鼓励青年人成名成家的，这是党的需要，国家的需要，人民的需要。但问题在于，什么是名呢？名，就是他的价值得到了社会的承认。如果没有得到社会、人民的承认，他的价值又表现在哪里呢？所以说，价值就在于对社会重大问题的回答和解决。一旦回答了时代性的重大问题，就必然会对社会产生巨大而深刻的影响，你也因此而实现了你的价值。在这方面年轻的博士有很大的优势：精力旺盛，思想敏捷，勤于学习，勇于创新。但青年学者要多向老一辈学者学习，博士尤其要很好地向导师学习，在导师的指导下，发挥自己的优势，研究重大问题，就有可能出好的成果，实现自己的价值。过去12年入选文库的论文，也说明了这一点。

什么是当前时代的重大问题呢？纵观当今世界，无外乎两种社会制度，一种是资本主义制度，一种是社会主义制度。所有的世界观问题、政治问题、理论问题都离不开对这两大制度的基本看法。对于社会主义，马克思主义者和资本主义世界的学者都有很多的研究和论述；对于资本主义，马克思主义者和资本主义世界的学者也有过很多研究和论述。面对这些众说纷纭的思潮和学说，我们应该如何认识？从基本倾向看，资本主义国家的学者、政治家论证的是资本主义的合理性和长期存在的"必然性"；中国的马克思主义者，中国的社会科学工作者，当然要向世界、向社会讲清楚，中国坚持走自己的路一定能实现现代化，中华民族一定能通过社会主义来实现全面的振兴。中国的问题只能由中国人用自己的理论来解决，让外国人来解决中国的问题，是行不通的。也许有的同志会说，马克思主义也是外来的。但是，要知道，马克思主义只是在中国化了以后才解决中国的问题的。如果没有马克思主义的普遍原理与中国革命和建设的实际相结合而形成的毛泽东思想、邓小平理论，马克思主义同样不能解决中国的问题。教条主义是不行的，东教条不行，西教条也不行，什么教条都不行。把学问、理论当教条，本身就是反科学的。

在21世纪，人类所面对的最重大的问题仍然是两大制度问题：这两大制度的前途、命运如何？资本主义会如何变化？社会主义怎么发展？中国特色的社会主义怎么发展？中国学者无论是研究资本主义，还是研究社会主义，最终总是要落脚到解决中国的现实与未来问题。我看中国的未来就是如何保持长期的稳定和发展。只要能长期稳定，就能长期发展；只要能长期发展，中国的社会主义现代化就能实现。

什么是21世纪的重大理论问题？我看还是马克思主义的发展问

题。我们的理论是为中国的发展服务的，绝不是相反。解决中国问题的关键，取决于我们能否更好地坚持和发展马克思主义，特别是发展马克思主义。不能发展马克思主义也就不能坚持马克思主义。一切不发展的、僵化的东西都是坚持不住的，也不可能坚持住。坚持马克思主义，就是要随着实践，随着社会、经济各方面的发展，不断地发展马克思主义。马克思主义没有穷尽真理，也没有包揽一切答案。它所提供给我们的，更多的是认识世界、改造世界的世界观、方法论、价值观，是立场，是方法。我们必须学会运用科学的世界观来认识社会的发展，在实践中不断地丰富和发展马克思主义，只有发展马克思主义才能真正坚持马克思主义。我们年轻的社会科学博士们要以坚持和发展马克思主义为己任，在这方面多出精品力作。我们将优先出版这种成果。

2001 年 8 月 8 日于北戴河

摘　　要

　　根据美国学者沃马克（Brantly Womack）提出的非对称理论，非对称关系是一个国家间关系的二元简化结构，该结构由一强一弱两个行为单元组成，强国虽然在国家军事规模、经济资源以及政治动员能力等要素上占压倒性优势，对于与弱国的关系方面有强大的影响力，但强国并不拥有彻底解决与弱国之间冲突的能力，无法单方面、一意孤行地决定双边关系的"每一个具体条款"。同时，弱国虽然没有挑战强国的能力，但是拥有空间来表达自己的偏好和立场，与强国形成"承认自主性换取遵从"的非对称关系模式。强国和弱国的结构性错误知觉、非对称关注、偏好和利益差异使得"承认自主性换取遵从"来之不易，非对称合作面临巨大困境，因此对非对称关系进行恰当的管理尤为重要。

　　美墨关系是典型的非对称关系。墨西哥和美国是实力悬殊的两个国家。但是美国无法单方面彻底解决与墨西哥之间的冲突，而是需要墨西哥在各个方面的合作。墨西哥则拒绝美国对其进行单边主义施压。对美国的政策要求予以回应的前提是美国承认墨西哥的自主性，即形成"承认自主性换取遵从"的关系。本书提出以下研究假设：美墨这种不对称关系得以稳定维系需要有四个条件的支持，一是长期、稳定的互信磋商机制；二是美国的自我约束和援助；三是墨西哥提高治理能力的意愿和对美国的合理和适度的制约；四是第三方协调。如果美墨两国都可以从自身政策以及互动中达到这四个条件，那么美墨双方可以达到各自利益和目标的平衡，非对称合作关系就可以得以维系。如果不能，那么，两国可能陷入战略敌对，或者墨西哥不得不屈从美国的利益，导致两国冲突升级，合作达不到预期的效果。

　　本书对美墨边境地区具有跨国性质的水资源治理、打击贩毒合作以及非法移民管理这三个非传统安全案例进行了系统的考察，深入剖析了以上四个条件在美墨非对称合作中的作用。

本书研究发现，在跨界水资源治理中，美墨建立了稳定的磋商和联合决策机制。美国联邦政府力争将水资源问题去政治化，并协调边境各州的利益，自我约束较为有效。此外，美国还对墨西哥进行了基于墨西哥需求的有限援助。墨西哥则严格遵守《水条约》，并大力加强环境执法，积极游说、宣传，展现了良好的国际形象，对美国的权力形成有效制约。最后，北美环境合作委员会对美墨边境水流域环境可能出现的冲突提供了调解和裁决的途径。因此，边境水资源治理是美墨非对称合作中较为成功的案例。

在禁毒问题上，美国单边行动与美墨磋商机制交错进行，"梅里达倡议"成为美国情报活动的保护伞，导致美墨无法建立真正的信任关系，且美国在非法武器贩运方面没有开展有效自我约束。美国虽然为墨西哥提供禁毒援助，但墨西哥并没有如何使用援助资金的参与权和决策权。同时，从墨西哥内部看，墨西哥也无法在短期内根除腐败行为和贫困等导致贩毒现象屡禁不止的结构性问题，面对美国在治理中对墨西哥主权的干涉，墨政府无法有效制约美国的干涉。美国为了降低敏感度，委托加拿大在北美区域合作的框架下对墨西哥提供技术援助。墨西哥则致力于在联合国的框架内，积极推动国际毒品管制制度向更全面和平衡的方向演进。虽然国际毒品管制制度的灵活化为美墨开展更平衡的禁毒合作提供了协商的新空间，但鉴于目前墨西哥对美国禁毒设备和情报的依赖，美国依然在美墨禁毒合作中占主导地位，墨西哥在两国的禁毒合作中不得不屈从于美国的利益。

在非法移民治理的案例中，美墨高层磋商机制同样是不稳定、不连贯的，特别是"9·11"事件之后，美墨高层均缺乏针对非法移民问题的对话意愿。美国在移民问题上偏好单边行动，缺乏自我约束，对墨西哥的援助设置了"执法优先"的条件，对中美洲非法移民的援助更是附加诸多条件，导致无法从根本上纾解非法移民。墨西哥在非法移民问题中，通过与美国开展执法合作，拦截中美洲非法移民，并对美国非法移民改革进行游说和宣传，希望展现良好形象，影响美国非法移民立法改革，但从目前来看，尚未对美国的非法移民政策辩论产生积极影响，无法对美国的政策形成合理和适度的制约。在多边机制协调方面，美国捐资给国际移民组织和联合国难民署，协助管理被美国遣返的墨西哥和中美洲非法移民，但拒绝接受国际移民治理机制《安全、有序和正常移民全球契约》的约束。国际移民治理机制本身也面临诸多挑战和缺陷，墨西哥无法通过国际移民治理机制来影响美国的移民政策。因此，在美墨边境非法移民管理合作过程中，墨西哥的利益没有得到恰当的体现，呈现出墨西哥被美国支配的局面，非法移民问题长期无法得到解决。

本书得出结论，美墨长期、稳定的互信磋商机制，美国有效的自我约束和援助，墨西哥国内改革意愿和约束美国的策略和能力是维持美墨非对称关系稳定性的三个核心条件。在冲突无法在双边层面和解时，第三方协调是维持美墨非对称关系，使之不走向敌对的有效补充路径。第三方协调在技术和操作领域可以纾解非对称关系的固有张力。然而，在涉及规范性的原则问题，第三方协调的有效性取决于国际规范的完善性以及美国是否愿意受到国际规范的约束。本结论对于研究其他国家之间的非对称合作关系有一定的启示意义。

关键词：非对称理论　美国　墨西哥　跨界水资源治理　禁毒合作　非法移民管理

Abstract

According to the Asymmetry Theory proposed by American Scholar Brantly Womack, an asymmetric relationship is a binary simplified structure that is composed of a powerful state and a weaker state. Although the powerful state has an overwhelming advantage in military and economic resources as well as political mobilization ability, which makes it have a strong influence on relations with weak states, yet, it is difficult for the great power to have the ability to completely resolve conflicts with weak states, and they cannot unilaterally and arbitrarily determine "every specific clause" of the bilateral relations. Meanwhile, the weak state does not have the ability to challenge a powerful state, but it has some right to express their preferences. If a weak state depends on a powerful state in terms of trade, finance, etc., it will not rashly use a confrontational strategy. On the contrary, it will form an asymmetric relationship model of "acknowledgement for deterrence". The structural misperceptions and differences of interests between a powerful and a weak state make it hard to accomplish "acknowledgement for deterrence", and asymmetric cooperation faces huge difficulties. Thus, the asymmetric relationship should be properly managed.

The US-Mexico relationship falls into a typical asymmetric relation. Mexico recognizes the United States as a super power, and responds to US requirements moderately in most cases. However, Mexico refuses unilateral constrains from the United States. The prerequisite for cooperation with the United States is that the United States acknowledges Mexico's autonomy and grants Mexico economic benefits and public goods. This paper proposes the following research hypotheses: the maintenance of this asymmetric relationship requires the support of four variables: the stable and long-term mutual trust and consultation mechanism; self-restraint and needy assistance from the US; Mexico's leverage on the United States' power and domestic reform efforts; third-party coordination. If both the states can meet these four requirements from their own policies and interactions, the United States and Mexico can achieve a balance of their respective interests, and the asymmetric cooperative relationship can be maintained. If not, the asymmetric partnership may be transformed to some hostile relations or dominating relations. This dissertation conducts a systematic study of non-traditional security cooperation on the US-Mexico border, specifically, on the three cases of transboundary water governance, illegal immigration management, and anti-drugs cooperation, in order to analyze the four variables in managing asymmetric cooperation.

Through the research, this dissertation finds that in transboundary water governance, the United States and Mexico have established a stable institutionalized consultation and decision-making mechanism, and the United States is effectively self-disciplined, and has provided limited assistance to Mexico based on Mexican needs. Mexico strictly abides by the Water Treaty and vigorously improved environmental law enforcement, demonstrated a good international image, thus formed an effective institutional leverage on the United States. Finally, the North American Commission for Environmental Cooperation provided mediation and solution for environmental issues in the watershed along the US-Mexico border. Therefore, transboundary water resources governance can be seen as a successful case.

As to the anti-drug cooperation, the United States unilateral actions and consultation mechanisms are intertwined, and US intelligence activities was covered by *Merida Initiative*, so it is impossible to establish a real relationship of trust beween Mexico and USA. At the same time, the United States has not exercised effective self-discipline in the illegal arms trafficking. Mexico does not have the full right to participate and make decisions on how to use aid provided by the US. At the same time, about mexican domestic politics, Mexico is unable to resolve structural problems such as corruption and poverty in a short period of time. Mexico cannot effectively restrain US unilateral interference. In terms of third-party coordination, in order to reduce sensitivity, the United States entrusted Canada to provide certain technical assistance to Mexico under the framework of North American regional cooperation. Mexico is committed to actively promoting the transformation of the international drug control regime in a more comprehensive and balanced direction. In view of the fact that many states in the U. S. have introduced policies for the legalization of cannabis, the position of the U. S. has loosened, and the flexibility of the international drug control regime has provided a new space for negotiation between the U. S. and Mexico to develop more balanced drug control cooperation. However, in view of Mexico's dependence on US anti-drug equipment and intelligence, the United States still dominates US-Mexico anti-drug cooperation.

In the case of irregular immigration governance, the high-level consultation mechanism between the United States and Mexico is also unstable and incoherent. After the 9/11 incident, the United States lacked the willingness to continue immigration dialogue. The United States prefers unilateral actions on immigration issues. The aid to Mexico has set the conditions of law enforcement, and the aid to irregular immigrants from in Central America attaches many conditions, making it impossible to relieve US and Mexico from the irregular immigrants. With regard to immigration issues, Mexico has conducted law enforcement cooperation with the United States to jointly intercept irregular Central American immigrants and lobby in the United States, hoping to influence the reform of American immigration legislation. However, it has not yet had a positive impact on American illegal immigration policies, which demostrate the Mexico's lack of capacity as a weak state. In addition, in terms of third-party coordination, although the United States has donated funds to the International Organization for Migration and the United Nations Refugee Agency to help manage irregular immigrants from Mexico and Central America repatriated by the United States, it refuses to be bound by the terms and consensus of the Global Migration Pact within the framework of United Nations. Therefore, the US-Mexico irregular immigration management cooperation has not reached the expected goal. Mexico is thrown into a passive position.

The research finds and concludes that a long-term and stable mutual trust consultation mechanism, effective self-discipline and assistance from the United States, Mexico's domestic reform and its ability to leverage US are the three core conditions that maintain the stability of asymmetric binational relations. When conflicts cannot be reconciled at the bilateral level, third-party coordination is an effective supplementary path to maintain asymmetric relations from becoming hostile. Third-party coordination can relieve the inherent tension of asymmetric relationships in the technical and operational area. However, when it comes to normative principles, the effectiveness of third-party coordination depends on the completeness of international norms and whether United States is willing to be bound by international norms.

Keywords: Asymmetry Theory, United States, Mexico, Transboundary Water Governance, Anti-drug Cooperation, Irregular Immigration Administration

目 录

导 论 …………………………………………………………… (1)
  一 问题的提出与研究意义 …………………………………… (1)
  二 国内外研究文献述评 ……………………………………… (5)
  三 研究假设和案例 ………………………………………… (18)
  四 研究方法、创新点和不足之处 …………………………… (19)
  五 本书的结构和框架 ……………………………………… (20)

第一章 理论框架：非对称理论与非对称合作 ……………… (22)
  第一节 国际关系中的非对称性 …………………………… (22)
    一 非对称关系的定义 …………………………………… (22)
    二 非对称合作的困境 …………………………………… (26)
  第二节 管理非对称关系的条件 …………………………… (33)
    一 构建互信磋商机制 …………………………………… (33)
    二 强国自我约束和对弱国的援助 ……………………… (35)
    三 弱国国内改革意愿和对强国权力的建构 …………… (38)
    四 第三方协调 …………………………………………… (39)
  本章小结 ……………………………………………………… (41)

第二章 美墨非传统安全合作困境 …………………………… (42)
  第一节 美墨主要非传统安全问题 ………………………… (43)
    一 跨界水资源短缺与污染 ……………………………… (46)
    二 跨国毒品贩运与有组织犯罪 ………………………… (49)
    三 非法移民越境 ………………………………………… (51)

第二节　美墨非传统安全合作的错误知觉和利益分歧 …………（54）
　　一　不对称关注和结构性错误知觉 ………………………（54）
　　二　合作利益分歧 …………………………………………（61）
本章小结 …………………………………………………………（63）

第三章　美墨跨界水资源治理合作 ……………………………（65）
第一节　美墨跨界水资源治理合作的意愿和困境 ……………（65）
　　一　共同利益 ………………………………………………（66）
　　二　利益分歧 ………………………………………………（67）
第二节　管理美墨跨界水资源治理合作的条件 ………………（68）
　　一　稳定的互信磋商机制 …………………………………（68）
　　二　美国水资源治理去政治化和对墨技术援助 …………（74）
　　三　墨西哥跨界水资源治理意愿与对美国的制度约束 …（87）
　　四　北美环境合作委员会的协调 …………………………（91）
第三节　美墨跨界水资源治理合作的绩效 ……………………（95）
　　一　美国合作利益的全面实现 ……………………………（95）
　　二　墨西哥合作利益的全面实现 …………………………（96）
本章小结 …………………………………………………………（97）

第四章　美墨禁毒合作 …………………………………………（100）
第一节　美墨禁毒合作的意愿和困境 …………………………（100）
　　一　共同利益 ………………………………………………（100）
　　二　利益分歧 ………………………………………………（102）
第二节　管理美墨禁毒合作的条件 ……………………………（103）
　　一　互信磋商机制与单边行动交错进行 …………………（104）
　　二　美国低效的非法武器管制和对墨西哥的军事援助 …（111）
　　三　墨西哥禁毒政策的强化和对美国的有限约束 ………（120）
　　四　区域和国际多边毒品管制机制的协调 ………………（126）
第三节　美墨禁毒合作的绩效 …………………………………（135）
　　一　美国合作利益的部分实现 ……………………………（136）
　　二　美墨禁毒合作对墨西哥的负面影响 …………………（140）
本章小结 …………………………………………………………（142）

第五章　美墨非法移民管理合作 ………………………………（144）
 第一节　美墨非法移民管理合作的意愿和困境 ……………（144）
  一　共同利益 ……………………………………………（144）
  二　利益分歧 ……………………………………………（145）
 第二节　管理美墨非法移民合作的条件 ……………………（148）
  一　不稳定的移民磋商机制 ……………………………（148）
  二　美国移民立法改革和对墨西哥有条件的援助 ……（153）
  三　墨西哥非法移民管控与对美国移民改革的有限影响 …（157）
  四　国际多边移民治理机制的协调 ……………………（163）
 第三节　美墨非法移民管理合作的绩效 ……………………（172）
  一　美国合作利益的部分实现 …………………………（172）
  二　美墨非法移民管理对墨西哥的负面影响 …………（175）
 本章小结 ………………………………………………………（176）

结　论 …………………………………………………………（179）
 一　研究总结 ……………………………………………（179）
 二　未来研究方向 ………………………………………（190）

参考文献 ………………………………………………………（193）

索　引 …………………………………………………………（213）

后　记 …………………………………………………………（215）

Contents

Introduction ··· (1)
    1. Research Question and Significance ··························· (1)
    2. Literature Review ··· (5)
    3. Research Hypotheses and Selection of Cases ················ (18)
    4. Research Methods, Innovation and Shortcomings ············ (19)
    5. Structure and Framework of the Dissertation ················ (20)

Chapter 1   Theoretical Framework: Asymmetric Theory
              and Asymmetric Cooperation ····························· (22)
    1. Asymmetry in International Relations ···························· (22)
        1.1 Definition of Asymmetric Relationship ····················· (22)
        1.2 Dilemma of Asymmetric Cooperation ······················· (26)
    2. Conditions for Managing an Asymmetric Relation ············ (33)
        2.1 Consultation Mechanism Based on Mutual Trust ········· (33)
        2.2 Self-restraint of the Great Power and Assistance to the
             Weak State ··· (35)
        2.3 Domestic Reform of the Weak State and Construction of the
             Bigtate's Power ··· (38)
        2.4 Third-party Coordination ·· (39)
    Chapter Summary ··· (41)

Chapter 2   Dilemma of U.S.-Mexico Non-traditional Security
              Cooperation ··· (42)
    1. Major Non-traditional Security Issues in U.S.-Mexico
       Relations ··· (43)

  1.1 Transboundary Water Scarcity and Pollution ……………(46)
  1.2 Transnational Drug Trafficking and Organized Crime ……(49)
  1.3 Illegal Immigrants ………………………………………(51)
 2. Misperceptions and Divergent Interests of Non-traditional Security cooperation ……………………………………………(54)
  2.1 Asymmetric Attention and Structural Misperception ……(54)
  2.2 Differences in Cooperation Interests ……………………(61)
Chapter Summary ………………………………………………(63)

Chapter 3 U.S.-Mexico Transboundary Water Resources Governance Cooperation ……………………………………(65)
 1. Willingness and Dilemma of U.S.-Mexico Cooperation …………(65)
  1.1 Common Interests ………………………………………(66)
  1.2 Divergence of Interests …………………………………(67)
 2. Conditions for U.S.-Mexico Transboundary Water Resources Governance Cooperation ……………………………………(68)
  2.1 Stable Consultation Mechanism ………………………(68)
  2.2 Depoliticization of Water Resources Governance in the U.S. and Technical Assistance to Mexico ………………(74)
  2.3 Mexico's Willingness to Reform Water Resources Governance and Institutional Constraints on the United States ………(87)
  2.4 Coordination by the North American Commission for Environmental Cooperation ………………………………(91)
 3. Results of U.S.-Mexico Transboundary Water Resources Governance Cooperation ………………………………………(95)
  3.1 Full Realization of U.S. Interests ………………………(95)
  3.2 Full Realization of Mexico's Interests …………………(96)
Chapter Summary ………………………………………………(97)

Chapter 4 US-Mexico Counternarcotics Cooperation ……………(100)
 1. Willingness and Dilemma of U.S.-Mexico Counternarcotics Cooperation ……………………………………………………(100)

    1.1   Common Interests ·· (100)

    1.2   Divergence of Interests ·· (102)

2. Conditions for U. S. -Mexico Counternarcotics Cooperation ······ (103)

    2.1   Interleaved Consultation Mechanism and Unilateral

           Actions ·· (104)

    2.2   U. S. 's Inefficient Illegal Arms Control and Military

           Anti-drug Aid to Mexico ······································ (111)

    2.3   Mexico's Intensified Anti-drug Policy and Limited

           Constraints on the United States ···························· (120)

    2.4   Coordination by the Regional and International Drug

           Control Regime ·· (126)

3. Results of US-Mexico Counternarcotics Cooperation ··············· (135)

    3.1   Partial Achievement of U. S. 'sinterests ···················· (136)

    3.2   Negative Impact on Mexico ··································· (140)

Chapter Summary ·· (142)

Chapter 5   U. S. -Mexico Cooperation on the Management of Illegal

               Immigration ·· (144)

1. Willingness and Dilemma of U. S. -Mexico Cooperation on the

    Management of Illegal Immigration ······································ (144)

    1.1   Common Interests ·· (144)

    1.2   Divergence of Interests ·· (145)

2. Conditions for Cooperation on the Management of Illegal

    Immigration ·· (148)

    2.1   Unstable Migration Consultation Mechanism ············· (148)

    2.2   US Immigration Legislation Reform Failure and

           Conditional Aid to Mexico ···································· (153)

    2.3   Mexico's Willingness to Control Illegal Immigration and

           Failed Influence on U. S. Immigration Reform ········· (157)

    2.4   Coordination by the Global Governance Regime of

           Migration ·· (163)

3. Results of U. S. -Mexico Cooperation on the Management of
    Illegal Immigration ··· (172)
    3.1   Partial Achievement of U. S. 's Interests ················ (172)
    3.2   Negative Impact on Mexico ······························· (175)
Chapter Summary ·· (176)

Conclusion ··· (179)
    1. Research Summary ··· (179)
    2. Future Research ··· (190)

Bibliography ··· (193)

Index ··· (213)

Postscript ··· (215)

导　论

一　问题的提出与研究意义

本书研究的核心问题是：美国与墨西哥之间存在巨大的非对称性，作为超级强国的美国秉持"门罗主义"立场，将墨西哥视为后院，自然地将墨西哥纳入美国主导的西半球等级制体系。而在弱国[①]墨西哥外交政策中，独立自主是最重要的外交基石。原则冲突和利益分歧使得美墨两国在诸多双边事务上都存在错误知觉。美国和墨西哥这一对强弱国家如何维持非对称合作？美墨两国分别采取了哪些策略来维持非对称合作？哪些因素是管理强国与弱国之间非对称关系的条件？

20世纪80年代开始，学者们提出了非传统安全这个概念，之后被列

---

① 墨西哥在美洲区域以及整个国际体系中通常被视为新兴经济体，在一些国际事务中，墨西哥还以中等国家的身份参与国际多边合作，如墨西哥作为中等强家加入了"中等强国合作体"（MITKA）。但是学界对于墨西哥是否具有中等强国身份存在质疑和分歧。比如，墨西哥驻美国埃尔帕索总领事、墨西哥马提亚斯·罗梅罗研究院（Matias Romero Institute）体制协调主任费尔南多·德·拉·莫拉（Fernando de la Mora）认为墨西哥是中等强国（见 Fernando de la Mora, "Keeping the Mexican Moment Alive: A Case for Public Diplomacy," *Exchange*: *The Journal of Public Diplomacy*: Vol. 5, No. 1, 2014, p. 33）。然而，许多学者并不认可墨西哥中等强国的地位，尤其是墨西哥与同为中等强国的加拿大和澳大利亚差距显著（见 Raul Bernal-Meza, "México: de la Autonomista Potencia Media a Socio Subordinado de Estados Unidos," *Revista CICLOS*, No. 35/36, 2009, pp. 233 – 278; Olga Pellicer, "Mexico—A Reluctant Middle Power?" FES Briefing Paper, June 2006, http://www.fes-globalization.org/publications/FES_BP_Mexico_Pellicer_eng.pdf，访问日期：2016年12月）。无论如何，与世界超级强国美国相比，墨西哥在市场规模、经济发展程度、收入水平等方面上存在巨大的差距，在政治组织形式、外交策略、价值观，文化特征方面也形成鲜明对比。墨西哥是一个拥有较脆弱的经济、较不安全的治安情况的发展中国家。因此，在本书中，笔者没有将墨西哥归类到中等强国的范畴，而是将墨西哥界定为一个脆弱的"弱国"。此外，由于"小国""弱国"经常重叠交叉使用，在本书的一些被引文献中，原作者用的"小国"这一术语，在本书中都理解为"弱国"。

入安全议程的问题日益增多。具有跨国界性质的恐怖主义、毒品贩运、移民和难民问题、跨国有组织犯罪、金融危机、生态危机、气候变化、跨国流行性疾病等都进入了安全问题范畴。这些事务不一定会直接威胁国家的生存，但会影响特定的人口，使得他们"感知"到外部因素的威胁。与传统安全强调军事实力、结盟和战争手段应付威胁不同，非传统安全强调安全威胁因素的多样性、应对措施的综合性以及国家间双边与多边非对抗性背景下合作的重要性，强调国家间的安全互动与合作是一种"非零和游戏"。①

然而，国家间非传统安全合作通常不是一帆风顺的。其最大原因在于各国发展水平不一致，各国政府赋予非传统安全问题的内涵也不尽相同，对于如何开展合作存在较大的分歧。实力较强的国家在合作中处于较有利的地位，自己的利益较容易得到体现，这在某种程度上助长了强国的单边主义倾向。实力较弱的欠发达国家对主权问题较敏感，强调合作的平等互利性，坚决反对以应对非传统安全问题为由干涉他国内政。②

美墨非传统安全合作就非常典型地体现了这一现象。就权力的物质维度而言，美墨物质实力相差悬殊，不对称显然是美墨关系的"标志物"。根据世界银行的数据，冷战后，美国与墨西哥的经济差距一直在扩大。根据世界银行的数据，2019 年美国 GDP 是墨西哥 GDP 的 16.99 倍，美国人均 GDP 是墨西哥人均 GDP 的 6.97 倍。且冷战之后，美墨经济差距进一步扩大，国家间不对称性更加显著，由发展水平不一致导致的南北国家之间的移民、环境、有组织犯罪等非传统安全冲突更加突出。可以说，冷战后美墨合作是非对称国家之间非传统安全合作的典型。

沃马克（Brantly Womack）在其《非对称与国际关系》一书中指出，非对称关系在国际政治中无处不在，美国与墨西哥的关系就是一对非对称关系。③ 在非对称关系中，由于实力差距，关系中的弱小一方比强大一方受到双方互动的影响更大，弱小一方无法威胁强大一方，但是强大一方并不能在关系中单方面发号施令，即使有时候大国会努力尝试推行偏好并偶

---

① 陆忠伟：《非传统安全论》，时事出版社 2003 年版，第 38 页。
② 陆忠伟：《非传统安全论》，时事出版社 2003 年版，第 57 页。
③ ［美］布兰特利·沃马克：《非对称与国际关系》，李晓燕、薛晓芃译，上海人民出版社 2020 年版，第 V 页。

尔遂愿，随后也会因小国的无尽反抗而备受挫折。① 那么，在非对称关系中，哪些因素是维持国家间非对称合作的必要条件？

本书尝试以非对称理论为理论框架，研究冷战后美墨边境地区非传统安全合作，以此推导出高度不对称国家之间不对称合作的影响因素。本书选取的研究时间段为冷战结束之后到2019年。之所以选取这一时间段是因为冷战结束之后墨西哥外交政策发生较大变化。冷战结束前，墨西哥的外交政策更多地强调民族主义，与美国保持"健康距离"。冷战结束后，墨西哥外交政策从强调民族主义转向务实主义，改善与美国的关系。这并不意味着墨西哥放弃了独立自主的对外关系原则，成为美国的附庸，而是墨西哥更注重开发美墨共同利益，"自主性"不再必须披着"武力冲突"的外衣。② 弱国依然可以通过与美国合作来制约美国的单边主义行为，影响美国的行为，从而追求和实现自己的利益。北美自由贸易协定的签署就反映了一种认识，即墨西哥可以通过使美国参与制度安排而不是通过外交辞令上的相互"辱骂"和"指责"来最大限度地追求其利益，③ 从而促使美国承诺尊重墨西哥主权，放弃极限施压策略，使得两国在相互妥协和适应中维系非对称关系。为此，墨西哥政府选择了与美国合作的政策，采取了主动的外交攻势，即加入美国的决策中心中，确保美国人可以听到墨西哥政府的立场。这使得研究美墨合作成为可能。同时，冷战之后，特别是"9·11"事件之后，美国的对外战略虽仍带有单边主义色彩，但美国政府同样也认识到加强同墨西哥合作、维持其"后院"稳定的必要性。如果不考虑邻国，美国是不可能成功解决非传统安全问题的。双方合作态度的强化为美墨边境非传统安全合作提供了支持。

本书的学术意义在于，选取美墨非对称合作案例，对非对称理论以及不对称合作的影响因素进行了理论探讨。沃马克是对称理论成果的主要贡献者。他认为，华尔兹提出的"战争是常态"是不对的，非对称才是国际关系的常态。非对称关系不同于等级制，也异于结盟，是世界上大多数

---

① ［美］布兰特利·沃马克：《非对称与国际关系》，李晓燕、薛晓芃译，上海人民出版社2020年版，第11页。
② Ana Covarrubias, "Las Relaciones Internacionales en México," *Estudios Internacionales*, No. 194, 2019, p. 142.
③ Tom Long, *Latin America Confronts the United States: Asymmetry and Influence*, Cambridge: Cambridge University Press, 2015, p. 129.

国家间关系的类型。他的非对称理论的经验依据虽然最初来自东亚国际关系史，但在其2016年出版的《非对称与国际关系》一书中，沃马克使用了更多案例来印证其理论，力将非对称理论演变成一种普世的理论。本书对非对称理论进行梳理，认为沃马克提出的非对称关系假设的适用性非常广，但是沃马克在管理非对称关系的路径这部分草草结尾，并未系统分析。本书在美墨合作案例的基础上，尝试对非对称理论进行扩展和具体化。

本书的现实意义则可以从以下三个视角来阐释。

首先是弱国视角。墨西哥为其他发展中国家如何开展南北合作，如何在与强国的不对称合作中寻找利益的平衡点，保障弱国的利益，不陷入被强国支配的境地提供了生动的案例。诚然弱国可以与大国进行正面冲撞来保障自己的利益，但是无法否认的是与强国对抗，弱国需要付出很高的代价。因此，通过与强国保持相对友好的合作，在合作中制约和平衡大国的霸权，利用强国可以带来的收益通常是弱国实现其政策目标的有效策略。弱国与强国合作并不意味着完全臣服于强国的利益。研究弱国如何在与强国合作和互动的过程中实现自己的利益，是以往文献较少涉及的领域。

其次是强国视角。随着中国国力逐渐昌盛，尽管我们对自己的定位仍是发展中国家，但是世界其他国家已经开始把中国视为强国。只要中国发展壮大，周边国家定会感到中国带来的压力，不论这是否出于中国的真实意图。因此，中国与周边小国以及实力不如中国的其他发展中国家的关系在一定程度上会呈现非对称关系，周边国家对于强国有忌惮和错误知觉，而中国要想在地区内有效维护自身利益，就必须拥有周边国家的支持，为这些国家提供不可替代的公共产品。此外，在"一带一路"倡议的实施过程中，"一带一路"沿线的大多数国家都是发展程度不如中国的发展中国家，他们普遍面临国内治安问题、政府能力弱、贫富差距过大等问题。如何维持与发展程度不如中国的国家的非对称合作，让相对实力较弱的国家信赖中国，认同中国，成为目前中国需要考虑并解决的问题之一。当然，由于域外势力干涉，中国周边比美墨边境问题复杂得多，本书还是可以在一定程度上为中国探索和发展对周边国家的政策提供一些新思路，对于中国如何处理好与周边小国的非对称关系，优化中国的周边环境，有一定的借鉴意义。

最后是强国和弱国互动的视角。美墨关系是一个非常典型的强国和弱国双边非对称互动的案例。美墨两国在跨界水资源合作、禁毒合作和非法移民管理合作上有合作也有冲突，研究其合作和冲突背后的驱动可以为这三个领域的国际合作提供案例借鉴。

二　国内外研究文献述评

国内外学者对美墨关系的研究视野宽广，为本书提供了丰富的理论框架以及案例分析的基础。这些文献主要可归纳为三大类：非对称理论研究、美墨关系通识类研究、不同美墨关系中专题类事件的研究与报告。

（一）非对称理论研究综述

美国学者布兰特利·沃马克提出非对称理论，是不对称理论成果的主要贡献者。沃马克在其《非对称与系统错误知觉：1970年代的中国、越南和柬埔寨》一文[①]、《中国在不平等的国家之中：不对称的外交关系》[②]一书中系统阐述和解释了非对称关系的结构性效应、类型和变化等方面的内容。虽然沃马克在文中强调中越关系是一个个案，而非理论，但他认为他提出的非对称关系可以运用到其他国家的双边或者多边关系中，具有一定的普遍性。因此，沃马克还将非对称理论用于中美关系中，并在《战略研究》上发表了《国家规模如何发挥影响：美国、中国与不对称关系》。[③] 2016年沃马克出版了《非对称与国际关系》，该书于2020年被翻译成中文在中国出版[④]，完善了非对称理论，实现了从案例到理论的跨越。沃马克指出非对称理论的基本观点就是，非对称关系中的不均匀本质意味着非对称关系对强弱国的影响是不同的，实力的不同导致了强弱两国的非对等关注和不同视角，最终引起两者间的结构性误解。沃马克指出非对称理论的政策意义在于构建了一个管理强国与弱国之间关系的框架。

目前，国内有关非对称理论研究较少。研究方向主要有两类：一类是对沃马克提出的非对称理论进行阐述和评析。林民旺在《沃马克的结构

---

① Brantly Womack, "Asymmetry and Systemic Misperception: China, Vietnam and Cambodia during the 1970s," *Journal of Strategic Studies*, Vol. 26, No. 2, 2003.

② Brantly Womack, *China among Unequals: Asymmetric Foreign Relationships in Asia*, Singapore: World Scientific Publishing Co Pte Ltd., 2010.

③ Brantly Womack, "How Size Matters: The United States, China, and Asymmetry," *Strategic Studies*, Vol. 24, No. 4, 2001.

④ ［美］布兰特利·沃马克：《非对称与国际关系》，李晓燕、薛晓芃译，上海人民出版社2020年版。

性错误知觉理论研究》文章中对沃马克的非对称理论进行了较为详细的阐述和解释，肯定了非对称理论的学理意义，但也提出了非对称理论存在抽象程度相对较低的问题。①方长平、宋宝雯的《共有观念、不对等关注与国际冲突的起源》，对非对称理论进行了理论补充。他引入共有观念即无政府文化的变量，认为在霍布斯文化和康德文化背景下，非对称权力本身并不会导致不对称关注，而在洛克文化背景下，非对称权力易于导致非对等关注，从而产生错误知觉和国际冲突，并以美伊关系、中韩关系以及欧盟国家间关系作为案例，论证了他的观点。②柳思思在文章《身份认知与不对称冲突》中提出非对称是国际关系的新常态，认为沃马克的非对称理论中的"不对等关注"在非对称冲突领域具有启示意义，但最后同样指出了该理论的局限性。③孙杰的论文《不对称合作：理解国际关系的一个视角》④以及专著《合作与不对称合作：理解国际经济与国际关系》⑤虽然没有以非对称理论为视角，但是以成本收益、博弈论等视角对非对称合作的动因进行了阐述。另一类是运用非对称理论，来分析国际冲突或国家间合作。这类文章有黄正多、段柏旭的《不对称合作下的中国和尼泊尔经贸合作机制建设——动机、可能性与方式》、⑥徐振伟的《英国在苏伊士运河危机中的决策分析——不对称理论的视角》⑦、熊保汉的硕士论文《不对称的美墨禁毒合作研究（1969—2017）》⑧、鲍夏颖的硕士论文《尼泊尔对印度外交困境的不对称理论分析》⑨以及吴琳的《不对称合作中的政治风险与关系维持——以新世纪以

---

① 林民旺：《沃马克的结构性错误知觉理论研究》，《国际政治研究》2009年第2期。
② 方长平、宋宝雯：《共有观念、不对等关注与国际冲突的起源》，《外交评论》（外交学院学报）2015年第3期。
③ 柳思思：《身份认知与不对称冲突》，《世界经济与政治》2011年第2期。
④ 孙杰：《不对称合作：理解国际关系的一个视角》，《世界经济与政治》2015年第9期。
⑤ 孙杰：《合作与不对称合作：理解国际经济与国际关系》，中国社会科学出版社2016年版。
⑥ 黄正多、段柏旭：《不对称合作下的中国和尼泊尔经贸合作机制建设——动机、可能性与方式》，《区域与全球发展》2020年第2期。
⑦ 徐振伟：《英国在苏伊士运河危机中的决策分析——不对称理论的视角》，《安徽史学》2019年第6期。
⑧ 熊保汉：《不对称的美墨禁毒合作研究（1969—2017）》，硕士学位论文，上海外国语大学，2019年。
⑨ 鲍夏颖：《尼泊尔对印度外交困境的不对称理论分析》，硕士学位论文，中南财经政法大学，2018年。

来的中斯关系为例》。① 这些论文都证实了非对称理论作为分析框架的适用性，为笔者理解和运用非对称理论来进行案例阐释提供了借鉴。

其他学者虽然并不专门研究非对称关系，但是在各论著中，也涉及强国和弱国的行为规范以及权力互动等内容。比如，国外学者中则有弗兰克·费奇（Frank R. Pfetsch）的《国际谈判中的权力：对称和不对称》对不对称关系在国际谈判中的影响进行了论述。他认为，在谈判过程中，实力较强的国家试图为了自己的利益而发挥力量，而实力较弱的国家则试图在谈判过程中与实力较强的国家达成平等的条件。在谈判过程中，弱方倾向于在与强方的谈判中达到职能平等。较弱的一方试图通过"借用权力"来弥补自身的劣势，希望平衡自己的劣势，从而在对称的基础上进行谈判。而较强的一方则希望发挥非对称关系给强国带来的优势，试图让弱国"接受或放弃"，甚至是强行将其意志强加于弱者。② 基欧汉（Robert Keohane）和奈（Joseph Nye）的《权力与相互依赖》则以"敏感性"和"脆弱性"来界定非对称国家之间相互依赖所付出代价的尺度。③

总的来说，尽管世界上大多数国家之间的关系都是非对称的，但不得不承认，非对称的概念及不对称合作到目前为止并不是国际关系研究的重点议题。人们更关注的是大国和强国之间的相互制衡，或者关注实力相对接近的崛起国如何缩小不平等和不对称，成为强国，从而挑战既有强国。研究实力相差巨大的强弱国家之间如何开展合作，如何将非对称关系维持在可控范围内的学者和论著比较少。

（二）美墨关系研究综述

国内单独研究美墨关系的专著很少。学界一般将墨西哥放在拉美地区的框架下，研究美国与拉美的关系。徐世澄主编的《美国和拉丁美洲关系史》，全面介绍了从18世纪末到20世纪末的美拉关系演变历程，其中，徐先生在第十章"21世纪初的美拉关系"中涉及冷战后的美墨关系。④ 徐世澄的另一本著作《帝国霸权与拉丁美洲——战后美国对拉美的

---

① 吴琳：《不对称合作中的政治风险与关系维持——以新世纪以来的中斯关系为例》，《太平洋学报》2017年第3期。
② Frank R. Pfetsch, "Power in International Negotiations: Symmetry and Asymmetry," *Négociations*, Vol. 16, No. 2, 2011.
③ ［美］罗伯特·基欧汉、约瑟夫·奈：《权力与相互依赖》，门洪华译，北京大学出版社2012年版。
④ 徐世澄主编：《美国和拉丁美洲关系史》，社会科学文献出版社2007年版。

干涉》中第十章对美拉禁毒问题进行了研究。总体来说,徐先生认为,美国在冷战时期以及冷战后时期在拉美地区的政策本质是霸权主义、帝国主义和干涉主义。① 朱鸿博在博士论文《冷战后美国的拉丁美洲政策》中所持的观点则更为中立。他以理想主义和现实主义的理论框架对克林顿、小布什任期内的拉美政策进行了归纳和总结。他认为,冷战结束后,在美国对拉丁美洲的政策中,现实主义和理想主义一直是贯穿始终,互相交叉融合,有时候现实主义占上风,有时候则理想主义占上风。② 不论这两位作者的立场如何,他们都没有考虑到拉美国家作为弱国也具有施动性,从而也无法从强国和弱国两方面来建立美拉政策效用的影响因素。

此外,国内学者对美墨关系的关注还在于对《北美自由贸易协定》的研究,主要是在国际法的视角下,对北美自由贸易协定的条款进行解读,如叶兴平的《北美自由贸易协定投资争端解决机制剖析》③ 等。近一两年来,国内学者更多地关注《美墨加协定》,但是鲜有学者系统地研究美墨关系。

国外学界对美墨关系以及美拉关系的研究很多。美墨关系的文献也体现出美墨之间的巨大的非对称性,占主导地位的是美国学者从美国的角度来研究美墨关系。如美国主要的拉丁美洲历史学家莱斯特·D. 兰利(Lester D. Langley)的《墨西哥和美国:脆弱关系》简洁而深刻地探讨了美墨国家与社会相互依存的问题。他认为两国是既融合又分离的。④ 思林特·E. 史密斯(Clint E. Smith)的《不可避免的伙伴关系:理解墨西哥与美国的关系》,回顾了美墨关系从暴力和战争过渡到长期的紧张局势,再发展到当今相互依存关系的过程,是"不可避免的伙伴关系"。⑤

有不少学者从拉美以及墨西哥的视角来研究美拉和美墨关系。伍德罗·威尔逊国际学者中心拉丁美洲计划的前任主任约瑟夫·塔尔钦(Joseph Tulchin)的《国际政治中的拉丁美洲》为讨论拉丁美洲外交事务提供了有用的视角,在开头就指出"没有国家没有权力",即使是在美国地

---

① 徐世澄主编:《帝国霸权与拉丁美洲》,世界知识出版社2002年版。
② 朱鸿博:《冷战后美国的拉丁美洲政策》,博士学位论文,复旦大学,2006年。
③ 叶兴平:《〈北美自由贸易协定〉投资争端解决机制剖析》,《法商研究》2002年第5期。
④ Lester D. Langley, *Mexico and the United States*: *The Fragile Relationship*, Woodbridge: Twayne Publisher, 1991.
⑤ Clint E. Smith, *Inevitable Partnership*: *Understanding Mexico-U. S. Relations*, Boulder CO: Lynne Rienner, 2000.

区霸权的背景下，所有拉丁美洲国家，包括墨西哥都享有"权力操纵空间"，以追求其国家利益。美国霸权不应该被理解为完全控制拉美。即使20世纪初期几十年在加勒比海地区发生的令人震惊的军事干预案例中，美军占据绝对优势，但是美国仍无法操纵拉美的人民，将美国的议程强加给拉美国家非常困难。[①] 汤姆·郎（Tom Long）在《拉丁美洲对抗美国：非对称与影响力》的观点也与约瑟夫·塔尔钦一致。他指出："尽管非对称性是决定弱国利益的重要因素，并且决定了弱国如何追求其利益，但非对称性并没有消除弱国的施动能力或影响强国的潜力。"[②] 他采用了泛美行动（Operation Pan-America）、巴拿马运河谈判、北美自由贸易协定谈判和哥伦比亚计划四个案例，认为，较弱的国家可以利用非对称性通过积极的外交和游说来改变美国的政策。具体来说，弱国发挥影响力的途径有三条：第一，寻求克制（restraint-seeking）——通过限制强国的单方面行动的可能性来改变大国的行为；第二，寻求自主性（autonomy seeking）——弱国寻求增强自身能力，减少外国对本国政治的影响；第三，寻求收益（gain-seeking）——弱国让实力更强的第三国参与区域和次区域事务，寻求权力平衡。[③]

许多墨裔美国学者与墨西哥学者合作，系统地研究了美墨关系。如哈佛大学的豪尔赫·多明格斯（Jorge I. Domínguez）和墨西哥技术自治学院（ITAM）的拉斐尔·卡斯特罗（Rafael Fernández de Castro）的《美国与墨西哥：伙伴与冲突之间》把墨西哥冷战时期的外交政策称为"放弃外交"，其特征是：（1）墨西哥避免与其他域外国家形成盟友；（2）墨西哥外交政策与美国的安全不形成敌对关系；（3）不发展可以抵抗美国的军事能力；（4）向多国购买武器；（5）在国际安全领域，与美国不合作或者合作很局限。[④] 曾在美国国家安全委员会任职，并曾担任美国国务院和国防部顾问的美利坚大学教授罗伯特·帕斯托（Robert A. Pastor）和

[①] Joseph S. Tulchin, *Latin America in International Politics: Challenging US Hegemony*. Boulder, CO: Lynne Rienner, 2016.

[②] Tom Long, *Latin America Confronts the United States: Asymmetry and Influence*, Cambridge: Cambridge University Press, 2015.

[③] Tom Long, *Latin America Confronts the United States: Asymmetry and Influence*, Cambridge: Cambridge University Press, 2015.

[④] Jorge I. Domínguez, Rafael Fernández de Castro, *The United States and Mexico: Between Partnership and Conflict*, New York: Routledge, 2009.

墨西哥时任外交部部长豪尔赫·卡斯特涅达（Jorge G. Castañeda）的《友谊的界限：美国和墨西哥》对美墨经济一体化、毒品贩运、边界问题和跨文化恐惧进行了阐述。[1]

在墨西哥方面，关于墨西哥对美政策的系统性的西班牙语文献并不如美国学者的英语文献丰富。外交政策在墨西哥历届政府的发展规划中占比也很小。大多数只是单个事件的新闻报告。墨西哥学者马里奥·奥赫达（Mario Ojeda）是墨西哥美墨关系研究权威。他在《墨西哥外交政策的范围与界限》阐述了墨西哥的外交原则。他认为，尽管美墨关系极不对称，但美国承认并接受墨西哥需在对墨西哥重要的事务中持"反美"立场，来换取墨西哥与美国在对于美国重要的事务中的合作。他认为，虽然墨西哥是"弱国"，其"相对独立"受到美国的限制，但是，墨西哥采取了捍卫和促进其利益的立场。[2] 墨西哥学院教授瓜达卢佩·冈萨雷斯（Guadalupe Gonzalez Gonzalez）的《全球化时代的墨西哥外交战略》认为，随着冷战的结束，墨西哥更深地融入美国市场和世界市场，墨西哥的外交政策发生了巨大变化。它优先考虑扩大贸易和投资，实用主义和双边合作成为墨西哥的外交政策的指导方针，而不是采取高调的反美立场。[3] 墨西哥学院教授塞尔吉奥·阿瓜约·奎萨达（Sergio Aguayo Quesada）的《神话和错误认知：改变美国精英对墨西哥的看法》考虑阐述了双方的错误认知以及变化方式和原因。[4] 通过研读美墨关系的文献，可以发现，研究美墨关系的学者普遍认为，由于美墨存在结构性错误知觉，因此美墨关系合作与冲突并存，墨西哥作为弱国致力于开发与美国的共同利益，以实现自己的国家利益。而美国虽然在美墨关系中占主导地位，但是并不能将自身利益完全强加在墨西哥身上。这正符合沃马克非对称理论的假设。

（三）美墨关系专题类研究与报告

边境跨界水资源治理。国内至今还没有学者专门研究过美墨边境的水

---

[1] Robert A. Pastor, Jorge G. Castañeda, *Limits To Friendship: The United States and Mexico*, New York: Vintage, 1989.

[2] Ojeda Mario, *Alcances y Límites de la Política Exterior de México*, México: El Colegio de México, 2010.

[3] Guadalupe Gonzalez Gonzalez, "Las Estrategias de Política Exterior de Mexico en la Era de la Globalizacion," *Foro Internacional*, Vol. 41, No. 4, 2001, pp. 619 – 669.

[4] Sergio Aguayo, *Myths and [Mis] Perceptions: Changing U. S. Elite Visions of Mexico*, La Jolla: University of California, San Diego, Center for U. S.-Mexican Studies, 1998.

资源问题。仅有的文献关注北美自由贸易区环境合作的特点以及自由贸易与环境的关系，如佘群芝的《北美自由贸易区环境合作的特点》[1]、李寿平的《北美自由贸易协定对环境与贸易问题的协调及其启示》[2]，主要从国际法的角度对北美区域环境，包括水治理制度进行了分析。

在国外文献方面，专注于研究美墨关系的科罗拉多大学政治学系斯蒂文·穆内（Stephen Mumme）教授一直研究美墨边境水资源治理问题，并撰写了多篇论文，如《跨境资源管理中的机构自主性：国际边界与水委员会美国分部》[3]《拉巴斯协议30年》[4]《北美自由贸易协定签订之后美墨跨境水资源治理中的稀缺性和权力：NAFTA之后治理结构改变了吗》[5]等，他专注于从美国国内政治的视角研究国际边界和水委员会、拉巴斯协议等双边机制在处理美墨边境水资源争端问题中的作用。他认为，作为一个国际机构，国际边界与水委员会的美国分部在美国行政系统中相当于一个半独立的机构，虽然隶属于国务院，但是其技术外交的特点、避免自身过度政治化等特征，保持了相对的自主性。[6]

墨西哥学院学者布兰卡·托雷斯（Blanca Torres）则是墨西哥方对于美墨水资源以及环境合作的专家。她写了《美墨议程中的新话题：环境和自然资源》[7]《美墨双边问题中的环境问题（1991—1992）》[8]等。此外她还参与了美加墨三方环境合作，审查三方合作委员会的成效，与美加学

---

[1] 佘群芝：《北美自由贸易区环境合作的特点》，《当代亚太》2001年第6期。

[2] 李寿平：《北美自由贸易协定对环境与贸易问题的协调及其启示》，《时代法学》2005年第5期。

[3] Stephen P. Mumme, Moore Scott T., "Agency Autonomy in Transboundary Resource Management: The United States Section of the International Boundary and Water Commission, United States and Mexico," *Natural Resources Journal*, Vol. 30, No. 3, 1990.

[4] Stephen P. Mumme, Kimberly Collins, "The La Paz Agreement 30 Years On," *The Journal of Environment & Development*, Vol. 23, No. 3, 2014.

[5] Stephen P. Mumme, "Scarcity and Power in US-Mexico Transboundary Water Governance: Has the Architecture Changed since NAFTA?" *Globalizations*, No. 13, 2016.

[6] Stephen P. Mumme, "Regional Influence in National Diplomacy: The case of the U. S. Section of the International Boundary and Water Commission," *Publius: The Journal of Federalism*, Vol. 14, No. 4, 1984.

[7] Blanca Torres, "Los Nuevos Temas de la Agenda: la Protección del Medio Ambiente y los Recursos Naturales," en Ana Covarrubias, eds., *Temas de Política Exterior*, Mexico: El Colegio de México, 2008.

[8] Blanca Torres, "La Cuestión del Medio Ambiente en la Agenda Bilateral (1991 – 1992)," en Gustavo Vega Cánovas, eds., *México-Estados Unidos-Canadá*, Mexico: Colegio de Mexico, 1993.

者共同发布《北美环境委员会十年审查报告》[①]。

美加墨在谈判北美自由贸易协定过程中，环境问题被放在多边议程中的重要位置。关于美墨边境环境面临的问题，有不少介绍性文献，如琳达·费尔南德斯（Linda Fernandez）和理查德·T. 卡森（Richard T. Carson）编的《边界线两侧：墨西哥和美国面临的跨界环境管理问题》[②]一书收录了多篇论文，对美墨边境水资源、空气、废弃物、生态资源等方面存在的问题进行了分析。芭芭拉·侯根博（Barbara Hogenboom）的《墨西哥和北美自由贸易协定的环境辩论：经济一体化的跨国政策》一书对北美自由贸易协定谈判过程中的环境议题辩论过程进行了分析。[③] 北美自由贸易协定签订之后，北美自由贸易协定框架下成立的边境环境合作委员会和北美发展银行成为学者们最关注的双边边境治理机制。学界和政府对边境环境委员会和北美发展银行的观点并不一致。政府报告均认为边境环境合作委员会和北美发展银行的成立意味着美墨边境环境治理的模式的一次突破性更新。而一些学者在对边境环境合作委员会和北美发展银行进行研究之后，则认为北美自由贸易协定框架下的环境治理机制并不成功，如马里·凯丽（Mary Kelly）等人的《美墨边境环境合作委员会和北美开发银行：完成环境任务》一文对北美发展银行的运行机制进行了研究。他认为北美发展银行提供环境基础设施建设的贷款条件苛刻以及贷款利率较高，在成立之后三年内只有3%的资金真正用于边境环境基础设施建设，因此，双边边境环境治理并不能说是成功的。[④] 美墨学者对于边境环境合作委员会和北美发展银行的研究似乎虎头蛇尾。从文献搜索的结果来看，对于北美发展银行的研究都在2006年之

[①] Pierre Marc Johnson, Robert Page, Jennifer A. Haverkamp, John F. Mizroch, Daniel Basurto, Blanca Torres, *Ten years of North American Environment Cooperation*, *Report of the Ten-year Review and Assessment Committee to the Council of the Commission for Environmental Cooperation*, Washington, DC: The North American Commission for Environmental Cooperation, 2004.

[②] Linda Fernandez and Richard T. Carson, eds., *Both Sides of the Border: Transboundary Environmental Management Issues Facing Mexico and United States*, New York: Kluwer Academic Publishers, 2002.

[③] Barbara Hogenboom, *Mexico and the NAFTA Environment Debate: The Transnational Politics of Economic Integration*, Utrecht: International Books, 1998.

[④] Mary Kelly et al., *The Border Environmental Cooperation Commission (BECC) and North American Development Bank (NADB): Achiving their Environmental Mandate*, Texas: Texas Center for Policy Studies, 2001.

前，缺乏对北美发展银行近期治理变化的关注。北美发展银行每年公布年度报告，对一年来资助发展的项目以及贷款情况进行总结。这些报告可以帮助我们研究边境环境委员会和北美发展银行25年的运行机制和决策过程，从更长的时间段来考察这两个机构在边境水资源治理方面的美墨合作做出的贡献，从而对美墨在水资源方面的非对称合作进行研究。

美墨边界禁毒合作问题。国内有不少文献关注美国在墨西哥的毒品战略。总的来说，国内文献更关注美国全球毒品战略取得的成效，而不是美墨双方如何相互博弈、制约，从而影响政策的走向。如张杰和宋卓如的《美墨禁毒合作的新阶段："梅里达计划"的解析》对梅里达倡议的成效进行了分析。[①] 杨阳和李孟景阳的《美墨禁毒合作的成效评价及启示》对美墨禁毒合作的成效和启示进行了分析，认为美墨禁毒合作不仅提高了墨西哥的禁毒能力，还提升了两国在安全领域的合作水平，巩固了美墨双边关系。但两国具体禁毒措施上的不同策略影响了禁毒合作的深入，甚至在某些方面还产生了负面效果。[②] 卢玲玲的《墨西哥毒品问题及其未来走向》[③] 以及《从毒品战争到毒品去罪化：墨西哥毒品暴力治理的发展》[④] 均认为墨西哥将更加关注社会安全和禁毒的长效机制，弱化军事选项，实行毒品去罪化、缓解贫困等社会经济改革措施，自下而上地瓦解贩毒组织的社会基础。

相比之下，国外学者的研究则更加细致具体。墨西哥国立自治大学北美研究中心的教授劳尔·贝尼特斯·马闹特（Raúl Benítez Manaut）是美墨安全合作领域的专家。他发表了《北美安全和边境：从NAFTA到ASPAN》[⑤]《美国—墨西哥：不可避免的冲突关系》[⑥]《梅里达倡议：美墨中

[①] 张杰、宋卓如：《美墨禁毒合作的新阶段："梅里达计划"的解析》，《拉丁美洲研究》2011年第5期。

[②] 杨阳、李孟景阳：《美墨禁毒合作的成效评价及启示》，《拉丁美洲研究》2015年第3期。

[③] 卢玲玲、闫伟：《墨西哥毒品问题及其未来走向》，《现代国际关系》2013年第3期。

[④] 卢玲玲：《从毒品战争到毒品去罪化：墨西哥毒品暴力治理的发展》，《拉丁美洲研究》2019年第6期。

[⑤] Raúl Benítez Manaut, "Carlos Rodríguez Ulloa, Seguridad y fronteras en Norteamérica: Del TLCAN a la ASPAN," *Frontera Norte*, Vol. 18, No. 35, 2006.

[⑥] Raúl Benítez Manaut, "México-Estados Unidos: Paradigmas de una Inevitable y Conflictiva Relación," *Nueva Sociedad*, No. 206, 2006.

美洲关系的新范式》①等论文。他认为,梅里达倡议提出了"墨西哥历史上前所未有的假设",美国历史上第一次向公众承认,如果不考虑邻国,美国遏制恐怖主义的计划是不可能成功的。因此,美国决定给予墨西哥大量援助。墨西哥著名学府经济研究与教学中心(CIDE)教授豪尔赫·查巴特(Jorge Chabat)也是研究美墨国家安全和毒品贩运问题的专家。他发表了一系列关于墨西哥禁毒战争以及墨西哥安全政策的论文,如《美墨关系中的毒品问题》②《政府和跨国有组织犯罪:全球威胁,国家应对》③《跨国犯罪和公共安全:对美墨的挑战》④,研究了美墨禁毒关系。

在美墨打击毒品贩运合作策略方面,2013年新泽西州立罗格斯大学的西蒙·莱西(Simon Reich)和马克·阿斯平沃尔(Mark Aspinwall)的论文《单边主义的悖论:美墨毒品政策中的制度化失败》,文中提到美国政府的单方面举措未能实现其指定目标。这是因为墨西哥应对美国的单边主义,采取了诸多"扼杀战略",使美国的举措脱轨,来维护自身的利益,这是非对称合作中弱者胜利的案例。⑤ 同样是这两名作者——马克·阿斯平沃尔(Mark Aspinwall)和西蒙·莱西(Simon Reich)在2016年的论文《谁才是狡猾的郊狼?权力、影响力和反毒品战争》中提到了关于美国与墨西哥的合作总是"以美国单边开始,以双边合作结束"的模式进行的,着重强调了墨西哥在非对称合作中所发挥的"杠杆作用"。⑥

墨西哥政府并没有发布关于美墨禁毒合作的官方数据,但是墨西哥外交部北美事务司司长米盖尔·鲁斯(Miguel Ruíz-Cabañas Izquierdo)发表在《墨西哥外交政策》上的《打击毒品贩运》⑦ 一文,作为局内人和亲

---

① Raúl Benítez Manaut, "La Iniciativa Mérida: Nuevo Paradigma en la Relación de Seguridad México-Estados Unidos-Centroamérica," *Revista mexicana de Política Exterior*, No. 87, 2009.

② Jorge Chabat, "*El Narcotrafico en las relaciones Mexico-Estados Unidos: Fuente de Conflicto,*" *Documento de Trabajo Centro de Investigacion y Docencia Economicas*, No. 193, 2009.

③ Jorge Chabat, "El Estado y el Crimen Organizado Transnacional: Amenaza Global, Respuestas Nacionales," *Istor: Revista de Historia Internacional*, Vol. 42, No. 11, 2010.

④ John Bailey, Jorge Chabat, *Transnational Crime and Public Security: Challenges to Mexico and the United States*, San Diego: Center for US-Mexican Studies/University of California, 2002.

⑤ Simon Reich, "MarkAspinwal, The Paradox of Unilateralism: Institutionalizing Failure in U.S.-Mexican Drug Strategies," *Norteamérica*, Vol. 8, No. 2, 2013.

⑥ Mark Aspinwall, Simon Reich, "Who is Wile E. Coyote? Power, Influence and the War on Drugs," *International Politics*, No. 53, 2016.

⑦ Miguel Ruíz-Cabañas Izquierdo, "El Combate contra el Narcotráfico," *Revista Mexicana de Política Exterior*, No. 61, 2000.

历者，对塞迪略政府时期（1994—2000）的禁毒行动以及与美国的互动进行了综述。可以说，这是墨西哥塞迪略政府的禁毒立场最真实的文件。但是遗憾的是，墨西哥每届政府并没有出台禁毒战略文件。相比之下，美国的政策文件发布得更加透明和规范。美国国会研究机构发布了多份关于美墨禁毒合作的报告，为本书的研究提供了最权威的美墨反毒合作的数据。

美墨非法移民合作问题。非法移民问题是一个多视角、多学科的问题。国内研究美国移民政策的文献很多，大多数是关于单向的作为移民接受国的美国的移民治理政策分析、对在美国的墨西哥非法移民人数、在美国的主要地理分布与技能素质和生活水平等情况的分析以及移民对美国国内族群认同和政党政治的影响。目前还没有论文专门研究美墨之间如何就移民问题开展对话和合作以及这些互动如何影响美墨移民问题的发展和走向的文献。如李芳田的博士论文《国际移民及其政策研究》，对美国的移民政策进行了分析[①]；梁茂信的论文《美国的非法移民与政府政策效用分析》主要对1986年美国《移民改革与控制法》的政策形成过程、政策实行效果以及影响政策效果的原因进行了分析。[②] 宋鸥的博士论文《美国墨西哥移民问题研究》[③]、陈积敏的博士论文《全球化时代美国非法移民治理研究》[④] 对非法移民对美国的经济、社会影响、美国的政策进行了全局研究。陈积敏的论文虽然在最后涉及国际移民合作，但是只有短短的3页。其后，陈积敏发表了《国际移民的非传统安全挑战与全球移民治理——以国际组织为例》[⑤]，对与移民相关的国际机制进行了综述；该作者还发表了《美国非法移民国际合作治理研究》[⑥]，对美国与墨西哥、中国的双边合作以及地区多边合作机制进行了梳理并评估了其绩效。钱皓是国内研究美国西裔移民的族裔认同问题的专家，其《美国西裔移民研究——古巴、墨西哥移民历程及双重认同》一书以古巴与墨西哥移民为重点，对西裔移民的族裔认同问题进行了细致深入的分析，解构墨西哥移

---

① 李芳田：《国际移民及其政策研究》，博士学位论文，南开大学，2009年。
② 梁茂信：《美国的非法移民与政府政策效用分析》，《史学集刊》1997年第4期。
③ 宋鸥：《美国墨西哥移民问题研究》，博士学位论文，吉林大学，2009年。
④ 陈积敏：《全球化时代美国非法移民治理研究》，博士学位论文，外交学院，2011年。
⑤ 陈积敏：《国际移民的非传统安全挑战与全球移民治理——以国际组织为例》，《中共中央党校（国家行政学院）学报》2020年第2期。
⑥ 陈积敏：《美国非法移民国际合作治理研究》，《江南社会学院学报》2017年第1期。

民和古巴移民的双重认同。① 同样是钱皓的《美国移民大辩论历史透视》对美国的自由主义和排外主义两股移民思潮进行了分析。② 杜鹃的《美墨边境非法移民问题历史溯源》对美墨移民历史进行了梳理，认为美国政府的非法移民政策虽然形式多样，但无外乎隔离和驱逐这两种思路，事实证明，最终都收效甚微，原因在于美墨之间巨大的经济鸿沟和互补性强的经济结构、美国移民政策摇摆不定、移民法律和制度不完善和雇主的现实需要等。③ 这些文献都是理解美墨移民关系的重要文献基础。总的来说，国内的研究侧重于对美国的移民政策以及造成的负面影响，很少涉及美墨在移民问题上的互动，也很少涉及墨西哥在移民问题上的立场和政策。

国外对美国移民体系和移民政策改革的辩论的研究非常多，尤其是美国国内的文献，将移民问题看作是美国国内政治博弈的结果。但是出于美国将移民问题看成国内问题的原因，这些文献中很少关注墨西哥的立场。这些文献有：对美国移民体系和移民政策改革问题的研究。苏珊·马丁（Susan F. Martin）在《美国移民改革的政治》一文中对美国移民政策史做了回顾，尤其对国会在制定移民政策时所出现的"僵局"现象进行了分析。作者将美国国内以及公众舆论在移民问题上出现的"矛盾"心理进行了分析，在此基础上，对美国移民改革的方向提出了建议。④ 丹尼尔·提奇内尔（Daniel Tichenor）的《大鸿沟：美国的非法移民政治》认为，近二十年来，历届美国总统和国会都将非法移民视为紧迫问题。美国的政策总体呈现两方面趋势，一方面出现了新的基层运动，倡导保障移民权利；另一方面又加强了执法和边境管制，遏制非法移民流入。⑤

墨西哥学者除了非常关注美国国内对边境非法移民的控制政策之外，也关注墨西哥本国对美国移民政策的反应。如墨西哥瓜达拉哈拉大学的豪尔赫·杜兰德（Jorge Durand）教授是美墨移民领域的专家。他发表了《卡尔德龙执政期美墨双边关系中的"去移民化"》，对2006—2012年卡

---

① 钱皓：《美国西裔移民研究——古巴、墨西哥移民历程及双重认同》，中国社会科学出版社 2002 年版。
② 钱皓：《美国移民大辩论历史透视》，《世界历史》2001 年第 1 期。
③ 杜娟：《美墨边境非法移民问题历史溯源》，《学术探索》2018 年第 3 期。
④ Susan F. Martin, "The Politics of US Immigration Reform," *Political Quarterly*, Vol. 74, No. s1, 2003.
⑤ Daniel Tichenor, "The Great Divide: The Politics of Illegal Immigration in America," in Kavita R. Khory, eds., *Global Migration*, New York: Palgrave Macmillan, 2012.

尔德龙执政时期，美墨双边关系中的移民问题进行了分析。[1] 他与豪尔赫·A. 恰凡（Jorge A. Schiavon）共同编辑的《移民视角Ⅲ：墨西哥人在国外的政治权利》[2] 以及与普林斯顿大学的移民政策专家道格拉斯·梅西（Douglas S. Massey）和凯润·普润（Karen A. Pren）共同发表的《解释前往美国的非法移民》对在美国的墨西哥移民的现状和原因进行了阐述。[3]

中外学者对于美国和墨西哥如何在移民问题上互动的文献均比较少。其中较为重要的文献是昆斯（Rahel Kunz）的《移民领域通过伙伴关系去政治化：美墨的案例》对于美墨如何开展移民治理合作进行了详尽的阐述。[4] 罗伯特·贝奇（Robert L. Bach）的《反恐时代的西半球一体化和移民》则对于区域移民会议进行了分析，认为南北国家之间的重大政治分歧使得移民问题区域会议无法促成会员国有效合作。[5] 亚历桑德拉·德拉诺（Alexandra Délano）的《墨西哥和在美国的墨裔：1848年以来的墨西哥移民政策》对墨西哥政府从"没有政策的政策"到积极游说美国的移民政策的转变进行了分析和评估。[6] 但是这三份文献研究的时间段在2006年之前，本书将延续他们的研究，加入更新的美墨移民合作动态。

总之，国内外学者的研究多集中在美国和墨西哥本国的移民政策、移民趋势和现状，对于美墨在非法移民问题上如何互动和博弈、妥协和施压来管理非法移民不对称关系的研究文献非常少。这就给本论著留下了进一步研究空间。

---

[1] Jorge Durand, "La Desmigratización de la Relación Bilateral: Balance del Sexenio de Felipe Calderón," Foro Internacional, Vol. LIII, No. 3 - 4, 2013.

[2] Jorge Durand, Jorge A. Schiavon, eds., Perspectivas Migratorias III. Los Derechos Políticos de los Mexicanos en el Exterior, Mexico: CIDE, 2014.

[3] Jorge Durand, Douglas S. Massey, Karen A. Pren, "Explaining Undocumented Migration to the U. S.," International Migration Review, Vol. 48, No. 4, 2014.

[4] Rahel Kunz, "Depoliticization through Partnership in the Field of Migration, the Mexico-US Case," in Rahel Kunz, Sandra Lavenex and Marion Panizzon, eds., Multilayered Migration Governance: The Promise of Partnership, New York: Routledge, 2011.

[5] Robert L. Bach, "Western Hemispheric Integration and Migration in an Age of Terrorism," in Kristof Tamas and Joakim Palme, eds., Globalizing Migration Regimes New Challenges to Transnational Cooperation, London: Ashgate Publishing Limited, 2006.

[6] Alexandra Délano, Mexico and Its Diaspora in the United States: Policies of Emigration since 1848, New York: Cambridge University Press, 2011.

三 研究假设和案例

本书认为，在跨国事务中，强国和弱国虽然存在一定的共同利益，但是在利益取向上也存在无法消除的分歧和矛盾。同时，强国和弱国也存在结构性错误知觉，阻碍两国发展稳定的合作关系。因此，管理不对称关系，通过策略互动，缓和对彼此的结构性错误知觉，达成强国和弱国之间的利益平衡，显得尤为重要。针对如何管理美墨这一对非对称关系，本书在文献研读的基础上，试探性地提出以下四个假设，即管理美墨非传统安全非对称合作的条件。

假设一：在差距巨大的不对称关系中，为了消除针对彼此的错误知觉，长期、稳定、制度化的磋商互信机制是强国和弱国合作的基础。双边磋商机制良好运行时是美墨非对称合作取得成就最多的时期。如果美墨双边磋商机制中止，那么非对称合作就无法展开。

假设二：强国美国在非对称关系中掌握主动权，但是强国使用胁迫、威胁并不能确保弱国与强国合作。美国自我克制和约束，在道义上做出表率是非对称合作得以开展的先决条件。同时，由于墨西哥与美国合作的动机通常是解决国内的经济、社会发展过程中出现的问题，因此，美国给予一定的援助能够在一定程度上激励墨西哥的积极合作。如果美国未能做到这两点，那么美墨非对称的非传统安全合作就无法展开。

假设三：在非对称关系中，为了确保在合作中与强国保持对等关系，弱国通常会致力于制约和影响强国的行为，这不是为了扩大冲突，而是为了扩大协商和对话的空间。墨西哥约束美国的途径可能有两条，一是致力于解决国内动荡问题的根源，展现负责任的国际形象。二是与美国达成一定程度的约束性条约，规范强国的行为。如果墨西哥未能做到这两点，那么可能会承受美国对其的施压，非对称合作可能会陷入"一报还一报"的恶性循环。

假设四：为了降低非对称合作的脆弱性，强弱两方都有可能寻求第三方对双边关系进行协调，降低潜在冲突的烈度。此路径可视为维持非对称合作中的辅助路径。第三方在多大程度上可以调解美墨非对称合作过程中的冲突？怎样的第三方才能成功调和美墨结构性错误知觉和利益冲突？

为了对以上假设进行检验，本书选取了美墨边境非传统安全合作中三个领域——边境水资源治理、禁毒合作和非法移民管理开展深度研究，来验证以上假设对于建立和维系非对称合作中所起的作用。

四 研究方法、创新点和不足之处

（一）论文的研究方法

由于研究的内容涉及美国和墨西哥之间的跨界水资源、禁毒和非法移民合作等不同研究领域，因此综合性地采用了不同的研究方法，力求对相关问题进行细致的分析和详尽的论述。总体而言，本书主要运用了以下研究方法：

第一，案例分析法。本书以深度案例分析为主要方法。本书选取边境水资源、非法移民和毒品问题这三个案例，对影响权力不对称的两个国家的非传统合作的因素进行了研究。

第二，历史过程追踪法。通过梳理和分析美墨政府在水资源环境、禁毒和移民合作的立场、政策和谈判过程，尽可能地还原两国磋商、谈判或斡旋的具体过程，以找出合作过程中的规律性变量。

第三，定性研究。这是本书应用的最基本的研究方法。本书主要参考国内图书馆以及互联网上能够搜集到的相关书籍、学术论文、学术报告等已有研究成果和美国政府、国会的档案文件、美墨大使访谈记录等一手资料，并对其进行梳理、分析、归纳和总结。

（二）论文的创新之处

本书的创新之处在于以下两点：

第一，理论工具的选取较为新颖。本书利用沃马克提出的非对称理论作为理论工具，对美国和墨西哥的非对称关系进行了详尽的分析。同时，本书对沃马克提出的非对称理论进行了深入拓展，特别是管理非对称关系方面，提出了强弱国家非对称合作的四个条件，对于非对称理论的研究有一定的学术贡献。

第二，研究视角更为全面。本书扬弃了外交政策解读和分析的框架，从美墨互动的角度对非对称关系的管理策略进行了论述和归纳。虽然本书所用的毒品和移民案例已有很多中外学者从强国美国的政策的角度进行了研究，但是本书将相对被忽视的弱国在国际关系中的作用也纳入了分析范畴，深入研究了强国和弱国的博弈和互动的过程。

（三）论文的难点和不足之处

本书的难点和不足之处在于以下两点。

第一，本书的第一个案例涉及大量的水资源治理的工程技术问题，受到专业的限制，在查阅美墨相关谈判细节的时候，有很多美墨技术方案分歧笔者很难看明白。笔者虽然翻阅了不少关于国际跨界水资源水利工程的书籍，也尽最大努力，咨询了一些专家，但是一些技术词汇的翻译和技术逻辑难免出现纰漏。

第二，本书的两个案例——非法移民和毒品问题已有很多研究对政策的结果进行了评估。而笔者希望做的是从双边合作的过程出发，从新的视角对其进行解读，从中找到美墨双方博弈和互动的细节，从而判断双方利益是否达成平衡。然而在阅读文献的过程中，笔者发现，美墨学者基于同样的数据和事实，通常得出不同的结论。例如在毒品问题上，墨西哥学者利用"压力—响应"模型认为，通常是美国得到了美国希望的结果。① 但是美国学者却认为，墨西哥成功地抵制了美国单边主义政策，并引导美国尊重墨西哥主权，建立起制度化协作方法，说服美国为墨西哥提供援助资金。② 诸如此类的不同观点给笔者带来雾里看花的困难。笔者在写作过程中尽可能地保持"价值中立"，但是难免仍有纰漏。

五　本书的结构和框架

本书由导论、正文和结论三大部分组成。导论部分主要综述选题的理论与现实意义、国内外文献综述、研究假设、研究结构和方法等。正文部分由五章组成，分别如下。

第一章是本书的理论框架，具体阐述了沃马克提出的非对称理论的基本内涵。非对称是国际关系的常态，但是由于国家间的不对称性导致结构性误解以及利益偏差，非对称合作面临巨大的困境。但是如果对非对称关系进行恰当管理，仍可以维持不对称合作。本章在沃马克和其他相关学者研究的基础上建构了维持非对称合作的四个条件：即构建互信磋商机制、大国的自我约束和援助、弱国对强国的约束和国内改革努力、第三方协调。

第二章综述并分析美墨边境面临的非传统安全问题和合作困境。美墨

---

① María Celia Toro, *Mexico's "War" on Drugs: Causes and Consequences*, Boulder, CO: Lynne Rienner, 1995.

② Mark Aspinwall, Simon Reich, "Who is Wile E. Coyote? Power, Influence and the War on Drugs," *International Politics*, No. 53, 2016.

合作议程中非传统安全问题——跨界水资源短缺与污染、毒品贩运和有组织犯罪和非法移民越境问题在很大程度上是美国施压提出的。美国对墨西哥有强大的影响力。这三个问题作为跨国问题，其顺利解决离不开美墨双边合作。然而，由于美国与墨西哥对彼此的结构性知觉和错误知觉以及强弱两国在合作利益诉求中存在天然不可调和的分歧，导致美墨边境非传统安全合作困难重重。管理美墨不对称关系变得尤为重要，目的是不让美墨关系发展成为敌对关系或者倚强凌弱的关系。

第三、第四、第五章是美墨非传统安全合作中三个领域的案例，即美墨边境水资源治理合作、美墨边境打击毒品合作和非法移民管理合作。本书分别从构建互信磋商机制、大国的自我约束和有限援助、弱国对强国的适度约束和国内改革努力、第三方协调四个方面分析美墨的互动和博弈，以及两国利益是否达到平衡。

结论部分概述了本书的主要研究内容以及未来的研究方向。

第一章

理论框架：非对称理论与非对称合作

沃马克提出的非对称理论是一强一弱国际关系的二元简化结构。在该结构中，强国虽然在国家军事规模、经济资源以及政治动员能力等要素上占压倒性优势，但是没有彻底解决与弱国之间冲突的能力，无法单方面地决定双边关系的"每一个具体条款"。同时，弱国无法挑战强国的能力，如果弱国在贸易、金融等方面依赖强国，那么弱国不会贸然使用对抗战略。弱国致力于寻找与强国利益的契合点，以协商和合作的方式，在强弱双方合作中寻求利益的平衡。由于结构性错误知觉、合作目标差异等原因，非对称合作面临巨大困境，但是强弱双方依然可以通过策略上的互动，管理非对称关系，缓和结构性错误知觉，维护非对称合作关系的稳定性。本章从非对称性的定义着手，梳理管理非对称关系的条件。

第一节 国际关系中的非对称性

在国际体系中，国家间的非对称无处不在。威斯特伐利亚和约后的国际体系的主要特征是国家都是主权平等的行为体，然而这并不意味着每个国家在能力上和权力上是绝对平等的。国家在国土面积、治理模式和治理能力上千差万别。不同流派的学者对于强国和弱国之间的关系有不同的解释。沃马克则提出了强弱两国相互协调进而带来互惠的关系模式。在非对称理论中，非对称关系是一种常态，而不是变化莫测的失衡状态。

一 非对称关系的定义

在国际体系中，国家间的差距无处不在。由于国家的面积大小、自然资源、财富、声誉、地位或权力差异，存在着强国和弱国。国家实力和权力的差别、国家能力与竞争力的差别几乎是国际政治研究与实践的全部内容。[1]

要对非对称关系进行定义,首先就必须对"强国"和"弱国"进行定义。关于强国(great powers)的定义,罗伯特·基欧汉建议根据对国际体系的影响范围来定义强国。他认为强国的定义是:如果一个国家是强国,那么它的领导人认为,它可以独自对国际体系产生巨大影响,而这些影响对国际体系有决定性的作用。[2] 强国有能力通过直接影响其他国家的政策,或者通过强国具有控制权的国际组织等媒介来影响弱国的政策。这些机制可能涉及武力威慑、操纵经济成本和收益,甚至垄断信息或专业知识,将强国的偏好强加于其他国家之上,促使其他国家的政策发生变化。

相比之下,弱国的定义更为多元。小国、弱国、穷国、失败国家、脆弱国家等概念经常相互重叠使用,缺乏一个统一的、具有广泛共识的概念。对于弱国的定义,通常有物质取向、体系取向和认知取向这三种定义方式。[3] 与强国的概念对应,本书也选取体系取向来界定弱国。即,弱国实力相对有限,国际影响力相对低微,在世界政治经济体系下,弱国往往是一个"脆弱国家"。在国家与体系的关系中,它们往往是体系的"服从者"而非"建构者",是安全的"消费者"而非"供应者",经济的"依赖者"而非"自主者"。相对于强国,它们存在许多生存和发展缺陷,来自内外的挑战与冲击所产生的影响对他们而言更为普遍和严重,国家治理与对外政策的波动性与困难程度更为显著。[4]

关于强国与弱国之间的关系,沃马克认为,新现实主义者华尔兹所说的"战争是国际关系的常态"是不对的,因为从现实经验来看,在区域和国际政治中,规模和权力差异巨大的国家之间虽然存在固有的紧张关系,但是大多数情况下能够长期相安无事,国际社会并没有陷入修昔底德

---

[1] [美]肯尼思·华尔兹:《国际政治理论》,信强译,上海人民出版社 2008 年版,第 192 页。

[2] Robert Keohane, "Lilliputians Dilemmas: Small States in International Politics," *International Organization*, No. 23, 1969, pp. 295–296.

[3] 物质取向是以若干客观统计数据,如领土面积、人口规模、经济实力等来界定弱国。体系取向则将与大国在国际体系中的国际利益、角色和行为以及影响力的相对差异及来界定弱国。认知取向则以国家的自我认知和外部认知来界定。韦民:《小国与国际关系》,北京大学出版社 2014 年版,第 32—44 页。

[4] 韦民:《小国与国际关系》,北京大学出版社 2014 年版,第 66 页。

提出的"强者尽其所能,而弱者则受其所必须"的混乱局面,更多的是紧张但有弹性的非对称关系的集合。基于此,沃马克提出了非对称理论,将非对称关系视为常态而不是变化莫测的失衡状态。

根据沃马克的定义,非对称关系描述的是国际社会这样一个普遍现象:由于实力差距,关系中的弱者一方虽然比强者一方受到双方互动的更大影响,但是强者一方并不能在关系中单方面发号施令,即使有时候强国会努力尝试推行偏好并偶尔遂愿,随后也会因弱国的无尽反抗而备受挫折。[1] 权力大小的差异并不意味着实力越强的国家就一定会统治实力越弱的国家,强国无法将其意志完全地强加于弱国身上。同时,弱国无法挑战强国的能力,如果弱国在贸易、经济、金融等方面依赖于强国,那么弱国不会贸然使用对抗战略,在更多时候,弱国愿意与强国合作,寻找契合点。对于强国而言,只要与弱国的合作能够增强强国的实力,从而有助于强国与其他势均力敌的对手的权力竞争,合作对于强国而言也是可以接受的。[2] 总之,强国和弱国有充分的动机探寻允许调和的共同关系。

沃马克的非对称理论是一种"辩证的现实主义"。[3] 非对称关系与现实主义一样,都认为国际社会是无政府的,缺乏一个单一及最高的政治权威。在非对称关系中,也不存在一个全面的合法权威强迫弱国服从。但是,沃马克的非对称理论批判了霍布斯状态的倚强凌弱的丛林法则。非对称理论是一种强弱两国相互协调进而带来互惠的关系模式。[4] 同时,沃马克也将非对称理论与等级制理论做了区别。在戴维·莱克的"等级制理论"中,国家间是一种社会契约的关系,其中,附属国顺从主导国是为了获得免受国内外威胁的保护,主导国则因此获得和平的顺从和合法性。在等级制模式中,一国承认对另一国的权力让渡,但是在非对称理论中不存在权力的让渡。关于非对称关系的适用范围如图 1-1 所示:

图 1-1 中央的钻石型的区域是非对称互动关系的区域。图中横轴代

---

[1] [美]布兰特利·沃马克:《非对称与国际关系》,李晓燕、薛晓芃译,上海人民出版社 2020 年版,第 11 页。

[2] 孙杰:《合作与不对称合作:理解国际经济与国际关系》,中国社会科学出版社 2016 年版,第 233 页。

[3] [美]布兰特利·沃马克:《非对称与国际关系》,李晓燕、薛晓芃译,上海人民出版社 2020 年版,第 27 页。

[4] [美]布兰特利·沃马克:《非对称与国际关系》,李晓燕、薛晓芃译,上海人民出版社 2020 年版,第 19 页。

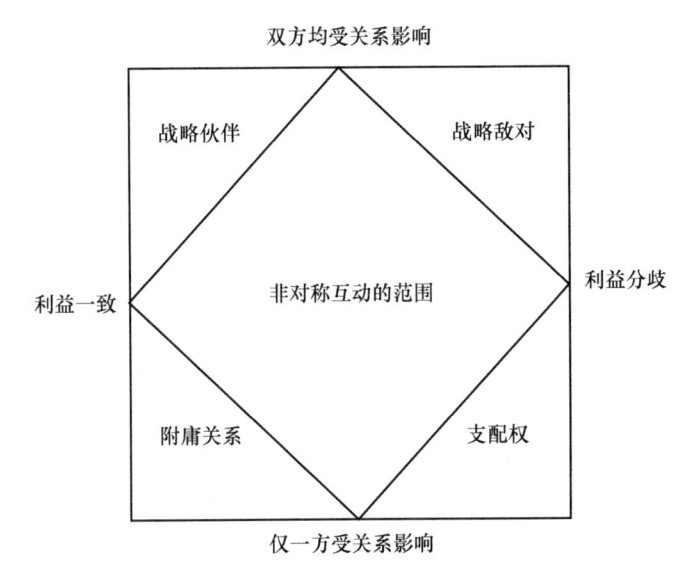

第一章　理论框架：非对称理论与非对称合作　　25

```
                    双方均受关系影响

          战略伙伴              战略敌对


  利益一致      非对称互动的范围      利益分歧


          附庸关系              支配权

                    仅一方受关系影响
```

图1-1　非对称互动的范围

资料来源：[美]布兰特利·沃马克：《非对称与国际关系》，李晓燕、薛晓芃译，上海人民出版社2020年版，第58页。

表的是利益的重合或分歧。垂直轴代表的是关系中的双方的受影响程度。[1] 如果双方利益完全一致，且双方都受关系影响，那么，双方是战略伙伴关系。如果双方利益完全分歧，同时双方都受关系影响，那么双方是战略敌对关系。如果双方利益一致，但是仅一方受关系影响，那么是附庸关系。如果仅一方受关系影响，双方利益却有分歧，那么则会赋予另一方支配权。[2] 这四种情况都不是非对称理论中的非对称关系。只有图中钻石型的区域是非对称互动关系的区域，代表两国非对称互动塑造的关系，即强国没有被弱国挑战，弱国也没有被强国统治。强国和弱国之间并不存在等级制关系的"社会契约"[3]。因此，非对称关系意味着可以摆脱霍布斯

---

[1] [美]布兰特利·沃马克：《非对称与国际关系》，李晓燕、薛晓芃译，上海人民出版社2020年版，第57—59页。

[2] [美]布兰特利·沃马克：《非对称与国际关系》，李晓燕、薛晓芃译，上海人民出版社2020年版，第57—59页。

[3] 戴维·莱克提出，等级制是在社会契约的基础上主导国和附属国彼此之间的权利和义务以及相互承诺。见[美]戴维·莱克《国际关系中的等级制》，高婉妮译，上海世纪出版集团2013年版。

安全困境，又可以不受等级制的束缚。各方拥有自由，而不形成支配和从属地位。尽管强国和弱国的能力不平衡，但是当非对称关系达到成熟阶段，非对称关系的常态意味着双方有信心认为共同利益比利益分歧更重要，利用双边磋商机制，通过持续谈判和各自行为调整，足以解决争端。①

二 非对称合作的困境

如前所述，非对称关系是有韧性的。对于强国来说，因为无法单方面解决与弱国的冲突，因此，强国不得不与弱国开展合作。对于弱国来说，沃马克用"受影响程度"（exposure）而不是"脆弱性"（vulnerability）来形容非对称性，因为对于弱国一方来说，不仅面临的风险更大，机遇也更大。② 正是由于对于强弱两方来说，都存在机遇和风险，强弱双方才有动力进行谈判，维持非对称关系。

由于非对称起到强化观点分歧的作用，非对称关系的常态化并不容易。③ 强国和弱国虽然有加强合作的愿望和基础，但也客观存在着利益与合作形式上的矛盾与冲突。强弱两国总是"同床异梦"，各有用心，利益和目标不总是一致。非对称关系表现的是由国家实力差异而造成的强弱两国利益诉求以及认知的非对称，因此摩擦冲突时常存在。强弱两国在利益与认知方面的差异是冲突的根源。

（一）不对等关注和结构性错误知觉

沃马克非对称理论的理论假设就是不对称权力结构导致国家间系统性的错误知觉。沃马克认为，国家大小和强弱导致不对等关注，而不对等关注又影响了国家行为。从图1-2可以看到，对于弱国而言，与强国的关系是其对外关系中最重要的方面，在非对称关系中，弱国比强国的受影响程度更大，因此，弱国的整个领导层都对强国保持较高的关注度。但是对强国来说，两国关系中同等的利益或损失都不那么利害攸关。强国对弱国

---

① Brantly Womack, *China among Unequals: Asymmetric Foreign Relationships in Asia*, Singapore: World Scientific Publishing Co Pte Ltd., 2010, pp. 26-27.
② ［美］布兰特利·沃马克:《非对称与国际关系》，李晓燕、薛晓芃译，上海人民出版社2020年版，第11页。
③ ［美］布兰特利·沃马克:《非对称与国际关系》，李晓燕、薛晓芃译，上海人民出版社2020年版，第214页。

较高程度的关注更可能是阶段性的、集中于特定议题的。那些实力更强、对强国更为重要的其他区域大国占据了强国的政策议程。通常强国对弱国的关注是将弱国看成更大的区域或全球问题的一部分，而忽略了弱国的具体利益和关切。① 对此，约瑟夫·奈也有同样的论断：与实力更强的国家相比，实力较弱国家的政府可以保持不对称的注意力和更大的集中力。强国必须将注意力分散在一张"大棋盘"上，并且无法始终保持其内部的官僚联盟的团结。②

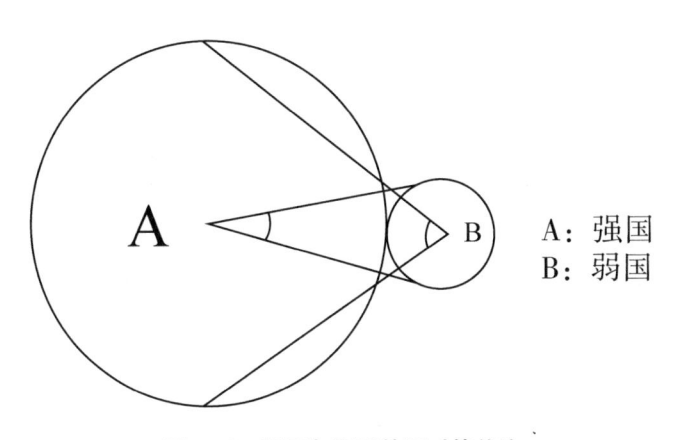

图 1-2 强国与弱国的不对等关注

资料来源：[美] 布兰特利·沃马克：《非对称与国际关系》，李晓燕、薛晓芃译，上海人民出版社2020年版，第48页。

正是由于关注度不同，强国总是站在大国角度来看待弱国的行为，而弱国则站在弱国位置上看待强国的行为。强国和弱国对对方都存在错误知觉和敌意，从而影响强弱两国的行为方式。通常来讲，强国的注意力并不会集中在弱国身上，强国行为的协调性也较低，并且更多地用二分法将关系定型为友好/敌对。当出现问题时，强国的领导者将倾向于利用其权力欺负弱国，以达成协议，这不仅仅是为了赢得利益，而是可以将注意力转移到强国认为更重要的问题上。相反，对于弱国而言，即使强国和弱国在

---

① Brantly Womack, *China among Unequals: Asymmetric Foreign Relationships in Asia*, Singapore: World Scientific Publishing Co Pte Ltd., 2010, p. 84.

② Joseph Nye, "Transnational Relations and Interstate Conflicts: An Empirical Analysis," *International Organization*, Vol. 28, 1974, p. 992.

互动中拥有对等的收益或损失,这种利益和损失对于弱国来说都比强国大得多。即使强国并不威胁弱国,弱国也会认为自身处于风险当中,从而更加怀疑也更加焦虑。因此,弱国不会任由强国欺凌,而是扮演受害者的角色:对强国的侵犯非常敏感,会大声抱怨不公平,呼吁英勇抵抗强国。[1] 总之,强国的错误行为来自于对国家间关系的忽视以及凌弱的心态;弱国的错误在于过分关注国家间关系,因此过于敏感。[2] 一方过度关注,一方却过于漠视,加上两国对相对地位敏感性的差别,就造成了双方的错误知觉。

(二) 强弱双方的合作利益差异和分歧

沃马克指出了强弱双方合作的原则性问题,即强国和弱国开展合作的基础是以承认自主性交换遵从(acknowledgement for deference)[3]。强国必须确认较弱的一方正视强国与弱国之间的实力差距,不会使用破坏和平的方式来挑战其地位;弱国则必须相信,强国会尊重其身份和利益(identity and interests)。即常态化的非对称关系是基于强国对弱国自主性的承认,同时弱国不挑战强国的地位。自主性和遵从都不是绝对的。它们是相互依存的关系。强国承认弱国的自主性的前提是弱国对强国的遵从。而弱国对强国的尊重则基于强国对弱国自主性的保证。特别重要的是,遵从并不是屈从于强国统治。遵从是指弱国承认必须在现有能力差距的前提下协商双边关系,强国和弱国都追求自己的利益,但是弱国不会肆意挑战强国,强国不会侵害弱国。在常态化的非对称关系中,互惠互利的期望超出了对相对优势的关注,尽管双方当然会继续在互动中追求相对优势,但是没有国家投降,也没有国家占绝对的主导地位。[4]

此外,中国学者还指出了强国和弱国对于绝对收益和相对收益的诉求差异。一般来说,弱国对应对眼前的挑战和获取绝对收益更为关注,更多地考虑如何提升自身的绝对实力水平而不是相对实力对比。相反,强国更

---

[1] Brantly Womack, *China among Unequals: Asymmetric Foreign Relationships in Asia*, Singapore: World Scientific Publishing Co Pte Ltd., 2010, p. 84.

[2] Brantly Womack, *China among Unequals: Asymmetric Foreign Relationships in Asia*, Singapore: World Scientific Publishing Co Pte Ltd., 2010, p. 83.

[3] Brantly Womack, *China among Unequals: Asymmetric Foreign Relationships in Asia*, Singapore: World Scientific Publishing Co Pte Ltd., 2010, p. 419.

[4] Brantly Womack, *China among Unequals: Asymmetric Foreign Relationships in Asia*, Singapore: World Scientific Publishing Co Pte Ltd., 2010, pp. 84 - 85.

多面对的是来自与其实力相当的国家的国际竞争,因此他们对合作收益的评估的视角更宽广,而且对未来的考虑更多,时间眼界更长。与弱势一方的博弈并不是强势一方的战略重点,他们考虑更多的是与其他势均力敌的霸权势力的权力竞争。由于与弱势一方存在巨大的实力差距,因此,强国暂时不担心弱势一方可能的挑战。相反,只要与弱势一方的合作能够增强他们的实力,从而有助于他们与其他势均力敌的霸权势力的权力竞争,合作对于他们就是可以接受的。①

正是原则性问题和结构性利益和目标的差异,导致强弱两国的外交政策策略的选择存在较大分歧,常常表现出互不相容,有时甚至是相互对立的政策偏好,导致了非对称合作的困境。具体来说,强国和弱国对于非对称合作的利益诉求有以下分歧。

强国的利益诉求。

其一,强国与弱国合作除了为解决特定问题之外,通常还有全球或者地区战略目的。对一个有定位的强国来说,核心战略利益就是维持以自己为中心的国际秩序。② 因此,强国首先要求弱国顺从和尊重,并将之作为谈判的前提条件。③ 这种顺从并不一定就是屈服,而是当弱国追求自身利益时能在最低程度上不忽略强国的相对身份,④ 接受强国主导的秩序的正当性和实用性,从而远离与强国有战略竞争关系、想要推翻强国制定的国际秩序的其他大国。

其二,强国的学者的观点带有理想主义色彩,希望把自己国家的优良制度输出到弱国。他们认为,只有改变弱国的制度,才能"帮助"弱国变得不那么"弱"。如美国学者 B. 盖伊·彼德斯认为,好的国际制度是能够将美国价值观灌输给它的成员的制度。⑤ 奥兰·扬也认为,有效的国际合作制度的标准是以下几点:(1)在合作方有意图

---

① 孙杰:《合作与不对称合作:理解国际经济与国际关系》,中国社会科学出版社2016年版,第233页。
② [美]布兰特利·沃马克:《非对称与国际关系》,李晓燕、薛晓芃译,上海人民出版社2020年版,第145页。
③ [美]布兰特利·沃马克:《非对称与国际关系》,李晓燕、薛晓芃译,上海人民出版社2020年版,第79页。
④ 林民旺:《沃马克的结构性错误知觉理论研究》,《国际政治研究》2009年第2期。
⑤ [美] B. 盖伊·彼得斯:《政治科学中的制度理论:"新制度主义"》,王向民、段红伟译,上海人民出版社2011年版,第177页。

的指引下,改变其他行为体的行为;(2)解决它们被设定需要解决的问题;(3)以一种有效与平等的方式进行合作。① 强国同弱国发展经济关系的直接动因并不总是获取经济收益。他们追求的是更加一般的目标:使其他国家有机地融入强国主导的世界经济,影响其社会政治发展道路和方向、防止在这些国家出现对强国不利的社会冲突等。中心国家显然不能无视外围国家的命运。归根结底,中心国家帮助外围国家,也就是帮助自己。②

弱国的利益诉求。

其一,尽管弱国具有多样性,每个弱国"弱"的原因各不相同,但是在与强国交往的过程中,具有一定的共性。由于弱国在国际体系中的脆弱性,它需要强国可靠地承认弱国的自主性。③ 即便是与强国结成同盟关系的国家,愿意用一定的自主性来换取安全,但以自主性为成本和以安全为收益之间也存在固有紧张关系。④ 对于未与强国结成同盟关系的弱国,自主性更是弱国外交的基石。合作达成的基本前提是强国对弱国自主性的尊重。⑤ 一国只有具备追求国家独立自主的坚定信念,不屈从于强国的意志,才可能谋求保持与不同强国之间关系的相对平衡,这样更有利于维护弱国的国家利益。

就像在国际关系理论中,许多学者将权力视为大国的压倒性目标一样,学者们也将自主性视为弱国在非对称关系中的压倒性目标。在非对称合作中,弱国最看重的是得到强国对其自主性的尊重。⑥ 弱国由于其相对的弱点而受到限制,但并非无能为力。因此,弱国决策者如何在这种"不利"的位置中找到一些独立决策的空间,这是弱国学者最为关注的议

---

① 见 Oran R. Young, *International Cooperation*: *Building Regimes for Natural Resources and the Environment*, Cornell University Press, 1989。尽管奥兰·扬是以环境问题的国际合作为主题,但是他的结论具有一定的普遍性。
② 鲁·济缅科、程宁:《美国与发展中国家:从传统新殖民主义走向不对称的相互依赖关系》,《国际经济评论》1992 年第 6 期。
③ Brantly Womack, *China among Unequals*: *Asymmetric Foreign Relationships in Asia*, Singapore: World Scientific Publishing Co Pte Ltd., p. 419.
④ 关于非对称同盟理论,见 James D. Morrow, "Alliances and Asymmetry: An Alternative to the Capability Aggregation Model of Alliances," *American Journal of Political Science*, Vol. 35, No. 4, 1991。
⑤ 林民旺:《沃马克的结构性错误知觉理论研究》,《国际政治研究》2009 年第 2 期。
⑥ 林民旺:《沃马克的结构性错误知觉理论研究》,《国际政治研究》2009 年第 2 期。

题。比如在拉美地区，智利前外交部部长慕诺兹（Heraldo Muñoz）认为，在所有拉美本土国际关系理论中，有三个反复出现的主题：一是实现国家和地区最大限度的自主性；二是促进本地区的经济增长和社会发展；三是美国对拉美地区的强大影响力。其中，自主性问题是核心，因为它与其他两个主题密切联系。[1] 围绕"自主性"命题，拉美地区形成了强大的地区学术共同体，甚至组成了具有拉美特色的"自主性学派"，对外围弱国如何追求自主性开展了辩论，提出了对抗型自主性、外围自主性、非正统自主性、投资型自主性和关系型自主性这五种"自主性"观，成为弱国外交行为的理论分析框架。[2] 有时候，相比于权力或财富，对于第三世界国家而言观念和意识形态更为重要，因为在世界财富分配不平等的情况下，弱国的无力几乎是一个恒量。正如阿查亚所言，第三世界国家缺乏结构性权力与物质性权力，他们往往诉诸观念与规范以建构世界政治。理念性力量就是"弱者武器"。[3] 不干预被视为第三世界国家倡导的道德规范。不论外围弱国采取怎么样的路径，增强其自主性都是外围弱国最大的外交目标。弱国希望在不平等的国际关系互动中，将非对称性对弱国主权的限制控制在最低水平。弱国惧怕依附于他国，因为依附会增强自身在国际体系中的脆弱性。因此，弱国在对强国权力做任何让步之前，坚持要求强国承认弱国的自主权。[4]

其二，在强国与弱国的交易中，弱国与强国合作的目标通常是希望利用强国带来的机会"搭便车"，包括强国的市场以及强国提供的一系列公共物品以及经济发展的机会，从而增加其绝对实力。同时，打破与发达国家对立的僵局，有利于展现良好的国际形象，可以获得国际社会对其的信任，增加经济繁荣的机会。然而，强国不会"完全无私"地帮助弱国，因此，与强国合作意味着弱国必须让渡部分权利以换取经济利益。弱国也因此呈现"独立性"和"摇摆性"的双重特征。以本书研究的美墨关系

---

[1] Heraldo Muñoz, "The Dominant Themes in the Study of Latin America's Foreign Relations," in World Affairs, Vol. 150, No. 2, 1987, pp. 129–146.
[2] 陈岚：《外围国家的自主性模式：拉美"自主性学派"的视角》，《拉丁美洲研究》2019年第5期。
[3] ［加］阿米塔·阿查亚：《重新思考世界政治中的权力、制度和观念》，白云真、宋亦明译，上海人民出版社2019年版，第256页。
[4] ［美］布兰特利·沃马克：《非对称与国际关系》，李晓燕、薛晓芃译，上海人民出版社2020年版，第78页。

为例，墨西哥在 20 世纪 90 年代改变反美立场，主动寻求与美国和加拿大签订北美自由贸易协定，对于墨西哥，北美自由贸易协定之所以具有吸引力，是因为它将墨西哥的经济与更强大的美国经济紧密地联系在一起，增加了进入美国市场的机会。墨西哥预期美国能够通过北美自由贸易协定提供以下公共产品：消除贸易壁垒，促进三个国家之间的商品和服务的跨境流动、促进公平竞争、区域投资、保护知识产权、协议的实施和管理的制度化以及解决争端的机制。[1] 墨西哥也因为与美国合作，在美国的支持下，获得了加入经合组织的"入场券"。在 1990 年至 2005 年，经合组织资助了墨西哥社会发展、经济和基础设施等 13 个领域的 5500 个援助项目。[2]

自主性和经济利益并不一定是完全矛盾的。拉美国际关系学者罗伯特·罗素（Roberto Russell）和胡安·加布里埃尔·托卡特利安（Juan Gabriel Tokatlian）就对外围弱国实现这两大利益的路径进行了研究。他认为，虽然强国对弱国的行为具有实质性的影响，但是弱国拒绝因为实力差异而成为完全的附属国。以拉美国家为例，拉美普遍抵制落入美国的权威，拉美各国远非"美国的追随者"，而是表现出独立，并且在有限范围内制约美国的政策，并为自主行事创造空间。拉美国家的外交存在两种"大战略"——自主性和默许，来维持与美国的关系。"自主性"是拉美国家的"思想武器"（idea fuerza），限制美国滥用权力，并扩大该地区的经济和政治一体化，以平衡霸权国。默许战略并不一定意味着拉美国家完全服从于美国，而是拉美国家倾向于接受现状，支持美国的关键利益，以寻求美国对其支持，并以此作为交换，获得美国给予的实质性或象征性利益。[3] 在墨西哥的案例中，在语言和文化上对拉美的认同使其也打上了拉美式的"自主性"烙印。

---

[1] Tom Long and Manuel Suárez-Mier, "Regional Public Goods in North America," in Antoni Estevadeordal and Louis W. Goodman, eds, *21st Century Cooperation Regional Public Goods, Global Governance, and Sustainable Development*, New York: Routledge, 2017, p. 269.

[2] Neydi Cruz, *Evolución de la Ayuda Oficial al Desarrollo: los Retos para México y un Análisis de su Papel como Receptor de 1960 a 2005*, Tesis de maestría, México, Instituto de Investigaciones Dr. José María Luis Mora, 2008, pp. 151–173.

[3] Roberto Russell, Juan Gabriel Tokatlian, "América Latina y Su Gran Estrategia: entre la Aquiescencia y la autonomía," *Revista CIDOB d'Afers Internacionals* No. 104, pp. 160–162.

第二节　管理非对称关系的条件

正如第一节所述,在非对称关系中,强国和弱国的非对等关注视角和利益差异削弱了两国关系中的潜在互惠性。由于强弱双方存在结构性错误知觉和利益分歧,因此,必须对非对称关系进行妥善的管理,缓和结构性错误知觉,维护非对称关系的稳定性。沃马克提出,非对称双边关系中的基本任务就是构建维护各方共同利益和通过消除错误知觉的影响来确保稳定的模式。[①] 为此,沃马克在其《非对称与国际关系》中,从个体国家行为以及双边互动两个角度给出了"非对称的解决方案",即管理正常非对称关系的规范模式。本节在梳理众学者的研究成果的基础上,试图建构起管理非对称关系,维持非对称合作的一系列条件。

一　构建互信磋商机制

互信磋商机制对于不对称国家关系的维系来说尤为重要,因为根据沃马克的假设,强国往往忽视弱国,强国与弱国的关系通常具有阶段性的特点,而非长期性。弱国则出于对强国关系的敏感,也不愿与强国过多接触,导致双方对彼此的错误知觉。由于对彼此的错误知觉已经植根于非对称关系中,因此,管理非对称关系的关键就是缓和结构性错误知觉,以防止误解超出控制范围,阻止错误知觉的螺旋上升。强弱两国制度化、稳定的互信磋商机制对于减缓错误知觉尤为重要,它不只是具有象征意义的仪式,而是表达强国和弱国相互尊重的重要场所,体现强弱两国既理性认识实力差距,也理性地开发共同利益的意愿。

沃马克认为,管理非对称关系的途径有以下两条。

一个是构建"外部区",即外交礼节。礼节对弱国比对强国更重要,因为那是强国对弱国尊重的公开表达。对于涉及双方重大利益的事务应该采用包容性辞令,包容性辞令可能被有思想的人视作"空话",但在非对称关系中,尤其在强国对弱国的政策这个方向上是至关重要的。如

[①] [美]布兰特利·沃马克:《非对称与国际关系》,李晓燕、薛晓芃译,上海人民出版社2020年版,第212页。

果强国只是为自己的国家利益发声,而没有表现出对弱国的立场或利益的关注,那么强国将被认为是将自己的意志强加在弱国身上。相反,如果强国以弱国所共有的术语和价值观来表现其行动,则弱国更有可能与强国对话而不是对抗。包容性辞令不仅仅是强国的价值观的普遍化。如果强国试图将本国的价值观普遍化,则会被其他国家视为侵犯而非包容。[1] 对于强国来说,"权力只有戴上面具"才能有效,领导人也必须保证是在与弱国协商一致的基础上才采取行动。因此,强国必须对弱国做出"让弱国挽回面子"的让步,使用能够引起价值观共鸣的语言。[2]

另一个是构建"内部区",即使用包容性辞令以及通过交由专家负责的方式,建立起由专家负责的制度化和常态化的议题领域的对话机制,使得潜在冲突区域中立化。[3] 为了避免发生结构性错误知觉,制度化、频繁的信息交换和磋商是合作的重要基础,包括定期举行的总统会议、双边委员会会议及专家工作组等。它不只是具有象征意义的仪式,而是表达强国和弱国相互尊重的重要场所,体现强弱两国既理性地认识实力差距,也理性地开发共同利益的意愿。高层磋商机制能够建立起战略互信,促进问题的定义,了解双方立场,并试图找出分歧,最终产生解决方案。通过高层交流,弱国也能积极表达自己的立场,影响非对称关系的发展趋势。一旦高层认为存在争议的问题不会升级成不可控的冲突,高层领导就有信心将问题委托给专家联合委员会来解决,特派的工作组和专家组定期对双边合作进行追踪、监督和评估,专家形成的知识共同体拥有共同的价值观,能够相对"客观"地描述问题领域。只要双边委员会和专家能够对于问题的解决方式有决策权,就不会破坏两国关系的稳定。[4] 随着时间的流逝,关系中反复出现的问题成为双方的"常识",虽然稳定的非对称关系并不能消除合作伙伴之间的利益和注意力差异,但是可以建立双方对解决问题

---

[1] Brantly Womack, "Asymmetry and Systemic Misperception: China, Vietnam and Cambodia during the 1970s," *Journal of Strategic Studies*, Vol. 26, No. 2, 2003, pp. 104 – 105.

[2] Simon Reich, Richard Ned Lebow, *Good-bye Hegemony! Power and Influence in the Global System*, New Jersey: Princeton University Press, 2014, p. 180.

[3] [美] 布兰特利·沃马克:《非对称与国际关系》,李晓燕、薛晓芃译,上海人民出版社2020年版,第220—225页。

[4] Brantly Womack, *China among Unequals: Asymmetric Foreign Relationships in Asia*, Singapore: World Scientific Publishing Co Pte Ltd., 2010, pp. 32 – 33.

的共同信心。① 当制度化的沟通机制被中止、暂停时,强国和弱国的立场分歧将变得非常清晰。②

除沃马克之外,美国政治学家斯通(Randall W. Stone)也从弱国的视角,发现强国与弱国制定磋商制度和规则,是弱国较为倡导的合作方式。他认为,实力较弱的国家倾向于基于规则的决策,以营造可预测的国际环境,从而使它们在决策中享有一定的发言权。③ 吴琳认为,相互战略保证是弱化政治风险、维持非对称合作稳定的关键。在非对称关系的维持过程中,合作和冲突是并存的,战略保证就是要实现合作与信任的相对强化和冲突与不信任的相对弱化。建立互信措施、提高战略透明度、相互适应、加强沟通等举措是相互战略保证成功的关键。④ 总之,制度化的磋商和沟通机制的构建对于非对称国家之间合作非常关键。

二 强国自我约束和对弱国的援助

沃马克指出,强国在国际事务和地区事务中有弱国无法达到的主动权。但是强国外交只有兼顾了与弱国的共同利益才能有说服力,中心国家的专制行为定会引发外围国家以多种方式与之抗衡,要想维持持久的国际领导权就必须谨记:切勿排斥弱国的根本利益。⑤ 如果强国为了获得对自己有利的结果向弱国施压,无论是使用"胡萝卜"还是"大棒",都会加剧弱国对强国的排斥感,从长远看——国际关系往往都具有长期性——排斥的代价会超过强迫弱国服从所产生的具体收益。如果弱国不信任强国对其身份和边界的认可,弱国就会寻找反抗和自我保护的途径。⑥ 因此,对于强国来说,管理非对称关系的关键是自我约束和自我克制,减少权力使

---

① Brantly Womack, *Asymmetry and Systemic Misperception: China, Vietnam and Cambodia during the 1970s*, *Journal of Strategic Studies*, Vol. 26, No. 2, 2003, p. 106.

② Brantly Womack, *Asymmetry and Systemic Misperception: China, Vietnam and Cambodia during the 1970s*, *Journal of Strategic Studies*, Vol. 26, No. 2, 2003, p. 106.

③ Randall W. Stone, *Controlling Institutions: International Organizations and the Global Economy*. New York: Cambridge University Press, 2011.

④ 吴琳:《不对称合作中的政治风险与关系维持——以新世纪以来的中斯关系为例》,《太平洋学报》2017年第3期。

⑤ [美]布兰特利·沃马克:《非对称与国际关系》,李晓燕、薛晓芃译,上海人民出版社2020年版,第21页。

⑥ [美]布兰特利·沃马克:《非对称与国际关系》,李晓燕、薛晓芃译,上海人民出版社2020年版,第220页。

用,给予弱国尊重,落实在双边磋商机制中所做的战略承诺,以达到减弱认知冲突的效果。

提出强国必须自我约束的学者还有很多。如罗伯特·基欧汉就在很多场合提出强国必须自我约束。基欧汉和奈指出,负责任的领导者应该认识到,他们有理由维护其他主要行为体的良好意愿和解决问题的建设性氛围。如果短期胜利会损害长远的谈判进程,他们不应该追求短期获益。① 弱国需要更加关注自己的行动在强国与弱国之间的关系中所产生的影响,有效地限制自己的权力。② 事实上,基欧汉提出的"合作"的概念"在政策协调的过程中,双方行为达到彼此和谐一致,这意味着,当合作发生的时候,合作中的每一方都应该根据他方行为,对自身行为做出调整"③,这里就已经包含着需要强国自我约束的要求。这条规则在强国和弱国合作过程中尤为重要,因为强国往往会倚仗权力优势,以居高临下的姿态"指导"弱国。而如果要维持非对称关系,强国必须调整和改变其行为,来回应弱国对其的要求。即使是在等级制的国际关系中,为了维持等级制,主导国也必须自缚双手、限制自身权威、遵守规则,可信地承诺限制其权威和权力。④ 研究国际关系等级制的学者戴维·莱克也提出,主导国必须放弃它们可能享有的政策或选择权,发出信号,表明自己是善意的,或者表明自己愿意只在附属国视为合法的范围内采取行动。⑤ 非对称关系并未达到等级制这样的"屈从"程度,强国在非对称关系中必须更加有效地进行自我约束。

关于强国如何自我约束,沃马克提出,"所有政治都是地方化的"。国家领导人的政治才能至关重要。在立法权优先并且有党派竞争激烈的国家,立法机关和行政机关之间充满矛盾,反对派和党派利益与当前领导者

---

① [美]罗伯特·基欧汉、约瑟夫·奈:《权力与相互依赖》,门洪华译,北京大学出版社2012年版,第227页。
② Robert O. Keohane, Joseph S. Nye, "Power and Interdependence," *Survival*: *Global Politics and Strategy*, Vol. 15, No. 4, 1973, pp. 158–165.
③ [美]罗伯特·基欧汉:《局部全球化世界中的自由主义、权力与治理》,门洪华译,北京大学出版社2004年版,第169页。
④ [美]戴维·莱克:《国际关系中的等级制》,高婉妮译,上海世纪出版集团2013年版,第12页。
⑤ [美]戴维·莱克:《国际关系中的等级制》,高婉妮译,上海世纪出版集团2013年版,第12页。

之间也充满矛盾，加上公众舆论和媒体的影响，国家领导人往往在道德上至高的对外行为与本地的对峙选择之间畏缩不前。国家领导人必须做到对公众舆论有判断力，可以向公众解释和他国保持互惠和彼此尊重关系的长远利益，同时也能让反对党提出不会因为短期收益而牺牲战略利益的替代选择。①

此外，沃马克还提出"非对称的伦理学"。非对称给强国和弱国之间的利益交换制造了道德难题。非对称造成的最规范问题就是平等与均衡之间的矛盾。② 在平等的状态下，公平性是互动最重要的美德，但是在非对称关系中，关于公平的估算不是简单的平等交易。③ 在非对称关系中，不能用"人人生而平等"的观点而忽略了国家间的客观能力差距。如果强国不进行援助，一味地追求在合作中与弱国实现权利和义务的平等，以强国的标准要求弱国，会使得弱国因实力不够而导致达不到合作预期效果或者直接导致合作中止。大多数时候，弱国的违约并不是为了挑战强国，而是缺乏遵约的能力。因此，强国对弱国的援助在非对称合作中是必要的，也是维持非对称合作的正当性的保障。并且，有限援助有助于提高强国的声誉，在国际社会中投射软实力，吸引弱国对强国的遵从，从而进一步巩固非对称关系的稳定性。

很多国际关系学者都提出了援助和公共产品供给在强国和弱国的不对称关系中的重要性。比如，戴维·莱克认为，在等级制中，强国必须提供公共产品。④ 罗伯特·吉尔平归纳了取得霸权正当性的三项标志，分别是霸权战争的胜利、对经济收益和安全保障等公共产品的供给以及意识形态的吸引力。霸权国需要让服从其领导的国家"有利可图"。⑤ 外交学院的吴琳也提出，危机援助是维持非对称合作稳定的关键。危机援助指在国内国际危机之下所采取的援助行动，既包括物质上的经济和发展援助，也包

---

① [美] 布兰特利·沃马克：《非对称与国际关系》，李晓燕、薛晓芃译，上海人民出版社2020年版，第217—218页。
② [美] 布兰特利·沃马克：《非对称与国际关系》，李晓燕、薛晓芃译，上海人民出版社2020年版，第226页。
③ [美] 布兰特利·沃马克：《非对称与国际关系》，李晓燕、薛晓芃译，上海人民出版社2020年版，第212页。
④ [美] 戴维·莱克：《国际关系中的等级制》，高婉妮译，上海世纪出版集团2013年版。
⑤ Robert Gilpin, *War and Change in World Politics*, Cambridge: Cambridge University Press, 1981, p. 34.

括声誉上的外交援助和国际声援。危机援助是在为双方非对称合作的权利义务关系寻求新的平衡点创造条件。随着危机援助中双方义务的兑现，维持非对称合作关系的风险也在这一过程中得以减少或化解。① 总之，强国自我约束和对弱国的援助是非对称合作的重要条件。强国不能将弱国的"服从"和"尊重"视为理所当然，而是应经常通过经济援助、改善贸易条件等来表明对弱国的扶持，培育弱国保持对强国的信赖和友谊。

三 弱国国内改革意愿和对强国权力的建构

沃马克指出，弱国更宜塑造自己为可信赖和有价值的伙伴声誉，而不是以哀怨和不可靠的形象示人。② 由于强国对非对称关系的关注较少，强国更偏向与可信赖和可预测的伙伴进行合作。如果弱国在非对称关系中，确立了有原则的行为体的声誉，弱国也能赢得强国的信任，并且更好地维护自己的利益。③

不可否认，弱国普遍面临国家治理体系弱的困境。国内贫富差距悬殊，政府腐败严重，政权内斗激烈，犯罪率居高不下，社会分化是不少弱国面临的治理性问题，导致民众对政府不信任，政府治理能力弱，时而引发国内社会动荡。一些弱国因为国家治理失败而深陷困境，并影响周边国家的安全，最终沦为国际和地区和平动荡的源泉。制约强国和弱国合作效果的也往往是弱国的体制缺陷，如腐败、法治水平低下等。弱国主动承担改革义务，在合作中充分、有效地利用强国的援助，加强自主性保障，才能不过度依赖强国的援助，增加国家自国际事务中的回旋余地。正如墨西哥总统奥夫拉多尔总统所说："最好的对外政策就是国内政策。"④ 弱国只有先致力于国家内部改革，才能更好地制约强国单边主义行径。这并不是要弱国全盘接受强国的处方，而是辩证地、按照国情，借鉴国际良好经

---

① [美]布兰特利·沃马克：《非对称与国际关系》，李晓燕、薛晓芃译，上海人民出版社2020年版，第29页。
② [美]布兰特利·沃马克：《非对称与国际关系》，李晓燕、薛晓芃译，上海人民出版社2020年版，第60页。
③ [美]布兰特利·沃马克：《非对称与国际关系》，李晓燕、薛晓芃译，上海人民出版社2020年版，第220页。
④ La Mejor Política Exterior es la Interior. Conferencia de prensa matutina. Miércoles 15 de junio 2022，https://lopezobrador.org.mx/2022/06/15/la-mejor-politica-exterior-es-la-interior-conferencia-de-prensa-matutina-miercoles-15-de-junio–2022/

验，有效地利用强国的援助或者国际体系变化带来的机会，更成功地治理国家，提高政府监管效率，治理腐败问题，实现"良政"，展现良好国际形象，证明自己是可信赖的合作伙伴。如果弱国内战不断，社会动荡，尤其是如果这种动荡通过国际移民等形式外溢到强国，那么引发强国单边主义干涉行为的概率就大大增加。

此外，由于强国会不自觉地使用权力，因此，弱国对强国的约束也是维持非对称关系的重要路径。在非对称合作关系中，弱国对强国约束的目的并不是要引发与强国的冲突，而是弱国"聪明"地影响强国的政策，减少不确定性和强国单边主义行动的可能性，从而保障弱国的自身利益。虽然体系压力限制了弱国的行为空间，但是弱国并不完全处于被动的境地。多名学者对于弱国影响强国政策的路径进行了归纳。如林德尔（Ulf Lindeall）和皮尔森（Steven Persson）认为，弱国可以通过结盟、开发强国的弱点、利用外交和谈判战术来影响强国的政策。[1] 华威大学学者汤姆·郎（Tom Long）认为，以美国和拉美的关系为案例，指出在非对称关系中，弱国可以利用非对称性通过积极的外交和游说，来改变强国的政策。可以发挥影响力的途径有：寻求克制——通过限制强国的单方面行动的可能性来改变强国的行为；寻求自主性——弱国寻求增强自身能力，减少外国对本国政治的影响。[2] 总之，弱国的改革努力所创造良好的国际形象可以有效制约强国的干涉行为。同时，为了制约强国的霸权霸凌，弱国也必须主动寻找机会，通过推进制度化建设，签订具有约束力的协议，甚至利用强国国内利益集团的分裂进行游说等方式，"聪明"地影响强国的政策，约束强国的行为。

四 第三方协调

如果双边协商可以解决问题，那么双边协商通常比多边参与更有效率。但是在强弱双方都不愿做出妥协、退让，但又不得不解决现有冲突时，引入第三方作为调停者或仲裁者，参与化解强国和弱国之间的矛盾，多边协调的优势就可以显现出来。沃马克提出，改善非对称双边关系的途

---

[1] Ulf Lindeall, Steven Persson, "The Paradox of Weak State Power: A Research and Literature Overview," *Cooperation and Conflict*, Vol. 21, No. 2, 1986, p. 80.

[2] Tom Long, *Latin America Confronts the United States: Asymmetry and Influence*, Cambridge: Cambridge University Press, 2015, p. 18.

径之一就是多边缓冲。双边非对称性关系的多边缓冲可以是针对具体的某一问题，也可以涉及更广泛的关系框架。如果多边机制能够为双边关系建立一个总体制度框架，则有可能减少非对称性带来的紧张局势，因为强国对秩序和遵从的关注是建立在弱国参与的国际制度框架的结构中，同样，弱国对边界和身份的关注也可以通过强国在国际制度框架中的预先承诺得到满足。①

除了沃马克之外，西蒙·瑞奇（Simon Reich）和理查德·内德·雷堡（Richard Ned Lebow）提出，强国"权力戴上面具"的一个方式是通过其他国家也具有代表权，并有一定机会影响政策走向的第三方机构来实施政策。② 华威大学的拉美研究专家汤姆·朗（Tom Long）也指出，对于作为弱国的拉美国家来说，可以行使集体权力，即将关于利益的事项国际化并赢得国际盟友，从而影响与强国之间的合作议程。③ 大卫·P. 巴拉什（David P. Barash）和查理斯·R. 韦伯尔（Charles R. Webel）则在国际冲突调解的概念内指出第三方可穿梭于冲突方之间，为之提供沟通的渠道、地点，乃至设置中立于双方的可供讨论的立场；第三方也可充当"发现真相的权威"④。外交学院的吴琳提出，第三方非正式协调是非对称合作的一大重要策略。在非对称关系中，除合作双方之外，常常还存在影响关系维持的第三方力量。由于第三方干预势力的介入，使得非对称合作的维持不再仅仅是合作双方之间的策略互动，而是需要在必要时候，与第三方势力一起通过开展非正式协调与对话的方式，实现合作共赢，避免战略对抗。⑤

总之，对于调节强国和弱国之间的潜在冲突，学界对于第三方调解强国和弱国的非对称关系的积极作用已经达成共识。第三方可以在搜集信

---

① Brantly Womack, *China among Unequals: Asymmetric Foreign Relationships in Asia*, Singapore: World Scientific Publishing Co Pte Ltd., 2010, pp. 32 – 33.

② Simon Reich, Richard Ned Lebow, *Good-bye Hegemony! Power and Influence in the Global System*, New Jersey: Princeton University Press, 2014, p. 180.

③ Tom Long, *Latin America Confronts the United States: Asymmetry and Influence*, Cambridge: Cambridge University Press, 2015, p. 18.

④ David P. Barash, Charles R. Webel, *Peace and Conflict Studies*, California: Sage Publications, 2002, pp. 280 – 281.

⑤ 吴琳：《不对称合作中的政治风险与关系维持——以新世纪以来的中斯关系为例》，《太平洋学报》2017 年第 3 期。

息、促进沟通和传递信息、挽回颜面、施加压力等方面对消除冲突各方的错误知觉、打破沟通障碍，乃至促进其在实质性利益上的相互妥协都提供了有益的通道和平台。

本章小结

沃马克的非对称理论为研究强国和弱国之间的非对称关系和非对称合作提供了有用的理论框架。本章着眼于沃马克提出的非对称理论，对非对称理论进行梳理，并对管理非对称关系的条件进行了扩展。

国际关系中的非对称是普遍存在的。在非对称关系中，强国对弱国的期望是遵从，即承认两国之间存在真正的权力差异。如果不尊重这种关系的现实，而要求虚幻的、绝对的平等，或者弱国与其他国家合谋反对强国，则会引起摩擦[1]，导致"一报还一报"的冲突场面。而对于弱国来说，说服强国承认其自主性是基本目标，弱国将非对称性对主权的限制控制在最低水平。弱国惧怕依附于他国，因为依附会增强自身在国际体系中的脆弱性。同时让强国承担起共享责任，利用强国带来的机会，包括强国的市场以及强国提供的一系列公共物品，增加经济合作机会，也是弱国与强国保持友好关系的动机。

强国和弱国的结构性错误知觉和利益差异削弱了两国关系中的潜在互惠性，非对称合作面临巨大困境。由于强弱双方的利益分歧无法避免，要维持非对称合作，就必须在合作形式和策略上缓和结构性错误知觉，维护"承认换取自主性"的交换条件。在沃马克提出的管理非对称关系的框架基础上，根据其他学者提出的强国与弱国互动的分析框架，本章提出了管理非对称关系的四个重要条件：构建制度化互信磋商机制，强国的自我约束和有限援助，弱国的自我改革意愿和对强国的约束，第三方协调这四种策略，来寻求合作目标的平衡。通过这四个条件，强国和弱国可以缓和结构性错误知觉，强国承认弱国的自主性，弱国对强国表现出遵从，从而在"遵从换取自主性"的非对称基本原则的框架下，更好地解决矛盾和冲突。

---

[1] Brantly Womack, *China among Unequals: Asymmetric Foreign Relationships in Asia*, Singapore: World Scientific Publishing Co Pte Ltd., 2010, p.472.

第二章

美墨非传统安全合作困境

地理是国际关系领域一个重要的变量。邻国之间的关系总是很复杂，尤其是经济发展程度不一的邻国之间。强国和弱国在处理国内事务以及国际经济事务方面，天然存在着利益取向上的错位，不易形成共同声音。而邻国之间又不可避免地需要就各种事务进行互动和协调。根据沃马克的非对称理论，邻国之间的非对称关系最为显著，非对称关系的强度通常与距离成反比，也就是说，两国距离越近，非对称关系的强度越大。[①] 如果大国和小国之间的地理距离增加，则关系的整体显著性将降低，因此，两国之间差距的影响会减小。但是在区域问题上，必须与所有邻国都有密切的双边互动关系，与邻国保持距离通常不是一个好的选择。截至2013年，美国和墨西哥之间已签有200多项双边条约和协定，其中，有65个条约与美墨边界线直接相关，包括国际边界和水条约、关于环境保护的拉巴斯协定、海关合作、应急管理、健康卫生、禁毒合作等。[②] "9·11"事件发生之后，美墨边境对于国家安全的重要性进一步提高，墨西哥与美国签署了"智慧边界"协议，在两国边境地区配备先进的检测仪器，加强了两国在恐怖主义等非传统安全领域的合作。因此，美国如何与墨西哥在边境地区开展非对称合作能够为研究非对称关系提供最典型的案例。本章对美墨边境地区面临的非传统安全问题进行梳理，分析美国和墨西哥对非传统安全的认知差异和利益分歧，分析美墨非对称合作面临的困境。

[①] Brantly Womack, "Asymmetry and Systemic Misperception: China, Vietnam and Cambodia during the 1970s," *Journal of Strategic Studies*, Vol. 26, No. 2, 2003, p. 96.

[②] Paul Ganster, Kimberly Collins, "Binational Cooperation and Twinning: A View from the US-Mexican Border, San Diego, California, and Tijuana, Baja California," *Journal of Borderlands Studies*, No. 32, 2017, p. 499.

第一节　美墨主要非传统安全问题

美墨边界线长3152公里，一直从墨西哥湾延伸至太平洋。与其他以高山、大海为界的相邻国家不同，美墨边界线虽然一部分是沙漠和高山，将美墨两国天然地隔开，但是还有一部分是以河流或道路为界，属于同一个生态系统，因此，美墨边界被人们称为"多孔疏松的边界线"。美墨战争结束之后，美墨先后签订了《瓜达卢佩—伊达尔戈条约》（1848年）和《加兹登购买条约》（1853年），这两个条约成为美墨边界线形成的两个最主要文件。随后，美墨政府于1882年、1884年、1889年、1906年和1933年陆续签署了补充条约，解决了边界地区的大部分领土争端，更加明确地划定了美墨边界线。[1] 因此，可以说，从20世纪初期开始，美墨边境地区几乎不存在由于定界冲突而导致的领土争端。对于美国来说，美国有着相较于其他大国更大的地缘优势，即东西向洋，南北无敌，因而美国保持了边境的长期稳定，以至于形成了独特的、有安全感的美国边境文化。[2] 墨西哥和加拿大国家均未对美国构成军事威胁，严格来讲，美国的北部和南部边界都不存在军事防御工程，美墨边境并不存在传统安全问题。

在非传统安全方面，伍德罗·威尔逊国际学者中心曾于2005年发布《美墨双边关系中的非传统安全问题》的研究，列举了美墨双边关系中的非传统安全问题（见表2-1）。

表2-1　**墨西哥和美国面临的非传统安全威胁重要等级排序**

排名	墨西哥	美国
1	有组织犯罪	恐怖主义
2	一般性犯罪/有罪不罚	能源
3	贫困、失业和不平等	通信基础设施

---

[1] 当时在定界问题上，美墨当时只剩下查米萨（Chamizal）地区的定界问题。到20世纪70年代，查米萨问题也得到了和平解决。

[2] 刘一：《九一一事件以来美国边境政策的调整——基于"再边境化"视角的分析》，《美国研究》2019年第2期。

续表

排名	墨西哥	美国
4	恐怖主义	有组织犯罪（特别是与贩毒相关的有组织犯罪）
5	能源/水资源	自然灾害
6	自然灾害	水资源
7	通信基础设施	非法移民
8	区域人民叛乱	

资料来源：John Bailey, *Nontraditional Security Threats in the U. S. -Mexico Bilateral Relationship: Overview and Recommendations*, Washington D. C.: Woodrow Wilson International Center for Scholars, 2005, pp. 5 – 6.

  从上表可以看到，美墨面临的非传统安全的优先级别不同，体现了美墨两国作为非对称国家对"安全"这个概念的定义差异。美墨合作意愿也因此存在天然的错位。

  冷战结束以来，特别是自"9·11"事件发生之后，美国将一切外部的不稳定因素均视为对国家安全的威胁。其他国家的脆弱性及治理危机成为对美国国土安全的威胁。[①] 2006年，在布什总统的第二届任期中，美国政府发布《国家安全战略》，将国家安全战略定义成："美国的政策是寻求和支持每个民族和文化中的民主运动和机构，其最终目标是消除我们世界上的暴政。"[②] 在奥巴马总统2009年5月发布的《国家安全战略》中，奥巴马对国家安全战略的定义是："我们的国家安全战略着眼于更新美国的领导地位，以便我们可以更有效地增进我们在21世纪的利益。为此，我们将增强自身实力，同时建立能够应对当今时代挑战的国际秩序。"[③] 可见，美国对国家安全的定义是"对外的"。"国家安全"这个口号成为美国介入其他国家国内政治的借口。墨西哥由于与美国在地理位置上相邻，从维护美国地缘政治环境的角度来看，墨西哥领土成为美

[①] Stuart Einzenstat, John E. Porter, Jeremy Weinstein, "La Reconstrucción de Estados Débiles," *Foreign Affairs en Español*, Vol. 5, No. 2, 2005, p. 135.

[②] White House, The National Security Strategy of the United States of America White House, 2006, https://georgewbush-whitehouse.archives.gov/nsc/nss/2006/sectionI.html, 访问日期：2020年1月2日。

[③] White House, National Security Strategy, 2010, https://obamawhitehouse.archives.gov/sites/default/files/rss_viewer/national_security_strategy.pdf, 访问日期：2020年1月2日。

国国家安全的一部分。墨西哥甚至一度被美国想象成毒品恐怖主义国家。

与美国的国家安全概念形成鲜明对比的是墨西哥的国家安全概念和战略。正如阿查亚所言，第三世界国家的安全困境在于，国内安全与政权安全关切比外部"国家安全关切"更为突出。[1] 自德拉马德里总统（任期1982—1988）任期开始，墨西哥政府首次在《国家发展计划》中对国家安全进行了定义，之后的每届墨西哥政府的《国家发展计划》中都纳入国家安全的定义。[2] 每届墨西哥政府对于国家安全的表述基本保持一致，更多地以社会和经济方面而非军事方面来定义国家安全，即墨西哥的国家安全与该国的发展能力直接相关。例如，2000年，福克斯总统对国家安全的定义是："对机构和国家安全的真正威胁表现为不平等和贫穷，人类对自然灾害、环境破坏的脆弱性，有组织犯罪和非法毒品贩运。"[3] 虽然"国家安全"这个词出现在墨西哥政府文件中，但是实际上墨西哥政府并未对此进行过公开的辩论，也没有专门的国家机构和具体的政策负责实施国家安全战略。直到2005年，墨西哥总统福克斯才颁布了首部《国家安全法》。在《国家安全法》中，墨政府将国家安全战略定义为：（1）保护墨西哥民族免受威胁和风险；（2）维护国家主权、独立以及捍卫领土完整；（3）维护宪法秩序，加强政府民主机构；（4）维护各联邦州的团结；（5）在其他国家或国际法主体交往的过程中，维护墨西哥的合法权利；（6）维护建立在国家及其居民的社会和政治经济发展基础上的民主。[4] 可见，墨西哥的国家安全的概念以及国家安全战略是内向的。墨西哥强调有组织犯罪、一般性犯罪和有罪不罚现象是墨西哥面临最大的非传统安全问题，同时，经济发展也是墨西哥国家安全的基础。而美国政府并没有将社会不平等问题纳入安全问题，对其邻国的经济和社会问题也不屑一顾。在非法移民问题上，美国认为非法移民是一项国家安全问题，而墨西哥则认

---

[1] ［加］阿米塔·阿查亚：《重新思考世界政治中的权力、制度和观念》，白云真、宋亦明译，上海人民出版社2019年版，第236页。

[2] Sandoval Palacios, Juan Manuel, "Militarización, Seguridad Nacional y Seguridad Pública en México," *Revista Espiral*, *Estudios sobre Estado y Sociedad*, Vol. VI, No. 18, 2000, p. 184.

[3] Vicente Fox Quesada, *Plan Nacional de Desarrollo* 2001-2006, México: Poder Ejecutivo Federal, 2001, p. 127.

[4] Gobierno de México, *Ley de Seguridad Nacional*, Art. 3°, 2005, *DOF* 26-12-2005, México: Gobierno de México, 2005, p. 2.

为非法移民并不在墨西哥的安全问题之列。

以下具体析作为本书案例的三个美墨边境非传统安全问题。

一　跨界水资源短缺与污染

关于水资源安全有各种定义。联合国水机制指出，水资源安全指的是"保护人们可持续获得适足数量和质量的水，以维持生存、人类福祉和可持续社会经济发展的能力；确保在和平与政治稳定的气氛中，保护水资源免受污染和与水问题相关的灾难，并保护生态系统"[①]。跨国水资源则具有不可或缺、分配不均、短缺与共享的特性，跨国水域范围内的国家必须在保障基本权利、实现自身发展与维护区域稳定之间谋求协调，使得流域国家都可以实现水资源安全。

美墨边境有两条跨界河流——科罗拉多河和格兰德河。这两条河对于美国和墨西哥来说都非常重要。美国南部边境有大面积的农业区，集约化农业只有通过大型灌溉工程才能实现，这些灌溉工程依赖科罗拉多河和格兰德河及其支流的水源。[②] 科罗拉多河和格兰德河对墨西哥国民经济也极其重要。其中，格兰德河流域的经济总量占墨西哥全国的 14.2%，人口 920 万，占全国人口的 9.2%。用水领域主要是农业（占 78%）、城市人口消费（12%）、工业（8%）。[③]

长期以来，边境水资源问题是美墨双边关系中的一个重要议题。对此，亚利桑那大学学者厄尔内斯托·斯美东（Ernest T. Smerdon）直言不讳地指出，对于美墨边境地区的发展，没有比水更重要的因素了。[④] 美墨水资源安全问题是由两个原因造成的。一是自然因素和全球气候变化。美

---

① UNWATER, Water Security and the Global Water Agenda, https://www.unwater.org/publications/water-security-global-water-agenda/，访问日期：2019 年 1 月 2 日。

② 美国和墨西哥之间的跨界河流主要为科罗拉多河和格兰德河，两河均源自美国。科罗拉多河干流全长 2320 千米，自科罗拉多州中北部落基山脉流向加利福尼亚湾，有 39 千米界河段，最下游 145 千米在墨西哥境内。科罗拉多河是美国边境州加利福尼亚州最主要的河流。格兰德河全长 3051 千米，自美国科罗拉多州圣胡安山脉流向墨西哥湾，中下游 2018 千米均为界河段。格兰德河是美国边境州得克萨斯州最主要的河流。

③ Los Problemas Estructurales de la Región Hidrológica del Río Bravo y el Cumplimiento del Tratado Internacional de Agua entre Mexico y Estados Unidos, http://www.diputados.gob.mx/sedia/sia/se/SIA-DEC-35-2002.pdf，访问日期：2019 年 1 月 2 日。

④ Ernest T. Smerdon, "Water-Its Role from Now to the Year 2000," *Natural Resources Journal*, Vol. 22, No. 4, 1982, p. 907.

墨边境地区最大的气候特点是干旱,特别是在墨西哥的中西部和东部。目前,美墨边境的干旱状况始于 2000 年。美国干旱监测报告显示,即使在冬季,亚利桑那州也有约 67% 的地方异常干旱,32% 的地方处于中等干旱。新墨西哥州则有 61% 的地方异常干旱,而 32% 处于严重干旱,12.5% 处于极端干旱。得克萨斯州有 54% 的地方异常干旱,近 20% 处于中度干旱。① 而科罗拉多河已经是世界上最濒临"灭绝"的河流之一。科罗拉多河盆地最近 20 年的干旱程度是 1200 多年来最严重的。科罗拉多河已经干涸了 20%,到 2050 年,随着气温的升高,可能会继续失去大约四分之一的自然流量。上游的水坝和对两国农场和城市的引水使得科罗拉多河在到达加利福尼亚湾的自然入海口之前不到 70 英里处就已经断流。科罗拉多河入海口三角洲曾经是广阔的野生动植物和迁徙鸟类栖息地,如今却变成干旱的盐碱地。二是经济发展和水域环境治理能力的矛盾。1964 年,美国单方面停止墨西哥季节农业工人项目(Bracero)之后,从美国返回到墨西哥的大量农业工人聚集在墨西哥北部边境地区。为了解决失业问题,1965 年,墨西哥政府宣布《边境地区工业化法令》,将边界线以南 20 千米之内的地区定义为边境地区,利用与美国接壤的地理优势,在边境地区发展客户加工业,允许这些客户加工厂以零关税进口零部件,在边境地区由墨西哥工人进行组装成成品之后再出口。之后,为了进一步挖掘边境地区的潜力,墨西哥政府陆续推出《北部边境工业化计划》(1971—1977)、《国家工业促进和外贸计划》(1984—1988),边境地区成为国家战略的重要基地。与此同时,面对制成品的国际竞争,美国贸易代表办公室和美国商务部积极鼓励美国公司,利用墨西哥低成本的劳动力,寻找转移组装的机会,因此,20 世纪 80 年代,墨西哥边境装配工厂数量呈现爆炸式增长(见表 2-2)。大量美资汽车、电气、电子、家具、陶瓷、纺织和化学工业的设备制造厂在美墨边境的墨西哥一侧建厂。美墨边境地区较多的工作机会吸引了大量墨西哥人口北迁。1930 年到 1970 年,墨西哥边境的人口从几千人增加到了 235 万人。1980 年美墨边境人口达到 400 万左右,1997 年为 1050 万人,2002 年为 1260 万人,预计到 2020 年边境人口将增加至 2000 万人。墨西哥城市人口的增长速度比美国城市人口的增长速度

---

① Could an Energy Park Secure the U.S.-Mexico Border? https://www.govtech.com/fs/infrastructure/Could-an-Energy-Park-Secure-the-US-Mexico-Border.html,访问日期:2019 年 1 月 2 日。

快两倍。① 原来边境两侧较小规模的城镇成为一定规模的中等城市和大城市，还与美国一侧链接成为功能联合的空间，出现"国际化共生城市现象"，如蒂华纳（墨）—圣迭戈（美）、埃尔帕索与华雷斯市（墨）等。

表 2-2　　　　美墨边境墨西哥一侧客户加工厂的数量变化　　　　单位：间

年份	1975	1980	1990	2014
数量	418	544	1464	3068

资料来源：Mauricio Lascurain, "Teoría de regímenes internacionales: el caso del recurso agua en el régimen ambiental México-Estados Unidos," *Si Somos Americanos. Revista de Estudios Transfronterizos*, Vol. 18, No. 2, 2018, p. 149.

然而，墨西哥一侧边境人口激增与墨西哥政府的环保政策、城市基础设施建设速度不匹配。在20世纪60—80年代，当墨西哥允许外国投资者根据客户加工厂计划在墨西哥投资建厂时，还没有专门的环境保护法②，墨西哥政府也没有致力于建设环境基础设施。墨西哥边境的加工厂使用大量毒素，包括树脂、油漆、溶剂、塑料、清漆、杀虫剂，经常被任意倾倒入界河中，对墨西哥北部和美国南部的水资源造成严重的污染。80年代起，墨西哥蒂华纳市的收集和污水处理设施经常发生故障，导致原始污水在美国境内的蒂华纳河河畔泛滥，美国不得不周期性关闭海滩。圣迭戈市政府将蒂华纳河的污水问题定性为重大健康危机。1993年，圣迭戈市宣布由于跨界溢漏城市进入紧急状态。格兰德河的情况也与蒂华纳河类似。1997年，墨西哥华雷斯城每天产生7500万加仑的污水未加处理就排入格兰德河，使得河水的细菌含量增高，直接关系美国边境一侧的居民的健康与安全。美国医疗协会的调查报告指出："美墨边界地区的工业发展已使这个地区变成了一个事实上的污水池和传染病的滋生地。环境问题在边境地区跨境扩散，引起美国边境政府和非政府组织的关注，美国将水资源问题视为美墨边境的安全问题。"③

---

① John Sharp, *Bordering the Future: Challenges and Opportunities in the Texas Border Region*, Austin TX: Comptroller of Public Accounts Publication, 1998. pp. 98 – 599.
② 直到1988年，墨西哥政府才出台了第一部《一般生态法》。
③ Agustin Maciel Padila, "El Agua como Tema de Seguridad Nacional para Estados Unidos en la Frontera con México," en Rosío Vargas, José Luis Valdés-Ugalde, eds, *Recursos Naturales Estratégicos: los Hidrocarburos y el Agua*, Mexico: UNAM, Centro de Investigaciones sobre America del Norte, 2006, pp. 133 – 166.

在边境水资源问题上，美墨至今依然沿用1944年签订的《边界和水条约》的规定。然而，1944年的《边界和水条约》并没有预见70年代之后墨西哥边境城市的快速扩张，对于"极端干旱"一词的定义也不精确。同样，1944年的《边界和水条约》也缺乏对水质、地下含水层等问题的规定，导致在新问题出现的时候，缺乏有约束性的国际协议对问题进行界定，因此美墨在边境水资源问题上的冲突不断显现。美国政府认为，美墨边境水资源短缺问题与墨西哥移民向边境迁徙导致污染和传染病增加、边境经济发展导致边境人口激增，超过环境承载能力等密切相关。[①] 美国边境州把所有的跨界水资源问题的产生根源都归结为墨西哥的过错，将美墨边境的水资源问题称为"水战"（water war）。墨西哥政府承认，墨西哥北部边境地区的社区缺乏水资源治理的基础设施，在提高水资源利用效率、促进水资源持续有效利用和管理等问题中处于弱势。由于墨西哥没有足够的关于影响美方产生的污染影响边界的信息，因此，很少有制衡美国的筹码。为了解决纳入双边议程的环境问题，美国和墨西哥签订了具体协议，其中大部分都是为了解决墨西哥给美国造成的负面影响。[②]

二 跨国毒品贩运与有组织犯罪

自1971年尼克松宣布发动"毒品战争"之后，里根总统正式将毒品问题纳入国家安全范畴。随后，美国政府持续向墨西哥政府施压，要求墨西哥将贩毒视为国家安全事务，加大禁毒力度。到20世纪80年代后期和90年代初，墨西哥政府意识到了墨西哥国内毒品局势的严重性。1987年，拉马德里总统（任期1982—1988）成为第一位宣布毒品贩运为国家安全的墨西哥总统。[③] 随后，萨利纳斯总统（任期1988—1994）也将毒品作为

[①] Agustín Maciel Padila, "El Agua como Tema de Seguridad Nacional para Estados Unidos en la Frontera con México," en Rosío Vargas, José Luis Valdés-Ugalde, eds., *Recursos Naturales Estratégicos: los Hidrocarburos y el Agua*, Mexico: UNAM, Centro de Investigaciones sobre America del Norte, 2006, pp. 133–166.

[②] Agenda Bilateral México-Estados Unidos: Avances y Temas Pendientes, Agosto de 2003, p. 48, http://bibliodigitalibd.senado.gob.mx/bitstream/handle/123456789/1701/Agenda_Bilateral_MexEU.pdf?sequence=1&isAllowed=y，访问日期：2016年7月5日。

[③] Perla Zoraida Barreda Vidal, "La Cooperación Bilateral México-Estados Unidos contra la Delincuencia Organizada Trasnacional en el Marco de la Iniciativa Mérida," *Revista IUS* [*online*], Vol. 8, No. 34, 2014, p. 45.

国家安全问题。塞迪略总统（任期1994—2000）更是宣布毒品贩运是"对国家安全的最大威胁"，他在《1995—2000年国家毒品管制计划》中指出，贩毒已成为危害国家安全，社会健康和公众安宁的最严重风险。我们面临的威胁是破坏社会共存和体制的牢固性，助长腐败并刺激其他非法活动，例如武器贩运。毒品贩运是一种超越国界的现象，责任必须由整个国际社会共同承担。① 之后的福克斯总统（任期2000—2006）、卡尔德龙（任期2006—2012）和涅托总统（任期2012—2018）都将贩毒和有组织犯罪列为国家安全。

墨西哥毒品卡特尔的本部大多位于墨西哥沿美墨边境的城市，如蒂华纳市、华雷斯市、新拉雷多市等。1989年，墨西哥的四个最主要毒品卡特尔在美墨边境各自拥有自己的运毒渠道，这些线路渗入美国的西南边境，使得美国西南边境地区成为针对整个美国毒品市场的最重要的国家级非法毒品仓储、运输和转运区域。在西南边境沿线查获的非法毒品数量比其他任何到达地区都多。墨西哥的贩毒集团开发了复杂而广泛的毒品运输网络，他们通过西南边境沿入境口岸偷运大量非法毒品，并将其储存在整个边境地区的社区中，再从西南边境延伸到美国所有地区。西南边境地区的大部分主要城市——达拉斯、埃尔帕索、休斯敦、凤凰城、圣安东尼奥和圣迭戈都是重要的毒品仓储地和分销中心。根据美国《2018年国家毒品威胁评估》，墨西哥卡特尔主导了美国可卡因、海洛因、大麻和甲基苯丙胺毒品市场，是美国最大的犯罪威胁。②

2006年，墨西哥卡尔德龙政府宣布发动"毒品战争"之后，虽然成功抓捕了最重要的大毒枭，但是随即毒品卡尔特分裂成若干个卡特尔，相互竞争，争夺通往美国的运毒通道，使得位于美墨边境的墨西哥城镇成为墨西哥最暴力的城市。2008年，墨西哥与毒品贩运相关的死亡人数甚至比同时期处于战乱中的阿富汗和伊拉克死亡人数还多。③ 在得克萨斯州—墨西哥边境两侧的边境社区内生活就像是生活在战区，民政部门、执法机

---

① Poder Ejecutivo Federal, *Programa Nacional para el Control de Drogas 1995 - 2000*, México: Poder Ejecutivo Federal, 1995, p. 2.
② DEA, 2018 *National Drug Threat Assessment*, Arlington: DEA, 2018, p. vi.
③ Vanda Felbab-Brown, "The Violent Drug Market in Mexico and Lessons from Colombia," *Foreign Policy at Brookings*, No. 12, 2009; p. 1.

构和公民夜以继日地受到攻击。① 自 2008 年以来，仅墨西哥边境州奇瓦瓦州的暴力事件就占了墨西哥全国暴力事件的四分之一，而六个墨西哥边境州因毒品死亡的人数在所有与毒品有关的冲突中所占比例超过 65%。② 2008 年 10 月，美国驻墨西哥蒙特雷领事馆遭到贩毒集团成员手榴弹袭击。美国驻华雷斯和奇瓦瓦州领事馆的两名雇员和一名墨西哥公民被谋杀。尽管美国和墨西哥政府都不愿承认这一事件，但事件的细节表明，美国人是墨西哥暴力组织蓄意针对的目标。此外，墨西哥的毒品卡特尔还从事武器走私、汽车盗窃、非法洗钱、绑架勒索等犯罪活动，犯罪业务多元化，给美墨的边境治安带来严重的威胁。

美墨边境地区日益严重的与毒品相关的暴力事件引起了美国决策者的关注。美国害怕墨西哥的暴力会通过美墨边境外溢到美国，危及美国边境州的安全。2005 年，新墨西哥州长比尔·理查森（Bill Richardson）和亚利桑那州长珍妮特·纳波利塔诺（Janet Napolitano）分别宣布美国南部边境进入紧急状态，要求墨西哥政府采取更多控制毒品贩运和边境暴力的措施。亚利桑那州和新墨西哥州的州长称美国与墨西哥交界处为"灾难之地"，因为充斥着人口贩运、毒品贩运和谋杀。可以说，与毒品相关的暴力和有组织犯罪成为美墨边境最大的非传统安全隐患。

三 非法移民越境

非法移民③问题一直是美国的一大热点问题。里根总统在 1985 年将非法移民由一个政治问题转化为国家安全问题。自此以后，非法移民就与

---

① Adam Isacson and Maureen Meyer, *Beyond the Border Buildup Security and Migrants along the U. S. -Mexico Border*, Washington D. C.：Washington Office on Latin America, 2012, p. 11.

② Guilherme Borges, et al., "Drug Use on Both Sides of the US-Mexico Border," *Salud Pública de México*, Vol. 60, No. 4, 2018, pp. 451 – 461.

③ 在移民研究领域，不是通过合法的途径进入他国领土的人被称为非法（illegal）移民、无证件（indocumented）移民或非正常（irregular）移民。目前，在国际组织文件中，大多称这部分群体为非正常（irregular）移民，因为称之为"非法"移民被认为是夸大了签证过期的行政犯罪、造成与移民有关的犯罪行为的不必要的印象，这可能会损害所涉移民的人权和庇护权。根据《联合国打击跨国有组织犯罪公约》，贩卖人口是刑事犯罪，但是被贩卖的人口不受刑事起诉。在反移民的言论中，非正常移民被反移民者称为"非法移民"。见 Irregular Migration and Migrant Smuggling, https://publications.iom.int/system/files/pdf/13_irregular_migrants_final_new.pdf, 访问日期：2020 年 11 月 29 日。笔者使用"非法移民"这一术语没有任何反移民的意图，只是为了符合中文使用习惯。

入侵者、罪犯、毒品走私者象征性地联系在一起。[1] 墨西哥非法移民给美国带来"不安全""不稳定",被一些美国人视为安全隐患、对盎格-鲁撒克逊文化的威胁以及纳税人的社会福利负担。塞缪尔·亨廷顿曾在《我们是谁:美国国家特性面临的挑战》一书中指出,拉美裔移民并未接受盎格鲁-撒克逊价值观和美国文化,没有融入美国社会,可能造成美国社会的分裂。"9·11"事件之后,边境非法移民控制更是不可避免地与美国的反恐战略联系在一起。兰德公司在2009年的一份报告中明确指出:"从墨西哥非法进入美国的人对美国的国家安全构成了明显的威胁。恐怖分子可以利用人口贩运网络进入美国。"[2]

相反,墨西哥历届总统并不认为非法移民是安全问题。虽然卡尔德龙总统的《2007—2012年国家发展计划》首次将美墨边界的移民问题纳入墨西哥国家安全政策中,但是该计划指出,国家安全的基本条件是保证墨西哥4300多公里边界上的移民、贸易或任何要素流动的秩序和合法性。[3]可见,美墨对于移民对安全的影响完全是一对矛盾体。美国认为拦截非法移民才能实现国家安全,而墨西哥则认为确保移民进程的有序性,才是减少非法移民的数量,从而保障国家安全的有效措施。

简单来说,导致墨西哥移民问题的推拉力主要由发达国家和发展中国家的发展鸿沟导致:"推力"是墨西哥国内缺少就业机会,而美国的就业机会、高工资以及与到美国与家人团聚成为吸引墨西哥移民的"拉力"。20世纪以来,美墨移民历史可以分为四个阶段。第一阶段是"二战"之前,墨西哥季节工开始进入美国边境。随着美国经济大萧条爆发,大量墨西哥移民被遣返回国,墨西哥政府不支持墨西哥人移民,要移民的墨西哥人必须得到所在市政府批准,才能前往美国。因此,20世纪30年代可以说是墨西哥移民净流入国内的时期。第二阶段是1942年到1964年,该阶段的主要特征是美墨政府签署墨西哥季节农业工人项目(Bracero)项目,美国招募墨西哥工人到美国从事农业劳动,以解决"二战"期间和战后的劳动力不足问题。美墨政府均支持墨西哥季节农业工人项目,并为该项

---

[1] 宋鸥:《美国墨西哥移民问题研究》,博士学位论文,吉林大学,2009年。
[2] Agnes Gereben Schaefer, Benjamin Bahney, Jack Riley, *Security in Mexico. Implications for U. S. Policy Options*, Washington D. C. : Rand Corporation, 2009, p. 25.
[3] Gobierno de México, *PND 2007 - 2012, Eje 1. Estado de Derecho y Seguridad*, México: Gobierno de México, 2006, p. 68.

目的顺利开展提供基础设施建设，例如墨西哥政府修建基础设施将内陆地区的墨西哥人送往美墨边境。第三阶段是1964年到20世纪80年代。墨西哥季节农业工人项目终止之后，墨西哥前往美国的移民并没有停止，墨西哥既是美国合法移民的最大来源国，也是非法移民的最大来源国。第四阶段是20世纪80年代到"9·11"事件，墨西哥爆发债务危机，经济陷入衰退，美墨移民数量飙升。特别是随着1986年的美国《移民改革控制法案》的通过，美墨移民增长速度达到历史最高点。第四阶段，随着"9·11"事件之后美国政府进一步加紧边境执法，并遣返大量国内非法移民，2008年美国金融危机爆发，美国经济陷入停滞，美墨移民数量趋于平稳，并有下降趋势。在美国的墨西哥非法移民数量在2007年达到最高点690万之后，呈下降趋势。2007年，美国的1220万非法移民中，57%是墨西哥人。之后墨西哥在美非法移民数量呈现下降趋势。到2017年，只有47%的非法移民是墨西哥人。[①]

与此同时，墨西哥因其地理位置、与中美洲国家的边界管控的松散性以及对非法移民的管理适当宽松等因素，成为中美洲非法移民的首选过境国。来自中美洲三国——危地马拉、洪都拉斯和萨尔瓦多的非法移民[②]大幅增长，试图从墨西哥过境，前往美墨边境地区，非法越境。2007—2017年，中美洲非法移民的比例占美国所有非法移民的比例从12.3%增加到18%。美国边境巡逻队逮捕的中美洲人比墨西哥人更多，2017年，有13万墨西哥人和18万中美洲人被捕。根据美国海关和边境保护局的数据，在2019年1月至2019年5月，在美墨边境，每月逮捕的中美洲移民人数增加了248%，从58000人增加至144000人。[③] 洪都拉斯、危地马拉和萨尔瓦多等国民众还通过社交网络平台，聚集上百人，集体为穿越墨西哥前往美国做筹备，以搭乘顺风车和步行等方式前往美墨边境。这种结伴移民

[①] CONAPO, BBVA, *Anuario de Migración y Remesas México*, 2018, Mexico: CONAPO, 2018, p. 41.

[②] 中美洲人前往美国的动机往往是混合的，一些人前往美国的原因是贫穷和缺少经济机会，另一些人前往美国的原因是受到有组织犯罪网络的暴力迫害和不安全感，也有一些人前往美国申请政治避难，以免遭受政府的迫害。由于大部分离开中美洲前往美国的人是"混合"性质的，因此，在本书中，笔者没有严格区分难民与一般经济移民。

[③] Carlos Bravo Regidor, Alexandra Délano Alonso, De Muros y Caravanas: el Nuevo Panorama Migratorio, https://www.letraslibres.com/mexico/revista/muros-y-caravanas-el-nuevo-panorama-migratorio，访问日期：2018年10月2日。

的方式被称为"移民大篷车"。大量中美洲移民集聚美墨边境，申请以难民身份入境美国，严重冲击了美墨边境秩序，对美国国家安全造成外源性威胁。墨西哥作为非法移民的过境国的压力不断增加，美墨边境地区的非法移民态势呈现巨大的复杂性。

第二节　美墨非传统安全合作的错误知觉和利益分歧

非传统安全的特征是具有跨国性。解决非传统安全问题需要国际合作已经成为国际社会的共识。然而，美墨非传统安全合作却并不顺利，其最主要原因就是美墨两国硬实力和软权力差距巨大。美国和墨西哥在市场规模、经济发展程度、收入水平等方面上存在巨大的差距，在政治组织形式、外交策略、价值观、文化特征方面明显不同。与美国为邻的地理位置以及对美国的政治、经济和军事依赖使墨西哥在美墨双边关系中成为一个与美国有较大差距的弱国。美国驻墨西哥大使杰弗里·达维多的"熊和豪猪"的比喻能够贴切地形容两国对彼此的结构性错误知觉。他说，美国就像一只熊，一种如此强大的动物，无论是有意还是无意，它都能压倒任何东西。墨西哥则像一只豪猪，一种过度敏感的动物，它随时准备对任何挑衅做出反应。①

一　不对称关注和结构性错误知觉

美国驻墨西哥前大使杰弗里·达维多（Jeffrey Davidow）曾清晰地表达出美墨政府和人民对对方的错误知觉。他说：甚至那些对美国抱有同情的人也认为，美墨文化之间的最大区别在于，我们北方人固执、多疑、刻板而无情。住在边界以南的人有拉丁裔的仁慈、同情和感伤的天性。墨西哥政策制定者不明白，我们在情况最糟糕的时候，从他们那里最想要的只是团结和关心……一个传统的墨西哥拥抱就足够了。但是由于墨西哥人局限在自己的政治体系和游戏中，他们无法这样做。② 在"9·11"事件之后，杰弗里·达维多就墨西哥政府和人民表现出的冷漠表示恼火："正如

---

① Jeffrey Davidow, *El Oso y el Puercoespín*, México: Grijalbo, 2003.
② Jeffrey Davidow, *El Oso y el Puercoespín*, México: Grijalbo, 2003, pp. 33 – 34.

预期的那样，墨西哥人民和政府的最初反应是震惊……很快变成不知所措，之后演变成一场政治辩论，表现出多么无情。"① 而实际上，墨西哥对美国在安全方面的很多要求都给予了积极回应。这很清晰地表达了美墨对彼此的结构性错误知觉。

（一）毫无章法、腐败的南方邻居

美国作为世界超级大国，在心理上存在对弱国的内在偏见。美国人倾向认为，其外部和内部的罪恶因素都可归罪于非美国因素。② 在美国，一直都有这么一个观点，即白人永远是无辜的受害者，加害者永远来自国外或外来有色人种。③ 在美国人的认知里，墨西哥是麻烦产生的根源，是非法移民、毒品和污染的输出国，是"无章法的南方国家"。与墨西哥为邻，给美国带来的都是负面问题，可以说是美国的"负资产"。如在毒品问题中，墨西哥政府可能纵容墨西哥成为一个"毒品国家"。墨西哥政府与毒贩有染，形成"黑帮和平"模式，即向美国走私毒品是墨西哥官员可以容忍的行为，只要贩毒分子不影响墨西哥国内治安，不威胁到其统治地位即可。④ 而且不排除一些国家通过向美国出口毒品来侵蚀美国人民的身体和灵魂，以此达到使美国垮台的目的。⑤ 美国人认为墨西哥官员腐败、效率低下，对墨西哥官员深表不信任。美国缉毒局十分反墨，因为只要与墨西哥警察有联合行动，都会被泄露。这导致美国驻墨西哥大使不得

---

① Jeffrey Davidow, *El Oso y el Puercoespín*, México: Grijalbo, 2003, pp. 23 – 24.

② David F. Musto, *The American Disease: Origins of Narcotic Control*, Oxford: Oxford University Press, 1999, p. 298.

③ 陈新锦、林晓萍：《美国麻醉品刑事化过程中的种族歧视问题探究》，《福建师范大学学报》（哲学社会科学版）2011 年第 2 期。

④ 多名学者，特别是美国学者对墨西哥的毒品问题溯源进行了研究。在 2000 年之前，墨西哥的毒品问题在墨西哥国内并不是一个重要问题，这是因为墨西哥革命制度党官员与毒贩之间达成了"黑帮和平"（Pax Mafiosa）。革命制度党官员允许毒贩在美墨边境进行毒品走私，换来贿赂。而毒贩同意不在墨西哥境内实施暴力和售卖毒品。即，向美国走私毒品是墨西哥官员可以容忍的行为。但是在墨西哥国内引起暴力、在墨西哥出售毒品、影响墨西哥的治安则是不可容忍的。尼克松宣布毒品战争之后，墨西哥政府在美国压力之下，偶尔发动几场针对毒品的行动，只是为了平息美国的怒火。由于 20 世纪 70 年代墨西哥国内政局稳定，墨西哥政府对本国的毒品活动表现出很高的容忍度，只要毒贩不挑战国家或地方当局的权威即可。Peter Andreas, "The Political Economy of Narco-Corruption in Mexico," *Current History*, No. 97, 1998, pp. 160—165; Duran-Martinez, Maureen Meyer, Coletta Youngers, and Dave Bewley-Taylor, *At a Crossroads: Drug Trafficking, Violence and the Mexican State*, Washington D. C.: Washington Office on Latin America, 2007.

⑤ Beatriz Caiuby Labate, Clancy Cavnar, *Drug Policies and the Politics of Drugs in the Americas*, Switzerland: Springer Publishing, 2016, p. 23.

不"劝说"缉毒局不要发表敌对言论,来维持美墨关系。[1] 在移民问题中,美国人认为墨西哥非法移民无视美国的边境管理和美国国内的移民法律法规,只要有机会就会偷渡到美国。非法移民一定是罪犯这种错误的刻板印象已经深深根植于美国大众观念之中,且被媒体描绘的趣闻逸事无限扩大。[2] 事实上,许多墨裔移民勤勉努力,从事着美国民众不愿从事的低端工作,在客观上起到了推动美国经济发展的作用,但仍有许多美国白人认为拉美裔移民导致了激烈的就业竞争。此外,美国人还认为,墨西哥政府在移民问题上是一个不做出回应,但是要求颇多的国家,墨西哥政府将移民视为经济的解压阀,将就业压力转嫁到美国。例如,在墨西哥政府出版的《移民指南》问题上,墨政府为移民提供了越界较危险的地点信息,向墨民众提供在恶劣条件下如何生存的建议,旨在保障墨非法移民的安全。然而,许多美国人认为《移民指南》是墨西哥政府"提倡"非法移民,告知墨民众如何偷渡到美国。[3] 事实上,墨西哥政府明确表示,墨政府不促进移民,因为移民不是解决贫困或社会不平等现象的方案,没有哪个国家通过促进移民来获得经济发展。[4] 然而,即使是近年来在美墨西哥非法移民数量持续下降的情况下[5],在 2014 年,仍有 47% 的美国人认为非法入境的移民人数在过去五六年中有所增加,其中,63% 共和党人和 44% 的民主党人认为非法移民有所增加。[6] 墨西哥非法移民数量下降对美国国内移民政策辩论几乎没有产生积极影响。

---

[1] Dolia Estévez, *U. S. Ambassadors to Mexico the Relationship through Their Eyes*, Washington, D. C.: Woodrow Wilson International Center for Scholars, 2012, p. 106.

[2] Ruben G. Rumbaut and Walter A. Ewing, *the Myth of Immigrant Criminality and the Paradox of Assimilation*, Washington, D. C.: Immigration Policy Center, American Immigration Law Foundation, 2007. p. 3.

[3] Rafael Fernández de Castro and Roberta Clariond Rangel, "Immigration Reform in the United States," in Agustín Escobar Latapí and Susan F. Martin, eds., *Mexico-U. S. Migration Management: a Binational Approach*, Lanham: Lexington Books, 2008, p. 169.

[4] Comunicado México Reafirma su Compromiso con el Multilateralismo y con la Gobernanza Efectiva de la Migración Internacional Ciudad de México, 13 de julio de 2018, https://embamex.sre.gob.mx/vaticano/index.php/noticias/256-mexico-en-el-pacto-mundial-para-una-migracion-segura-ordenada-y-regular, 访问日期: 2019 年 10 月 10 日。

[5] CONAPO, BBVA, *Anuario de Migración y Remesas*, *México*, 2018, Mexico: CONAPO, 2018, p. 41.

[6] Robert P. Jones et al., What Americans Want from Immigration Reform in 2014: Findings from the PRRI/Brookings Religion, Values, and Immigration Reform Survey, www.brookings.edu/~/media/research/files/reports/2014/06/10% 20immigration% 20reform% 20survey/finalimmigrationsurvey%20(2).pdf, 访问日期: 2017 年 12 月 1 日。

正是由于美国对墨西哥的负面认知,美国对墨西哥的政策通常缺乏"大思维"的战略。[1] 美国对美墨合作抱有悲观态度。美国著名国际关系学者斯蒂芬·克拉斯纳(Stephen Krasner)曾认为,在物质权力高度不对称的情况下,强国和弱国之间创建国际合作机制是困难的。因为更强大的国家更愿意采取单方面行动,而不受弱国的约束。弱国则不愿意与强国谈判合作协议,因为这会增加他们面对强国的脆弱性,弱国将被迫让出自己的自主权和主权。并且,弱国没有能力有效抵抗强国的违约行为。在多边谈判中,弱国无论如何都没有上乘的选择。因此,强大的国家和较弱的国家之间合作只有在不对称差距相对较小的时候,才有可能发生。鉴于这些理由,克拉斯纳在20世纪80年代后期得出结论,因为美墨之间的非对称性过于巨大,墨西哥与美国之间签订自由贸易协定以及加强双边合作是极不可能的。[2] 尽管1994年美墨加签订了北美自由贸易协定,证明斯蒂芬·克拉斯纳预测错误,但是仍能看出,美国学者对于实力差距过大、意识形态分歧过大的国家之间的合作是多么的悲观。墨西哥作为邻国,对于美国在安全方面的重要性不言而喻。但是墨西哥在经济、安全及国际事务上缺乏实力,无法在美国的全球规划和版图的战略问题上"帮助美国",因此,美国并不愿将太多的关注放在墨西哥身上,表现出强国对弱国的忽视。美国只是希望两国关系不脱轨即可。美国大使杰弗里·达维多曾在访谈中表示:"毫无疑问,我们与墨西哥打交道比与其他大多数国家打交道更带有目的性。因为墨西哥对我们很重要,所以我们存在特殊关系。这并不意味着我们彼此相爱,也不意味着墨西哥会竭尽所能帮助美国,或者美国会竭尽所能帮助墨西哥,也不意味着美国总是需要接受墨西哥的立场,我们只是不能让两国关系脱轨。"[3]

(二) 无情的帝国主义北方邻居

历史包袱往往是错误知觉的形成机制之一。历史记忆给弱国留下巨大

---

[1] Kimberly Breier, What could a U. S. -Mexico partnership look like, December 15, 2016, https://www.csis.org/analysis/what-could-us-mexico-partnership-look,访问日期:2019年10月10日。

[2] Stephen Krasner, "Interdependencia Simple y Obstáculos para la Cooperacion entre Mexico y Estados Unidos," en Blanca Torres, ed., *Interdependencia ¿Un Enfoque Util para el Analisis de las Relaciones Mexico-Estados Unidos?* México: El Colegio de Mexico, 1990, pp. 45–61.

[3] Dolia Estévez, *U. S. Ambassadors to Mexico The Relationship Through Their Eyes*, Washington, D. C.: Woodrow Wilson International Center for Scholars, 2012, p. 115.

的伤痕。自从 1823 年美国将"门罗主义"宣告天下之后,就在拉美实行"胡萝卜加大棒"的政策,追求西半球霸权。1846—1848 年,美墨战争爆发,墨西哥失去超过一半领土,从此之外,墨西哥的政策制定者就认为,以超级大国为邻给墨西哥带来的是灾难,而不是机遇。在 20 世纪,尽管墨西哥不再面临外国入侵的危险,但承受着美国将其议程和利益不断施加在墨西哥身上的压力。地理的相近性导致墨西哥政治体制对于美国的利益、要求和期望非常的脆弱和敏感。

正如墨西哥学者直言不讳地指出,墨西哥最大的国际安全威胁就是邻国美国。[1] 墨西哥的外交政策的重点就是应对与美国为邻带来的挑战。这导致墨西哥政府制定了革命民族主义外交原则。墨西哥的革命民族主义是外部势力对其构成威胁时的一种民族心态的反应,具有封闭性、防御性的特点。[2] 加上受到在拉美广为传播的依附理论的影响,强调依附国经济对中心国的脆弱性特征以及依附国不发达的外部因素,使得墨西哥的外交更加具有防御性的特点。墨西哥在国际事务中一直坚持不干涉和民族自决原则,主张用和平方式解决国际争端。以此为基础的"埃斯特拉达主义""华雷斯学说"和"卡兰萨主义"成为墨西哥外交政策的基石。20 世纪初,就连大力支持吸引外国资本到墨西哥投资的墨西哥总统波菲里奥·迪亚斯(Porfirio Díaz)也抵制日益增长的美墨跨境贸易。他说:"在美国和墨西哥之间,我们不想要机车的声音,而想要沙漠的声音。"即便是"二战"时期美墨形成短暂的军事同盟,墨西哥对美国可能施加的干预依然十分敏感。例如,墨西哥政府要求所有驻扎在墨西哥的美国军人都必须服从墨西哥军官的指挥,要求美国空军利用墨西哥机场时必须穿泛美航空制服。"二战"虽然使得美墨就军事合作问题打开了对话,但是美国并没能对墨西哥实施全面的权威。冷战期间,墨西哥政府里盛行反美和民族主义态度。墨西哥发展了进口替代工业化政策,并有明显的贸易保护主义倾向。在美苏对峙中,墨西哥总体上坚定地实施独立自主的外交决策。墨西哥加入不结盟运动,避免与美国结盟。在朝鲜战争期间,墨西哥拒绝派兵。1954 年,墨西哥政府反对美国中央情报局对危地马拉雅各布·阿本

---

[1] Jorge I. Domínguez and Rafael Fernández de Castro, *The United States and Mexico: Between Partnership and Conflict*, New York: Routledge, 2001, p. 10.

[2] 孙若彦:《独立以来拉美外交思想史》,人民出版社 2015 年版,第 229 页。

兹政府的军事干预；1961 年，马特奥斯总统谴责美国针对古巴卡斯特罗的"猪湾事件"，1964 年，墨西哥外交反对美洲国家组织关于终止与古巴的外交关系的决议，并保持与古巴的外交关系。1965 年，美国驻墨西哥参赞约翰·布朗（John L. Brown）提出希望在墨西哥国立自治大学的哲学院和文学院开设美国研究中心，但是因为墨西哥人因为怀疑美国人的真正动机而流产。[1]

总之，革命民族主义使得墨西哥政府对美国的一举一动一直保持高度警惕，对美国的屈尊和统治尤其敏感，倾向于抵制华盛顿的权威，不愿意成为美国的"附属国"。墨西哥政府和民众都不认同美国的霸权主义外交政策。在墨西哥人的认知里，美国的外交立场是居高临下的。无论美国是出于硬实力，使用制裁、干预内政等方式对墨西哥进行极限施压，还是使用软实力和巧实力，试图吸引墨西哥，激发其对美国的好感，在墨西哥政府看来，都包含着帝国主义性质的威胁。无论美国意图如何，看起来微不足道的动作都可能会对墨西哥产生巨大影响。冷战之后，美国成为世界上唯一的超级大国，加上全球化浪潮，墨西哥不得不顺应潮流，外交政策发生大幅度调整，更加开放并融入世界。尽管墨西哥外交政策比过去更加务实，但民族主义政治力量在政府内部的势力依然强大，墨政府仍然不信任，限制和警惕与美国发展密切的双边关系。[2] 在墨西哥看来，美国的霸权政策不会改变，墨西哥与美国合作必须基于"不干涉主权"的原则。墨西哥在维护国家主权、保持外交政策独立性和不干涉原则等方面显示出继承性。[3] 虽然萨利纳斯上台后，提出"新民族主义"理论，倡导在对外关系中要避免对抗，但是他并没有改变"华雷斯理论"和"卡兰萨主义"作为墨西哥外交政策的基本原则，而是把"华雷斯理论"和"卡兰萨主义"写入墨西哥《宪法》第 89 条，规定："总统必须遵守以下规范性原则：人民自决；不干涉内政，和平解决争端；在国际关系中禁止使用威慑

---

[1] Patricia de los Ríos, "Luis Maira y los Estudios sobre Estados Unidos en México. Del exilio a la Academia," en Ana Rosa Suárez Argüello y Agustín Sánchez Andrés, eds., *A la Sombra de la Diplomaca: Actores Informales en las Relaciones Internacionales de México, Siglos XIX y XX*, Michoacán: Universidad Michoacana de San Nicolás de Hidalgo Instituto de Investigaciones Históricas, 2017, p. 562.

[2] Alexandra Délano, *Mexico and Its Diaspora in the United States: Policies of Emigration since 1848*, New York: Cambridge University Press, 2011, p. 250.

[3] 徐世澄：《中国社会科学院学者文选：徐世澄集》，中国社会科学出版社 2013 年版，第 293 页。

或武力；国家之间平等；国际合作促进发展；以及争取国际和平与安全。"2000 年，墨西哥相对亲美的国家制度党福克斯上台之后，其外交部部长豪尔赫·卡斯塔尼亚（Jorge Castañeda）尝试向美国证明墨西哥是美国的可靠盟友，却受到国内舆论的广泛谴责。福克斯被迫与豪尔赫·卡斯塔尼亚保持距离。[1] 在"9·11"事件之后，美国政府违反联合国决议，执意发动对伊拉克战争，更加加深了墨西哥对美国的不信任。墨西哥会在联合国上对美国伊拉克战争投反对票之后，福克斯总统还发表全国电视讲话，解释为什么不支持美国的伊拉克战争。福克斯的演讲"创造了一个罕见的民族团结时刻，这是最近历史上的第一次"。[2]

总之，美国是墨西哥外交议程的主要关注点。可以说，反美倾向是维护墨西哥历届政府政权统治地位的根本原则，墨西哥的民族主义是政权合法性的来源。墨西哥总统在面临国内政治压力的时候，通常会通过谴责美国来保持自己的支持率。墨西哥民族主义成为政府面对内部和外部问题的凝聚力。墨西哥的民族主义一方面可以在世界各国面前维护民族自尊心，另一方面可以强化与美国谈判的地位，维护民族利益，反对美国干涉和侵略，并在强烈反美意识形态的政坛上立足。[3] 如果墨西哥政府接受成为美国的附属国，与美国结盟，那么其国内政权地位可能不保。与美国建立更紧密的关系是墨西哥政客不愿承担的风险。

由于墨西哥的过度关注，美国的任一行为都易被墨西哥上升为关乎国家主权的重大问题，这种不对等关注时常引发墨西哥的过度反应。墨西哥人对美国人的傲慢态度以及优越感感到不满。美国秉持帝国主义，干涉墨西哥内政，对墨西哥施压，从而获得有利于美国国家利益的结果。美墨两国国家实力和国际地位悬殊，墨西哥常成为美国霸凌的对象。而美国人则认为，墨西哥人缺乏组织纪律、腐败和教育水平低下。这种相互的知觉和错误知觉导致美墨相互之间的信任度很低，阻碍了美墨合作。冷战之后，虽然从 1990 年到 2005 年，墨西哥人对美国人的信任度从 20%上升到 36%，但是依然保持在低位，比美国的另一个邻国加拿大低很

---

[1] Leticia G. Juárez, "Mexico, the United States and the War in Iraq," *International Journal of Public Opinion Research*, Vol. 16, No. 3, 2004, pp. 331-343.

[2] Leticia G. Juárez, "Mexico, the United States and the War in Iraq," *International Journal of Public Opinion Research*, Vol. 16, No. 3, 2004, pp. 331-343.

[3] 徐世澄：《墨西哥变与不变》，《外交评论》2007 年第 2 期。

多（加拿大同期从50%上升到63%）。① 美墨关系的特点是"逐案处理"。美墨两国之间没有形成任何形式的身份认同，墨西哥虽然在贸易与投资上高度依赖美国，但是墨西哥不参与美国主导的战争，也很少作为美国的盟友参与美国的全球战略，美国也没有给予墨西哥"同盟级"的特殊待遇。

二 合作利益分歧

冷战后，由于全球化和一体化深入发展，美墨两国在经济上相互依存，在安全问题上面临共同的跨国犯罪问题，在水资源环境问题上，边境地区又位于同一个自然系统，两国不可避免地需要就跨国问题和区域问题进行互动和合作。但是又客观存在着利益上的矛盾与冲突。

（一）美国对合作的利益诉求

一方面，对于美国来说，美国希望墨西哥顺从于美国的大国地位，建立起权威关系，使得墨西哥成为稳定和顺从的"后院"。如本章第一节所述，墨西哥的外交政策以具有防御性的民族主义为主要特征，并不愿意被美国的"门罗主义"主导，反对建立美墨等级制关系。因此，美国不得不选择折中的措施：即墨西哥偶尔采取公开的反美言论，美国在一定程度上可以容忍，但是前提是墨西哥必须支持美国的核心利益的事务，不损害美国的国家利益。正如墨西哥的美墨关系学者马里奥·奥赫达（Mario Ojeda）认为，尽管美墨不对称，但是美国承认并接受墨西哥需在对墨西哥重要的事务中持"反美"立场，来换取墨西哥与美国在对于美国重要的事务中的合作。②

另一方面，输出自由、平等、民主、人权与法治等美国的核心价值观，始终是美国在西半球乃至全球的对外政策目标。"美国例外论"使美国人拥有基于"天定命运观"之上的"美国使命感"，自我身份定位是"解放者"与"美好的救世主"。美国人相信，只有民主国家之间的关系才是可靠的、不易发生冲突的，才能减少对美国的安全威胁。如果美国能够改变其他国家的政治形式，那么更持久的和平就可以实现，巩固美国独

---

① Robert A. Pastor, *The North American Idea: A Vision of a Continental Future*, Oxford: Oxford University Press, 2012, p. 61.

② Ojeda Mario, *Alcances y Límites de la Política Exterior de México*, Ciudad de México: El Colegio de México, 2010, p. 93.

一无二的世界领导地位。因此，虽然每届美国政府的政策侧重点有所不同，但是推动墨西哥制度改革、巩固民主化进程，促进自由和繁荣一直是其对墨西哥外交政策的主要目标和内容。① 在20世纪80年代之后，墨西哥开始民主化转型，实现了自由选举，并于2000年实现了政权更迭。同时，革命制度党政府也按照华盛顿共识，推行新自由主义经济改革。但是威权主义长期支配了墨西哥的政治思想，始终是墨西哥政治生活中的历史烙印。美国一直在致力于进一步巩固墨西哥的民主和自由经济体制，因为美国政府认为，民主的扩散将在很大程度上消除战争和暴行的世界，使美国保持安全。

（二）墨西哥对合作的利益诉求

墨西哥外交呈现出"有原则的实用主义"特征②，即墨西哥采取的外交政策融合了规范性原则和实用主义的要素，在与美国的合作中，谨慎处理"对抗与实惠""原则和利益"之间的微妙平衡。

一方面，自主性是墨西哥对美墨合作的原则性诉求。墨西哥担心"受制于人"——与美国合作越紧密，意味着与美国的关系更加依赖，更有可能受到美国的支配。与美国政府的任何合作都可能意味着对美国"帝国主义"利益的屈服，因此，主权原则是墨西哥在国际舞台上生存和发展的根本保证。自主性和主权是墨西哥与美国合作的原则性问题。墨西哥面临着自主权逐渐丧失的风险，还有随着小国对大国关系的依赖性增加而导致其议价能力下降的风险。由于墨西哥和美国之间巨大的非对称性，当美国施加胁迫时，墨西哥几乎没有防御能力。这并不意味着墨西哥必须全盘接受美国的政策，墨西哥不断强调独立自主，确保美国人可以听到墨西哥政府的立场，通过合作和对话来抵制美国的单边行为。这是墨西哥与美国合作的最重要目标。

另一方面，经济利益诉求。冷战之后，墨西哥的外交政策具有经济导向。墨西哥希望利用美国的市场促进经济发展，利用美国强大的能力和丰沛的资源来弥补自己的不足，提高自己的经济实力。长期来看，墨西哥只有国内经济稳定，达到可持续发展，才可能摆脱长期对美国的依

---

① 朱鸿博：《冷战后美国的拉丁美洲政策》，博士学位论文，复旦大学，2006年。
② Rafael Velázquez Flores, "Pragmatismo Principista: la Política Exterior de México," *Revista de Relaciones Internacionales de la UNAM*, No. 120 – 121, 2014, pp. 151 – 164.

赖。因此，墨西哥合作的目标是说服美国帮助墨西哥发展经济，这不仅仅是美国的理想主义慈善行为，而且是对美国自身安全和稳定的明智投资。

本章小结

美墨边境不存在传统的军事威胁、领土争端等传统安全问题，但是面临着非传统安全问题，其中最重要的就是跨界水资源短缺与污染、毒品贩运和有组织犯罪和非法移民越境问题。这些问题大多是美国提出的议程，美国对墨西哥有强大的影响力。

美墨跨界水资源安全问题是由两个原因造成的。一是自然因素和全球气候变化，导致美墨边境地区极端干旱。二是经济发展和水域环境治理能力的矛盾。墨西哥一侧边境人口激增与墨西哥政府的环保政策、城市基础设施建设速度不匹配，使得水域环境问题非常严重。在毒品贩运和有组织犯罪问题中，毒品战争由1971年尼克松发起，美国政府持续向墨西哥政府施压，要求墨西哥将贩毒视为国家安全事务。到20世纪80年代后期和90年代初，墨西哥政府意识到国内毒品局势的严重性，将毒品贩运列为国家安全事项。2006年，墨西哥卡尔德龙政府宣布发动"毒品战争"之后，在美墨边境生活就像是生活在战区，民政部门、执法机构和公民夜以继日地受到有组织犯罪分子攻击。在美墨移民问题上，墨西哥不仅是非法移民的来源国也是中美洲等拉美国家非法移民的过境国。在经历了四十年的强劲增长之后，美国的墨西哥移民人口在2010年达到了转折点。目前离开美国的墨西哥移民（特别是非法移民）多于前往美国的墨西哥移民。墨西哥非法移民基本实现了零增长。但是与此同时，危地马拉人、洪都拉斯人和萨尔瓦多人等中美洲非法移民大幅增长，墨西哥作为非法移民的过境国的压力不断增大。

这三个问题作为跨国问题，它们的顺利解决离不开国际合作。然而，美国认为墨西哥是"毫无章法、腐败的南方邻居"，墨西哥在经济、安全及国际事务上缺乏实力，无法在美国的全球版图上"帮助美国"，因此，美国并不愿将太多的关注放在墨西哥身上，表现出强国对弱国的忽视。墨西哥认为美国是"遥远的北方邻居"，也选择的是"敬而远之"的外交策略。墨西哥认为，与美国合作越紧密，意味着更加依赖与美国的关系，更有可能被美国支配,与美国政府的任何合作都可能意味着屈从于美国"帝国主义"利益。正是由于美国与墨西哥对彼此的结构性知觉和错误知觉以及强弱两国在合作利益诉求中存在天然不可调和的分歧,导致美墨边境非传统安全合作困难重重,管理美墨非对称关系显得尤为重要。

第三章

美墨跨界水资源治理合作

水资源安全的范畴很广，包括水质安全、水量安全和水生态环境安全等方面。[①] 边境地区的水资源安全问题通常是跨界河流利用所引起的跨国冲突，如因国际河流水权水量的分配、建设储水坝、运河等基础设施改变河道走向、跨界河流环境污染引发国际争端等。这些冲突引起强硬的外交言辞对抗，甚至军事行为及战争。由于跨界河流在地理上处于边境地区，因此，跨界河流多带来的水资源问题就成为边境地区的一项重要的跨国非传统安全问题。

在美墨边境地区，自从1944年美墨签署了具有公约力的跨界河流条约《边界与水条约》以来，水资源联合管理机构是双方进行跨境水资源磋商和决策的最主要机制。同时，在北美自由贸易协定的框架下，美墨成立了美墨边境环境合作委员会和北美发展银行，对边境水域环境基础设施提供融资，美加墨三国则成立了北美环境合作委员会对环境法律的执行进行监管。本章对美墨两国管理边境水资源非对称关系的条件进行分析。

第一节 美墨跨界水资源治理合作的意愿与困境

正如第二章所述，美墨边境面临水资源短缺和水质问题，主要是两方面原因造成的：一是地理、气候等自然因素。21世纪以来，由于气候变化等原因，美墨边境遭遇了持续的干燥。二是城市化和工业化进程对水量和水质也造成负面影响。美墨由于地理条件以及发展阶段的非对称性，美墨两国对于水资源治理的急迫性和意愿并不同。本节分析美墨两国对边境

[①] 郭梅、许振成、彭晓春：《水资源安全问题研究综述》，《水资源保护》2007年第3期。

水资源合作的意愿和困境。

一 共同利益

确保各国的水权和水量,对水权和水质赋予确定性,解决与水权和水量相关的潜在冲突,是促成美墨合作的主要因素。

正如地缘政治学说的核心论点——地理就是权力,由于美国处于科罗拉多河的上游,占据优势地位,因此,美国曾在19世纪末到20世纪初坚定不移地坚持在其领土内的水资源分配和控制方面拥有无所不包的主权,即"哈蒙主义"。美国当时的司法部长贾德森·哈蒙(Judson Harmon)在回应墨西哥对科罗拉多河水量的诉求的时候,表示国际法的基本原则是每个国家在其自己的领土内享有对抗所有其他国家的绝对主权,国际法的规则、原则和先例并没有为美国设定对其他国家的责任或者义务。[①] 1922年,美国7个州签署了《科罗拉多河契约》,对水资源进行了分配,该协议完全没有将下游国家墨西哥水量保障考虑在内。然而,在另一条界河格兰德河,当墨西哥开始建造工程,利用支流引流,减少流往美国南部得州的水量的时候,美国不得不与墨西哥谈判,确定科罗拉多河和格兰德河的水权和水量。为此,美墨达成了1944年《边界与水条约》(以下简称《水条约》),首次对水资源进行了正式分配。根据《水条约》,美方每年从科罗拉多河向墨方供水18.50亿立方米,仍有富余水量时则可增加供水但不超过20.97亿立方米;而墨方应每年从格兰德河墨方境内支流向美方提供三分之一的水量,合计每年4.32亿立方米。由于《水条约》谈判不易,为了不再陷入"一报还一报"的不稳定局面,美国和墨西哥都希望维持《水条约》达成的水权和水量协议,减少双边冲突。

20世纪70年代以来,由于美墨边境的墨西哥一侧工业化和城市化进程加快,加上气候变化等因素,水量、水质安全以及水文流域环境问题等都超过了《水条约》的管辖范围。大多数问题在《水条约》中没有明确的规定,如边境地区的极端干旱、跨界地下水评估和管理、跨界水质污染、管理跨界水卫生威胁的战略规划和资金等。美墨两国均希望能够在《水条约》的基础上,进一步协商,开展多方位的合作,解决跨国水资源利用过程中造成的冲突。

---

① 胡德胜、张青:《哈蒙主义的重新审视》,《河北法学》2013年第7期。

二 利益分歧

除了第一节所述,两国对水权、水量和水质的确定性要求是促成美国合作的共同利益之外,强国美国和弱国墨西哥对于边境水资源问题还有不同的合作期许。

(一)美国对合作的利益诉求:维持现有治理机制,维持美国在水量上的优势,将民主和自由的价值观融入墨西哥水资源环境治理的理念中

对于美国来说,一方面,在1944年签署了《水条约》之后,出现很多在《水条约》中并没有明文规定的新的问题和冲突。正如沃马克的非对称理论所指出的,强国对于弱国总是表现出忽视,强国希望"一劳永逸"地解决与弱国的冲突,美国不愿意与墨西哥有过多的交往和接触。因为墨西哥官僚主义严重,机构之间协调差,早在20世纪50年代,美国国务院就认为,如果要改革边界与水委员会(IBWC),意味着要与墨西哥政府重新谈判《水条约》,这一定是费时费力的过程。① 因此,美国希望在现有的合作基础上解决冲突,而不是推倒现有的不完美的机制,重新进行合作的规划。另一方面,90年代随着北美自由贸易协定的谈判,边境环境问题被美国的环境非政府组织推到风口浪尖。美国希望借着北美自由贸易协定为契机,向墨西哥政府施压,让墨西哥在环境问题上加大投入,改革墨西哥的政府机构,将民主和自由的价值观融入到墨西哥水资源环境治理的过程中,助推墨西哥民主化进程。

(二)墨西哥对合作的利益诉求:抵制美国单边主义行为,促使美国在墨西哥开展水域环境治理方面承担一定的援助

对于墨西哥来说,抵制美国单边主义行为,促使美国承担起国际河流

---

① 1949年3月,胡佛委员会提出,鉴于IBWC的国内工程的职能与其他部门是重复的,应该将IBWC美国部分的外交职能和技术职能分开,将技术运行职能转移至垦务局,由垦务局替代行使,仅保留IBWC的外交职能,从而精简IBWC的职能。但是在当时的国务卿Dean Acheson和国会的支持下,IBWC仍然保留了其职能。1953年洛克菲勒委员会再次向艾森豪威尔总统提议,但是依旧没有成功。美国国务院认为,关于边界和水治理的外交职能和技术职能在逻辑上和运营实践上都是紧密联系的;此外,如果进行职能分离,则意味着1944年条约需要重新修订和谈判,需要墨西哥和美国国会批准,这将是一个漫长的费时费力的过程。Stephen P. Mumme, Moore Scott T., "Agency Autonomy in Transboundary Resource Management: The United States Section of the International Boundary and Water Commission, United States and Mexico," *Natural Resources Journal*, Vol. 30, No. 3, 1990, p. 679.

环境治理的共同责任和义务，是墨西哥在边境水资源问题上的目标。特别是在水资源环境问题上，由于大量的美资企业在墨西哥边境城市建立加工厂，造成界河污染，美国政府不能强制墨西哥为了跨界河流的水质问题，不发展边境经济，而是援助墨西哥开展水域环境治理。由于墨西哥财政收入有限，国家和地方财政资助的墨西哥废水处理基础设施的运营和维护是一项持续的挑战。墨西哥废水处理厂没有足够资源或技术专长，无法及时解决设备维护问题以防止污水的泄漏。在这方面，并不是墨西哥有意影响美国的水质安全，而是缺乏履约的能力，美国作为在技术上和资金上都有绝对优势的国家，应该帮助弱国墨西哥履约。此外，对于边境地区极端干旱问题，美国也不能要求墨西哥农民为了履行《水条约》中的输水义务而停止农业灌溉，影响边境地区农民的生计和整个国家的粮食安全，因此援助墨西哥发展节水基础设施是一条双赢的路径。

第二节　管理美墨跨界水资源治理合作的条件

在美墨边境水资源管理方面，美墨政府设立了多个互信磋商渠道，其中，正式机制有1944年成立的边界与水委员会（IBWC）、1994年随着北美自由贸易协定成立的美墨边境环境合作委员会、北美发展银行以及超国家机构北美环境合作委员会。非正式机制有定期讨论边境水资源等问题的美墨边境州长会议、边境大学和智库合作以及非政府组织的合作等。同时，美墨还签订了以水资源治理合作为主要内容的1983年的拉巴斯协定、边界XXI计划、边界2012计划、边界2020计划等。这些合作机制大力推动了美墨水资源治理合作。

一　稳定的互信磋商机制

在边境水资源问题上，美国和墨西哥政府建立了制度化的、稳定的磋商机制——边界与水委员会和美墨边境环境合作委员会、北美发展银行。这两个机制非常稳定。其中，边界与水委员会已经运行76年。美墨边境环境合作委员会、北美发展银行也已经运行26年。在这些机制的框架内，两国政府将热点问题委托给技术专家谈判，促成问题的解决。

（一）边界与水委员会（IBWC）

美墨政府将边境水资源管理事务全权委托给一个政府间委员会——边

界与水委员会（英语缩写 IBWC，西班牙语缩写 CILA，以下简称 IBWC）管理。IBWC 是美墨对边境地区跨界河流和其流域地下水和地表水合作治理的第一个政府间组织。IBWC 的使命是为《水条约》的实施过程中出现的问题提供双边解决方案。它成立于 1944 年，至今一直在运行，已有 76 年的历史，是美国历史最悠久的双边委员会之一。即便是冷战后美墨边境经济和社会发生巨大变化的情况下，IBWC 依旧是美墨边界水资源治理领域的权威。

根据《水条约》第 2 条规定，IBWC 管辖范围为里格兰德河和科罗拉多河和两国之间的陆地边境，以及在位于边界线上的所有工程。具体来说，IBWC 的职能为：（1）确定陆地界线；（2）保护作为国际边界线的格兰德河和科罗拉多河；（3）通过实施洪水治理项目，保护河流流域的土地不受洪水的侵害；（4）对格兰德河和科罗拉多河进行水权分配；（5）通过共同建造、运行和维护国际堤坝、水库、水电站；（6）解决边境地区的环境卫生和其他与水质相关的问题。任何两国在边境地区的基础设施建设会影响国际河流，必须得到另一方的批准。随后的 IBWC 第 242 号纪要第 6 条重申：墨西哥和美国有义务在进行任何地表或地下水资源的新开发或对其现有开发项目进行实质性修改之前与另一方进行磋商，以免对另一个国家造成不利影响。如果 IBWC 认为美国或墨西哥对边界造成了"负面影响"，IBWC 可以要求美国和墨西哥政府中止工程，并支付赔偿金，并由 IBWC 提出稳定河流的工程。《水条约》还授权 IBWC 解决根据该条约引起的所有争端。IBWC 是边界水资源争端的第一仲裁者也是最终的仲裁者。《水条约》第 24 条规定，IBWC 负责监督双方的遵约。IBWC 有权要求国家法院支持条约条款的执行；并经两国政府批准解决争端。IBWC 必须向美墨双方提供信息，要求 IBWC 建设、运营和维护计量站，汇编水文数据，美墨两部分之间交换水文数据。美墨委员会分别负责向各自政府提交年度报告。[①]

关于双边水资源磋商的程序，在《水条约》批准之前，任何与边境水域相关的项目都需要与墨西哥政府谈判，缔结国际条约，并提交到美国参议院，获得三分之二赞成票才能通过。但是在《水条约》成立 IBWC

---

① 关于 1944 年《水条约》的条款，可以在 IBWC 的网站上查阅，https://www.ibwc.gov/Treaties_Minutes/treaties.html。

之后，只需要 IBWC 的美国分部和墨西哥分部达成的纪要（Minute）即可。一个新的 IBWC 项目提案可以由美墨联邦政府单独发起或者共同发起，也可以由任一国家的州或地方政府通过各自的 IBWC 分部发起。然后 IBWC 有权收集必要的数据和信息，对该项目进行联合调查。如果 IBWC 联合调查的结果表明合作项目是可行的，并且有理由被视为双边项目，那么 IBWC 美国分部和墨西哥分部将联合制定一份纪要，并在三天内将该纪要提交给美墨各自政府审批。如果 IBWC 的"纪要"在三十天内没有收到政府表示同意或不同意的通知，IBWC 的"纪要"自动生效，对两国政府具有约束力。大部分情况下，纪要只需美国国务院和墨西哥外交部分别批准即可，而不需要提交给国会审批，因为 IBWC 达成的纪要被认为是行政协议，只需要行政部门的审批即可生效。只有在涉及重大定界问题时，IBWC 达成的纪要才需要国会审批。如果 IBWC 主任无法就争议达成解决方案，则该问题才会被移交到两国国务院和外交部层面进行谈判。截至 2023 年 4 月，IBWC 一共签署了 328 个纪要。事实上，美国国务院和墨西哥外交部批准了所有 IBWC 达成的协议，没有一例拒绝的案例。因此，可以说，IBWC 拥有充分的自主管理边境事务的主动权，美国国务院和墨西哥外交部将边界水资源的治理权力全权委任给 IBWC。

IBWC 并不是一个深度融合的国际组织，而是由两个不同的实体组成，即 IBWC 的事务分成两个分部：美国分部和墨西哥分部（见图 3-1）。IBWC 共设两名主任，美国和墨西哥政府各指派一名，必须为工程师。IBWC 美国分部总部设在得克萨斯州的埃尔帕索市，IBWC 美国分部近三分之一的人员在美墨边境城市埃尔帕索总部办公，其他人在位于美国和墨西哥边境的战略位置的 12 个现场办公室办公，运营和维护条约授权的国内和国际工程。在华盛顿特区的国务院中，仅在墨西哥事务办公室设有一名外交联络员。美方有员工 300 余人，包括 90 名行政人员和 200 多名技术人员。IBWC 墨西哥分部则隶属于墨西哥外交部。总部位于美墨边境的华雷斯市，在墨西哥边境州共设立 8 个办公室。墨方共有员工 100 余人。IBWC 管理的与水资源相关的跨界国际项目，在美国一侧包括：3 个国际污水处理厂、2 个国际储水坝、水库和水电站、500 英里的美国防洪堤坝、276 个边界纪念碑、3 个国际桥梁、71 个美国测量站等。IBWC 每周计算一次美墨的国家水权。IBWC 的工程师定期联合开展现场数据，进行数据交换。尽管在其他一些地区，国家边境的自然资源数据被视为保密数据，但是美国政府对于美墨边境水资源问题秉持着相当开放和透明的姿态。IBWC 监视国际大坝中美墨双方的水权数据以及美墨双方交流的信息，双方达成的纪要均可从 IBWC 网站上公开获取。

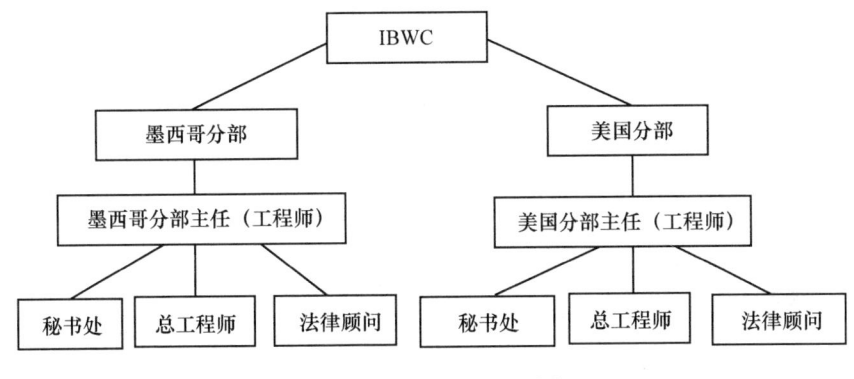

图 3－1　IBWC 的组织结构

IBWC 的职责不是主动规划，而是条约解释、争端解决以及管理边界和国际水坝的运营。IBWC 在承认美墨水管理体系具有巨大差异性的前提下，求同存异，力求找到解决界河的管理方式，以"危机应对"管理方法来解决跨境卫生问题，而不是战略性地致力于干预和强行改变墨西哥的水管理体系或者水治理标准。

以科罗拉多河三角洲干涸为例，可以看到通过 IBWC 的磋商是两国友好解决科罗拉多河三角洲干涸的问题的重要条件。自科罗拉多河停止流向入海口以来，科罗拉多河三角洲的保护一直是墨西哥与美国之间冲突的原因，因为在美国看来，美国已经履行了向墨西哥输送科罗拉多河水的义务，而科罗拉多河的入海口位于墨西哥境内，墨西哥应是保护和恢复它的主要责任国家。墨西哥则认为，科罗拉多河水的 90% 水量由美国拥有，美国拥有该河的控制权，美国对科罗拉多河的管理是造成三角洲的河水水质和水量严重下降的主要原因。

2000 年，墨西哥向美国提出科罗拉多河入海口干涸问题。2000 年，在 IBWC 的磋商下，在墨西哥的华雷斯城签署了第 306 号纪要《美墨合作的概念框架，以发布有关科罗拉多河及其三角洲边界河口的建议》。2010 年 6 月 17 日，在华雷斯城签署了第 317 号纪要，即《关于科罗拉多河合作行动的美墨对话的概念框架》，在保护河流水、确定新的水源、改善水文和水力系统的运行方面进行对话。2012 年，IBWC 的美国与墨西哥分部通过了第 319 号纪要，美国为三角洲提供脉冲水流（pulse flow），恢复干旱三角洲的景观。第 319 号纪要还规定了美国和墨西哥在丰盛时期分享水量盈余，而在干旱时期则有所减少，提供将水留存的激励措施，并对节水基础设施进行联合投资。在签署第 319 号纪要之后，科罗拉多河利益相关者和一个由两国组成的科学团队共同工作了一年多，为第 319 号纪要的具体实施做准备，包括设计脉冲流量和建立监测程序以评估其水文和生态状况。从 2014 年 3 月 23 日至 5 月 18 日，莫雷洛斯大坝将 1.3 亿立方米的水释放到了干燥的三角洲，自 1998 年以来科罗拉多河首次入海。河流的流域内，野生动植物和当地社区首次重新获得了水。三角洲地区鱼群数量和候鸟数量均有所增加。随着第 319 号纪要的实施期限于 2017 年 12 月结束，2017 年 9 月，在 IBWC 的召集和磋商下，政府官员、研究人员和非政府组织联盟成功地谈判了第 319 号纪要的后续协议——第 323 号纪要《扩大美墨在干旱情况下的双边应急合作》，承诺继续开展合作，美国提供 3150 万美元，帮助墨西哥开发节水基础设施。节省下来的水归墨西哥所有，其中 8600 万立方米的水必须用于环境保护。这项双边协议为依赖美国和墨西哥的科罗拉多河的 3600 万的边境居民提供了一个更加安全的水资源管理框架。巴克（Bark）等人对 2013 年 12 月 30 日至 2014 年 6 月 14 日之间关于脉冲水流的 263 篇英语媒体报道进行了收集，也收集了在 2014 年 1 月 1 日至 2014 年 8 月 31 日期间的 274 篇西班牙语相关媒体报道。除少数例外，报道的内容都是正面的，重点是环境流动的新颖性、实验性质、可能的生态效益及其对美墨关系的价值。[1]

总之，在 IBWC 这个专家委员会的治理框架下，美墨两国解决了与界河水资源相关的大部分问题。IBWC 的美国分部和墨西哥分部合作，在格兰德河跨界水资源管理、水坝和水电设施的建设、边境各地的卫生设施以及边界争端的解决方面建立了良好的声誉。或许在边境以外，IBWC 鲜为人知，但是在埃尔帕索、尤马和布朗斯维尔等边境城市，他们是"英雄"。[2]

---

[1] Rosalind H. Bark, et al., "Tracking Cultural Ecosystem Services: Water Chasing the Colorado River Restoration Pulse Flow," *Ecol. Econ.* No, 127, 2016, pp. 165 – 172.

[2] Stephen P. Mumme, Debra J. Little, "Leadership, Politics and Administrative Reform at the United States Section of the International Boundary and Water Commission," *The Social Science Journal*, No. 47, 2010, p. 258.

IBWC 续存至今 76 年,与其致力于寻找合作解决方案的能力是分不开的。

(二) 美墨边境环境合作委员会和北美发展银行

在北美自由贸易协定谈判期间,环保主义者团体向美墨政府谈判者施压,要求他们成立明确的机制来保护边境地区的环境。为了回应环境非政府组织的要求,美国和墨西哥建立了两个双边组织——美墨边境环境合作委员会和北美开发银行,管辖范围为美墨边界两侧各 100 公里的地区。后来,为了能够资助更多的墨西哥项目,北美发展银行的资助项目范围扩大到墨西哥和美国边界以北 100 公里和以南 300 公里的边境地区,覆盖美国的 37 个县和墨西哥的 213 个市。边境环境合作委员会的职能是为边境环境基础设施项目提供技术支持,对项目是否符合基本的环境标准进行核实,并签发证明。北美开发银行则负责对项目提供贷款和资助。2017 年,美墨边境环境合作委员会和北美开发银行进行了合并,以提高贷款效率。

美墨边境环境合作委员会和北美开发银行都采用了跨国董事会作为决策机构。边境环境合作委员会总部位于墨西哥边境城市华雷斯市,由董事会、总经理、副总经理、顾问委员会以及工作人员来运作,包括来自美国和墨西哥的 10 个成员,IBWC 的成员、两国环境部部长及其代表,另外还包括 6 位基于环境治理所需的专业技术知识选出来的代表以及美国和墨西哥边境各州、市政府代表和民众。董事会主席任期为一年,由双方各自轮流指定。由董事会任命的经理任期为三年,在两国进行职位轮换。顾问委员会由 18 位成员组成,其中美国和墨西哥各有 6 位成员代表边境各州,各有 3 位成员代表美国和墨西哥公众。北美开发银行的董事会则由美墨各 5 名成员组成,分别是两国的财政部部长、美国国务卿、墨西哥外交部部长、两国的环境部部长、边境州政府代表以及边境公民代表。董事会主席每年由美国和墨西哥代表轮流担任。董事会批准决定提供融资的项目,董事会的所有决定均需获得每个国家的多数董事的同意。

美墨边境环境合作委员会和北美发展银行最初的优先领域是废水处理、饮用水基础设施项目。截至 2009 年 12 月,北美开发银行推动的 132 个项目中,有 101 个项目基本上旨在改善边境地区的饮用水供应系统,污水处理,蓄水层保护和防洪排水。[1] 由于水质问题关系民生,鉴于北美自

---

[1] BANDAN, "Cartera de Proyectos," www.nadb.org/espanol/proyectos/cartera.html; Bandan, "Programas complementarios," http://www.nadb.org/espanol/bdan.htlm, 访问日期: 2017 年 5 月 1 日。

由贸易协定谈判期间非政府组织对于参与决策的需求，美墨边境环境合作委员会还成为两国非政府组织加强交流和磋商的平台，将两国的非政府组织纳入到决策过程中，通过公众咨询过程，加强了对对方的了解。由于美墨边境环境合作委员会和北美发展银行审批的项目得到了边境公众的支持，因此，即使美墨政府换届，也不能随意取消上届政府决定资助的项目。在2018年美加墨启动北美自由贸易协定重新谈判之后，虽然美墨边境环境合作委员会和北美开发银行面临效率低下等问题，但是美国和墨西哥政府并没有取缔这两个组织。总之，美墨边境环境合作委员会和北美发展银行建立了一种平等、友好、共商共建的有效治理模式，为边境社区的公民需要的双边基础设施提供融资。

二 美国水资源治理去政治化和对墨技术援助

国际水资源领域的技术合作主要涵盖数据与信息交流、跨界环境影响评估、联合环境监测、联合科研、共同开发资源等。这些广泛的合作项目中，包含了通信、环境监测、资源的开发利用、灾害评估等技术，这些技术合作的开展，是加强自然资源边境地区的许多共享者进行合作的重要支撑。因此，跨界水资源治理通常需要技术和外交两方面的支持。在"技术"和"政治"的天平上，美国选择了加强技术职能，弱化政治职能，努力避免水资源问题成为政治乃至安全热点问题。同时，作为在水资源利用方面有明显经济和技术优势的强国，美国给予墨西哥一定的技术援助。

（一）美国自我约束：拒绝IBWC美国分部政治化

虽然IBWC美国分部隶属于美国国务院，但是它在美国行政系统中相当于一个"半独立"的机构。IBWC虽然在国务院的指导下运作，但是享有独立的财务和人事权。美国国会每年单独为IBWC美国分部批准年度预算。IBWC美国分部自行决定聘用哪些人员，几乎所有员工都在边境工作，只在华盛顿特区国务院的墨西哥事务办公室中设有一名外交联络员。它有一个常设建造部门，设计和监督边境地区的主要工程，并自行决定签订自己的采购和辅助服务合同。美政府通过以下几个方面的制度设计以及IBWC领导人自身"去政治化"的努力，来保持机构的技术性。

第一，领导权的连续性和人员的技术专业性。2013年11月，在联合国教科文组织举办的"国际水安全与和平"会议上,专家们指出,跨境水资源治理出现冲突的一个实质性原因是负责治理跨境水资源的官僚机构缺乏具有科学专业知识的专家。[1] 在这方面,美国保证了由科学家来治理跨境水资源问题。IBWC 美国分部的主任必须是经验丰富、对边境问题了如指掌的专家。在《水条约》中,并没有明文规定 IBWC 主任的任职期限,美国方面默认主任的任期无限期。IBWC 美国分部的主任直接由总统任命,无须美国国会的批准,任期从几个月到 27 年不等。[2] 美国 1963—1987 年的主任是约瑟夫·弗里德金(Joseph Friedkin),任职长达 24 年。他共在 IBWC 工作 48 年,参与了所有美墨边境水利工程的谈判和建设,包括法尔孔(Falcon)大坝、科罗拉多河的盐度问题等,其专业性使得他在美国国务院享有较高的权威。约瑟夫·弗里德金曾表示自己并不是一个外交官,只是一个技术专家,他只是在做自己觉得技术上对的事情。[3] 另一位美国分部主任卡洛斯·马丁(Carlos Martin)在 IBWC 工作 27 年之后,于 2006 年荣升主任,在这之前,他在 20 世纪 90 年代是新拉雷多国际污水处理厂的总负责人,对边境基础设施建设的情况也非常了解。人员的专业性和连续性避免了委员会成为被政治摆布的机构,并且使得 IBWC 与党派斗争绝缘。[4]

IBWC 美国分部的大部分领导人都是从机构内部选拔成为领导,具有丰富的实践经验。IBWC 的领导权具有连续性,有助于管理委员会的经验和技能逐步增加,避免了权力交替造成的政策断裂。IBWC 美国分部的工作人员定期、频繁地与 IBWC 墨西哥分部的人员进行接触,比美国政府中

---

[1] UNESCO, Unesco-IHE Participates in International Conference: Water Security and Peace, http://www.unesco-ihe.org/news/unesco-ihe-participates-international-conference-water-security-and-peace, 访问日期:2017 年 12 月 1 日。

[2] IBWC, History of U.S. Section Commissioners, http://www.ibwc.state.gov/About_Us/Commish_History.html, 访问日期:2017 年 12 月 1 日。

[3] Interview with Joseph F. Friedkin by Michelle L. Gomilla, "Interview No. 837," Institute of Oral History, University of Texas at El Paso, 1994, p. 17.

[4] 应该看到,IBWC 墨西哥分部的主任任职从几个月到 32 年不等。虽然墨西哥分部的主任比美国分部与外交系统的联系强,但是任期一般也超过了墨西哥外交惯例中,外交人员的任期一般为 3 年的规定。1947 年起至今,墨西哥共任命了 4 个主任,其中,任期最长的是大卫·艾蕾拉·约旦(David Herrera Jordan),共做了 32 年的主任,在 1979 年退休。路易斯·安东尼奥·拉丝孔(Luis Antonio Rascon)在担任墨西哥分部主任之前也在 IBWC 有过 18 年的工作经验。详见 IBWC 网站。"History of U.S. Section Commissioners," IBWC, http://www.ibwc.state.gov/About_Us/Commish_History.html. 访问日期:2016 年 1 月 5 日。

的任何其他人更了解美墨边界水问题中美墨双方的立场和分歧。① IBWC 美国分部的工作人员比其他人更懂得如何与墨西哥官员打交道。由于 IBWC 的官员任期较长，人员较稳定，与墨西哥同行建立起了深厚的个人友谊，有利于沟通和友好解决问题。② 美国环境署的官员曾承认，IBWC 的跨国工作能力对于处理跨界设施的运营和维护问题很重要。③

在20世纪90年代，IBWC 美国分部的领导人曾有过政治化的尝试，但以失败告终，显示了 IBWC 美国分部拒绝被政治化的决心。共和党人阿图罗·杜兰（Arturo Duran）成为 IBWC 美国分部的主任之后，制定了一系列雄心勃勃的制度改革，重组了美国分部，甚至解雇 IBWC 的总工程师、首席运营官及其法律顾问，雇用新的行政事务负责人，包括公共事务官员、州政府联络人，个人党派忠诚度的重要性超过了技术专长。关于与 IBWC 墨西哥分部的关系，杜兰不尊重墨西哥人，他提议将墨西哥蒂华纳的污水处理厂私有化，出售给美国企业，来保障美国投资者的利益，这种政治化的改革引起了 IBWC 美国分部内部的混乱。2004年8月，IBWC 的员工给国务院监察长写了匿名信，指控杜兰的不当行为。2004年末，美国国务院监察长（U. S. State Department's Inspector General）介入，对 IBWC 美国分部进行全面调查。而 IBWC 自20世纪50年代以来很少被调查。2005年3月，国务院发布调查结果，指出杜兰"管理失误"：虽然具有政治头脑的杜兰意识到国会和利益相关者的优先事项，但是他没有遵照 IBWC 的现实，他没有访问 IBWC 的各地办事处，而 IBWC 的员工认为熟悉边境对于水的治理和环境治理是很重要的。最终，布什总统要求杜兰辞职。杜兰对此难以理解，他认为在一个都由专业人士组成的人事环境中，特别是这些人兼具技术和外交专业知识时，是很难强加严厉的行政改革的。④ 在

---

① Stephen P. Mumme, Moore Scott T., "Agency Autonomy in Transboundary Resource Management: The United States Section of the International Boundary and Water Commission, United States and Mexico," *Natural Resources Journal*, Vol. 30, No. 3, 1990, p. 672.

② Interview with Joaquín Bustamante by Michelle L. GomiIIa, "Interview No. 835", El Paso: Institute of Oral History, University of Texas, 1994, p. 21.

③ General Accounting Office (GAO), *International Boundary and Water Commission: Opportunities Exist to Address Water Quality Problems*, GAO-20-307, Washington, D. C.: General Accounting Office (GAO), 2020, p. 51.

④ Stephen P. Mumme, Debra J. Little, "Leadership, Politics, and Administrative Reform at the United States Section of the International Boundary and Water Commission," *The Social Science Journal*, No. 47, 2010.

阿图罗·杜兰之后，IBWC 美国分部恢复了该机构技术主导的职能，并恢复了与墨西哥分部的友好协商。

简而言之，IBWC 美国分部虽然在行政编制上隶属于国务院，但是可以提出不受政治"污染"的技术解决方案。这使得在美墨关系最紧张的时刻，美墨在界河问题上依旧能够通过 IBWC 机制保持合作，使墨西哥政府不那么反感。这一点也得到了墨西哥的美墨边境水资源研究专家布兰卡·托雷斯（Blanca Torres）的承认。她也认为 IBWC 的成功治理正是由于其技术性以及与政治的绝缘性。[①] 像美国这样的霸权国家要做到这一点，尤其需要进行严格的自我约束。

第二，IBWC 美国分部明确管辖范围，避免介入政治敏感问题。虽然 IBWC 努力保持技术性和自主性，边界水资源问题依然是一项政治议题，IBWC 美国分部无法完全避免美国国内一些利益集团对其施加的政治压力。但其灵活的议程允许它将有争议的政治问题放在一边，而专注于通过协商可以解决的技术性问题。因此，IBWC 强调其优势能力对治理的有效性来说是一项重要的资产。

IBWC 的主要职责是履行《水条约》中规定的事项，主要是关于边界地区的水权分配和水利工程建设。根据《水条约》，该委员会规定的职能很广泛，包括数据收集、统计、评估和调查等，但这些活动本质上是技术性的。IBWC 对技术数据和信息具有垄断权，而这些技术数据和信息对于理解、解释和实施条约中的规定、履行委员会的职能至关重要。IBWC 是界河主要数据的主要储存库。美国其他国内机构有义务向 IBWC 美国分部提供履行 IBWC 职能所需的数据。这种垄断相关技术的权力给予 IBWC 美国分部在边界水资源问题上的绝对权威。

20 世纪 80 年代之后，尤其是冷战后全球化时代的到来，新的边境问题层出不穷。IBWC 拒绝通过处理可能会削弱其声望从而削弱其有效性的各种问题来扩展职能。拒绝建造边境墙就是最好的例证。IBWC 美国分部曾就被委任负责建造从加利福尼亚州的圣迭戈一直延伸至得克萨斯州的埃

[①] Blanca Torres, "Los Nuevos Temas de la Agenda: la Protección del Medio Ambiente y los Recursos Naturales," en Ana Covarrubias, ed., *Temas de Política Exterior*, Mexico: El Colegio de México, 2008, pp. 239–268; Stephen P. Mumme, Scott Moore, "Agency Autonomy in Transboundary Resource Management: The United States Section of the International Boundary," *Natural Resources Journal*, Vol. 30, 1990.

尔帕索边境"围栏"。在工程开始不久，IBWC 美国分部的官员就意识到，边境墙代表的是美国对墨西哥的单边主义行动和敌对关系。由于边境墙的位置位于距离边界 3 英尺的美国领土上，因此 IBWC 的官员认为边境墙是美国国内事务，IBWC 美国分部的主任说服了国务院，将建立边境墙事务的管辖权转移到农业部和移民局。即便是在 2017 年特朗普上台之后，边境墙成为特朗普的优先议程，费舍尔工业公司开始建造大约 3 英里长的边境墙。IBWC 仍然要求必须对边境墙工程进行水文研究，确定流域洪水的影响之后，才能建造边境墙。最终在进行了复杂的水力分析之后，IBWC 美国分部得出结论，费舍尔工业公司的边境墙不符合 1970 年边界条约要求。费希尔工业公司距离里奥格兰德河仅 10 米的长 4.8 千米的钢柱围栏可能会加剧洪水泛滥，并要求该公司对项目进行更改。IBWC 美国分部的工程师也把测试模型发送给墨西哥同行，征求墨西哥人的意见。①

第三，IBWC 对国内压力集团的利益调解。由于水资源问题影响边境州民众的生活，美国媒体和边境州议员经常会夸大言辞，导致与墨西哥的冲突。IBWC 美国分部致力于调解各方利益，力争公平公正友好地、以折中的方案解决美墨边境的水资源冲突。

一方面，IBWC 美国分部经常与其他国内机构合作，如在界河维护工作中与美国地质调查局合作，在边界河流基础设施和工程的管理过程中与美国垦务局等合作。② 美国分部的总干事与边境州州长及其国会代表团密切合作。约瑟夫·弗里德金在担任 IBWC 美国分部主任的时候，至少每年访问州国会一次，与州国会议员就跨界水资源问题进行交流，可以说与边境州政府和国会的政治精英保持了非常密切的互动。这种非正式的频繁的沟通，使得 IBWC 得到了边境州的政治精英的支持，建立了强大的国内机构支持基础。边境州成为 IBWC 的"天然盟友"，以捍卫其

---

① Dave Hendricks, International Boundary and Water Commission says Privately Funded Border Fence Doesnt Comply with US-Mexico Treaty, https://www.krgv.com/news/international-boundary-and-water-commission-says-privately-funded-border-fence-doesn-t-comply-with-us-mexico-treaty/，访问日期：2019 年 7 月 5 日。

② Stephen Mumme, Scott Moore, Stephen P. Mumme, Moore Scott T., "Agency Autonomy in Transboundary Resource Management: The United States Section of the International Boundary and Water Commission, United States and Mexico," *Natural Resources Journal*, Vol. 30, No. 3, 1990, p. 671.

机构利益和职能。① 另一方面，IBWC 美国分部还注重与流域的非政府组织的合作，注重信息公开，争取包括公众在内的利益攸关方的理解和支持，建立了长久信任的合作伙伴关系。

以墨西哥格兰德河水债问题的解决为例，IBWC 成功调解了美国国内压力集团对墨西哥格兰德河水债问题挑起的争端。2002—2005 年，由于干旱问题，墨西哥无法向美国得克萨斯州提供《水条约》中规定的最低限度的格兰德河水量。美国得克萨斯州的利益相关者要求美国向 IBWC 施加政治压力，使其采取更加有力的行动。但是 IBWC 说服得克萨斯州农民，只有与墨西哥合作，他们才能从共享生态系统中受益。② 2005 年，飓风带来的强降雨帮助墨西哥消除了水债。IBWC 通过第 307 号纪要和第 308 号纪要呼吁两国制定框架，使双方能够管理流域干旱相关的紧急情况。两国在 IBWC 的召集下组成工作组，研究提高墨西哥水交付可靠性的方法。2010 年墨西哥再次遭遇干旱。2013 年 4 月得克萨斯州国会一致表决，要求联邦政府向墨西哥政府施加压力，执行《水条约》中关于格兰德河的水债问题。得克萨斯州州长佩里（Rick Perry）直接向奥巴马总统致函，指出美国国务院和 IBWC 迄今为止无法解决水债问题，使得下里奥格兰德河谷多达 80 万市民的饮用水受到威胁，并要求总统就此问题立即采取行动，建议奥巴马在 5 月初访问墨西哥时，向时任墨西哥总统涅托提出水债问题。2018 年，得克萨斯州议员莱尔·拉尔森（Lyle Larson）向时任美国总统特朗普和时任国务卿蓬佩奥致信，要求对墨西哥一再违约输水义务提出抗议，认为在两国讨论诸如移民和贸易等挑战时，输水义务也应成为讨论的一部分。然而，IBWC 美国分部外交事务官员萨利·斯彭纳（Sally Spener）驳回了得州议员的提案，他公开表示，拉尔森所谓的《水条约》重新谈判呼吁是不必要的，尽管墨西哥过去在输水义务方面有所拖欠，但是墨西哥在 2016 年已经偿还了全部水债。而且 IBWC 目前正在为格兰德河开发一个有助于解决输水的不可预测的模型，并且帮助墨西哥建造节水设施。两国合作模式应有助于跨界水资源决策和管理，而不是施

---

① Stephen P. Mumme, "Regional Influence in National Diplomacy: The Case of the U. S. Section of the International Boundary and Water Commission," *Publius: The Journal of Federalism*, Vol. 14, No. 4, 1984.

② Casey Walsh, "Aguas Broncas: The Regional Political Ecology of Water Conflict in the Mexico-U. S. Borderlands," *Journal of Political Ecology*. Vol. 11, No. 1, 2004, pp. 43–58.

压和制造冲突。① 正是因为 IBWC 在美墨水资源争端解决问题上的友好历史，2019 年，美国公民自由联盟（ACLU）呼吁 IBWC 阻止由国内反移民极端主义者领导的众筹组织"我们造墙"（We Build the Wall）建造边境墙，因为该组织在修建施工现场大门时，未获得 IBWC 的许可。②

（二）美国对墨西哥边境水资源基础设施的援助

在跨界水资源治理问题上，美国虽然没有对墨西哥进行大规模的援助，但是美国在具体合作方案中，考虑到墨西哥的实际困难，略微按照墨西哥的利益调整了合作方案。

根据《水条约》，美墨边境水资源治理基础设施遵照与建造成本匹配的原则。美墨政府分别负责维持其国界内 IBWC 分部运行的费用，而 IBWC 协商通过的联合工程的费用成本根据两国收益的比例来承担。IBWC 通过灵活地逐案确定适当的成本分摊，制定灵活的合作资助协议，以确保完成基础设施建设工作。最终建造和维护成本不是严格的平均分配，但是总体来说，费用的分摊在公平的基础上略微考虑了墨西哥的困难，向墨西哥倾斜。

以下以南湾污水处理厂为例，具体说明美墨在水质问题上的基础设施的成本分摊方式。美国加州和墨西哥下加州的边境地区存在严重的污水问题。20 世纪 80 年代开始，由于墨西哥蒂华纳的污水处理设施故障，原始污水经常性地大规模溢出到蒂华纳河在美国的入海口，导致海滩受到污水污染，对美国蒂华纳河口沿岸居民造成严重卫生威胁，美国不得不周期性关闭加州海滩。在 1982 年，帝国海滩和科罗纳多的海滩被迫关闭了将近 10 个月。反复的跨界溢漏导致圣迭戈市政官员将问题认定为"健康危机"。1983 年，IBWC 美国和墨西哥分部的工程师展开了谈判，提出联合建造一个国际污水处理设施，解决从蒂华纳溢出到圣迭戈的污水问题。根据地形条件，IBWC 提出在美国一侧建造联合国际污水处理设施，计划耗资 7.31 亿美元。然而，墨西哥官员对这个成本并不满意，拒绝支付一半成本。一方面，墨西哥没有支付污水处理厂的经济能力。另一方面，墨西

---

① Natalia Alamdari, State Lawmaker to Trump: Don't Overlook Mexican Water Treaty, https://www.texastribune.org/2018/07/23/state-lawmaker-urges-trump-re-evaluate-mexican-water-treaty/，访问日期：2019 年 7 月 5 日。

② ACLU of New Mexico Calls on IBWC to Block Construction of Private Border Wall on Public Federal Lands, https://www.aclu-nm.org/en/press-releases/aclu-new-mexico-calls-ibwc-block-construction-private-border-wall-public-federal，访问日期：2019 年 7 月 5 日。

哥不希望联合建造污水处理厂,而是希望用自己的方式来处理从蒂华纳流入圣迭戈的污水。因此墨西哥在蒂华纳建设了一个更小、更经济实惠、自给自足的污水处理系统。① 然而,在20世纪90年代,随着蒂华纳城市化进程加快,很快超过了蒂华纳污水处理厂的处理能力,IBWC墨西哥分部制定在墨西哥边境建设二级处理厂的计划。然而,IBWC美国分部工程师则认为墨西哥建议的污水处理厂次优和不太可靠,无法作为管理蒂华纳不断增长的污水的处理需求。② 1990年,通过友好协商,IBWC的两个分部的工程师签订了第283号纪要,同意在美国圣迭戈进行更大规模的联合污水处理设施建设。之后,达成296号纪要,协商确定了该工厂的建设、运营和维护费用的分担方式。美国放弃相等的成本分摊,采取折中的方式,即与墨西哥支付的成本费用等于计划用于在墨西哥境内建造二级污水处理厂的建设、运营和维护所需的成本。最终,该工厂的建设成本为2.411亿美元。其中,由美国出资2.246亿美元,墨西哥仅提供1650万美元,这是在墨西哥建造和维护类似的污水处理厂所需的金额。IBWC还在边界以南建立了一个用于转移污水的泵和管道等基础设施,由墨西哥实体运营,将废水输送至南湾污水处理厂。③ 2017年和2018年,墨西哥一侧的蒂华纳的卫生基础设施故障再次导致连续数天污水流入圣迭戈,美国要求墨西哥政府按照283号纪要的规定采取适当措施,包括进行短期的设备维修和长期的设施升级,阻止污水流进美国,然而,由于墨西哥政府的基础设施建设预算不足,无法实现设施的更新和升级。在IBWC的调解下,2019年3月,北美开发银行同意资助墨西哥更换蒂华纳的污水收集器,以消除进入美国蒂华纳河的未经处理的污水。以这种方式,美国并没有强制性要求墨西哥遵照国际上通行的"污染者付费原则"④,而是在公平但有差别

---

① IBWC, *Recommendations for the First Stage Treatment and Disposal Facilities for the Solution of the Border Sanitation Problem at San Diego, California-Tijuana, Baja California*, Minute 270, 30 April, 1985.

② Stephen Mumme, "Innovation and Reform in Transboundary Resource Management: A Critical Look at the International Boundary and Water Commission, United States and Mexico," *Natural Resources Journal*, Vol. 33, 1993, p.117.

③ IBWC, *Conceptual Plan for the International Solution to the Border Sanitation Problem in San Diego, California, Tijuana, Baja California*, Minute 283, 2 July, 1990.

④ 污染者付费原则主张事故发生后,污染者应该支付污染的控制、清除和保护措施的费用以促使经济费用内部化,这是跨界突发性水污染问题通常的解决方式。见林灿铃《跨界突发性水污染国家责任构建》,载《政治与法律》2019年第11期。

的费用均摊原则之上,实现了对墨西哥的有限援助。

此外,通过北美开发银行,美国在平等融资的基础上也对墨西哥进行了有限援助。

北美开发银行在成立之初,为了加快北美贸易协定的签署,墨西哥同意美墨在北美开发银行中的出资额平分,投票权也平分。即北美开发银行的注册资金为30亿美元,美国和墨西哥政府分别出资15亿美元。北美开发银行与其他任何一家银行一样,采用市场化的机制,对其信贷业务采取保守的态度,它发放贷款的条件非常严格,对申请贷款的每个项目的财务和技术可行性进行全面分析之后,才会发放贷款,并且注重财务的稳定性和可持续性。这种市场化的治理体制并不能有效解决美墨边境环境问题,特别是由于墨西哥联邦政府和边境州政府缺乏总体规划,以及墨西哥社区没有能力撰写符合北美开发银行要求的项目计划书等原因,在其运营的前七年中,北美开发银行的表现并不令人满意,北美开发银行放贷能力被闲置,到2002年,该银行只发放了9个项目的贷款,仅批准了2350万美元的贷款额度,只占实收资本的5%,向项目发放了1100万美元的贷款。[1] 1994年至2003年,北美开发银行运营的前六年,其资助的项目仅能满足边境地区所需的水和废水基础设施的13%。[2] 北美开发银行深入研究了存在的问题,考虑到墨方的实际困难,在以下方面进行了体制改革,加大了对墨西哥的援助力度。

第一,2000年,美墨边境环境委员会提出,美墨边境环境委员会和北美开发银行覆盖范围的地理扩展,从边界线以北和以南100公里增加到300公里。2004年,在商议之后,美方决定只扩大墨西哥边境一侧的地理范围,特别是将墨西哥边境州的首府包含在内,这样有利于为更多墨西哥城镇提供贷款,惠及更多墨西哥人口。

第二,北美开发银行除了向公共和私人项目发起人提供市场利率的贷款服务之外,北美开发银行还管理美墨边境水资源基础设施基金

---

[1] U. S. Economic Policy Toward Latin America and the Role of the International Financial Institutions Testimony of John B. Taylor Under Secretary of Treasury for International Affairs Before the Subcommittee on International Trade and Finance Senate Committee, 10/16/2002, https://www.treasury.gov/press-center/press-releases/Pages/po3537.aspx, 访问日期: 2016年7月5日。

[2] Nicole Carter, Leonard Ortolano, "Impact of Two NAFTA Institutions on Border Water Infrastructure," in Both Sides of the Border: Transboundary Environmental Management Issues Facing Mexico and the United States, Springer, 2002, p. 29.

(U. S. -Mexico Border Water Infrastructure Program)。美墨边境水资源基础设施基金由美国环境署资助，是美国环境署提供的赠款，无须偿还。申请美墨边境水资源基础设施基金的项目必须位于美墨边境的 100 公里内，并且必须证明该项目将对美国的健康和环境产生积极影响。美国环境署根据各种标准对项目进行了评估和排名并决定是否资助，这些标准包括环境和人类健康因素、美国受益程度以及美国边境地区规划中的优先事项。墨西哥的项目还必须获得联邦和州政府机构的一比一的配套资金支持。① 根据美国环境署 2014 年的年报，美墨边境水资源基础设施基金资助了墨西哥边境城市华雷斯市的三个小社区米永（El Millón）、特雷斯哈加雷斯（Tres Jacales）和耶稣卡兰萨（Jesús Carranza）的污水处理项目，美国环境署提供总成本的 30%，约 100 万美元的赠款，用于废水收集和处理基础设施。墨西哥国家水资源委员会和墨西哥州政府则承担剩余的项目费用。该项目可以防止每天约 88340 加仑的未处理废水直接排入格兰德河，为河下游的美国社区创造了更清洁、更健康的环境。② 2017 年，美墨边境水资源基础设施基金为 61 个饮用水和废水项目提供了 2.96 亿美元，其中，为墨西哥一侧提供了 37 个项目，总计 1.5663 亿美元。③ 此外，北美开发银行还将其部分留存收益用于通过"社区援助计划"为几乎没有偿债能力的社区提供赠款，大部分是墨西哥边境社区。

第三，美墨边境环境合作委员会建立了一项 1050 万美元的技术援助赠款计划——项目发展援助计划（PDAP），该计划由美国环境署资助，以帮助缺乏资源和技术的社区起草符合美墨边境环境合作委员会认证标准的项目建议书。④ 如果墨西哥社区证明它们没有足够的资金来推进完成美墨边境环境合作委员会认证项目所需的计划书，根据墨西哥边境社区的申请，美墨边境环境合作委员会提供人员和顾问，来帮助进行水资源以及环境规划，环境评估和财务评估，并准备认证申请。此外，由于美墨边境环

---

① EPA, *U. S. -Mexico Border Water Infrastructure Program Annual Report* 2017, México: EPA, 2017, p. 1.

② EPA, *U. S. -Mexico Border Water Infrastructure Program Annual Report* 2014, México: EPA, 2014, p. 2.

③ EPA, *U. S. -Mexico Border Water Infrastructure Program Annual Report* 2017, México: EPA, 2017, p. 1.

④ Robert Varady, et al., "The US-Mexico Border Environment Cooperation Commission: Collected Perspectives on the First Two Years," *Journal of Borderlands Studies*, No. 11, 1996, pp. 89 – 119.

境委员会要求环境影响评估提供的报告水平要比墨西哥政府所要求的报告要高,它要求政府对环境数据进行分析,而不仅仅是展现数据,以便有关各方可以对环境影响评估,因此美墨边境环境合作委员会为墨西哥利益相关者提供不同项目协调的建议和指导,并且还与美国环境署和墨西哥环境和自然资源部合作制定长期边境计划。此外,北美开发银行还设立了机构发展合作计划,帮助墨西哥的机构进行现代化改良和行政管理改善研究。根据 2005 年的数据,墨西哥 75.8% 的项目都得到了机构发展合作计划的援助。[①]

从北美开发银行的资助结果来看,从 1995 年到 2018 年的 23 年内,北美开发银行共给 250 个项目发放了贷款,其中 167 个项目涉及水和废水基础设施。占项目总数的 67%,可以说,水资源治理问题一直是北美开发银行资助的重点领域(见表 3-1)。这些项目中有 135 个位于墨西哥,多于美国(115 个)。北美开发银行给予墨西哥的融资水平也更高。截至 2018 年底,墨西哥获得了约 18.463 亿美元,而美国为 12.897 亿美元(见表 3-2)。因此,虽然在北美开发银行中,墨西哥和美国的出资额相同,但是在实际运营过程中,无论是贷款项目还是赠款项目,都略微向墨西哥倾斜。

表 3-1　　北美开发银行资助的项目领域(1995—2018)

领域	水资源	污染物处理	空气质量	城市基础设施	能源
项目数量(个)	167	25	18	4	36

资料来源:North American Development Bank, *Annual Report* 2018, 2018, p. 7.

表 3-2　　北美开发银行的资助项目情况(1995—2018)

州	惠及人口(人)	融资项目总数(个)	融资额
美国			
亚利桑那州	149668	22	2.0524 亿美元
加利福尼亚州	1686358	25	4.1286 亿美元
新墨西哥州	178061	11	0.41 亿美元
得克萨斯州	1469389	56	6.0539 亿美元
边境区域性项目		1	0.25 亿美元
美国总数	3483476	115	12.897 亿美元

---

① Liz Ileana Rodríguez Gámez, "Financiamiento de Infraestructura Ambiental en la Frontera México-Estados Unidos. La estrategia del BDAN," *Frontera Norte*, Vol. 19, No. 38, 2007, p. 184.

续表

州	惠及人口（人）	融资项目总数（个）	融资额
墨西哥			
下加州	2840000	31	4.1357 亿美元
奇瓦瓦州	1904092	31	1.8119 亿美元
科阿韦拉州	1061898	10	1.4662 亿美元
新莱昂州	4586048	11	2.7372 亿美元
索诺拉州	1753481	29	2.8189 亿美元
Tamaulipas 州	2117804	21	4.8294 亿美元
边境区域性项目		2	0.6632 亿美元
墨西哥总数	14263323	135	18.4625 亿美元

资料来源：North American Development Bank, *Annual Report* 2018, Texas: North American Development Bank, 2018, p.7.

除此之外，美国对墨西哥的援助还体现在美国领导美墨边境水利和环境科学联合研究，并为联合研究提供资金。

由于北美自由贸易协定谈判期间，美墨边界环境问题成为美墨两国高度关注的对象。为了更好地调研边境环境问题，以提出切实的解决方法，1989 年美国国会批准成立西南环境研究与政策联盟（SCERP），由美国国会拨款，并由美国环境署通过签订合作协议进行管理，以对边境地区的关键环境问题进行应用研究，其中最重要的是水资源问题。西南环境研究与政策联盟成员是美国边界大学及其墨西哥合作伙伴，由位于十个边境城市的 5 所美国院校（美国的亚利桑那州立大学、新墨西哥州立大学、圣迭戈州立大学、得克萨斯大学埃尔帕索分校、犹他大学）和 5 所墨西哥院校（墨西哥的北部边境学院、华雷斯技术学院、蒙特雷技术和高等教育学院、下加利福尼亚州自治大学、华雷斯自治大学）组成。西南环境研究与政策联盟从 1992 年到 2013 年[①]致力于美墨边境的环境问题研究，每年都形成一部以生态和水文水利技术为主的环境问题专著，一共 16 部，其出版的《美国—墨西哥边境环境：通往可持续发展的 2020 的路线图》《美国—墨西哥边境环境：双边水资源管理规划》等出版物为边境治理提

---

① 该联盟在运行了 16 年之后，于 2013 年解散。详见该研究中心的网站 https://irsc.sdsu.edu/scerp.htm，访问日期：2016 年 7 月 5 日。

供了翔实的数据资料，并成功地将科研成果转化为政策。① 美国政府墨西哥学生奖学金，鼓励墨西哥学生到美国边境大学的地理、环境工程、公共健康等专业学习，共同参与美墨边境水资源的治理工作，可以说，在水资源领域，美墨边境的大学联合形成了"技术共同体"，在提供边界水资源治理的技术专长和构建科学知识方面发挥了巨大的作用。

此外，在福特基金会的支持下，1997年8月，边境网络〔Red Fronteriza Pacto Fronterizo (Border PACT)〕成立于美国的亚利桑那州立大学，汇集了来自边界两边的65个高等教育机构和组织，鼓励它们以协调一致的方式关注边境问题，成为边境地区社会变革的推动者。1999年，边境网络首次开展了为两国联合项目提供资金的招标，边界两边的高等教育机构、社区组织、政府和商业组织之间的各种合作团体提交了总共57项建议，涉及环境、卫生、社区可持续发展等议题。其中，环境问题是重点。"边境地区工程和管理博士学位课程""边境地区公共卫生机构合作网络"等一系列关于边境地区水资源、环境和公共卫生的双边教育合作计划出台，也大大加深了边境融合程度。② 边境地区的研究人员形成了各种以边境问题为基础的研究网络。例如，来自美墨边境州各个学科的专家组成了布拉沃河协会（Asociacion Rio Bravo）和边境学者协会（Association of Borderlands Scholars），研究界河流域相关的问题。

随着北美自由贸易协定的日益深入，美墨边境人口的进一步增长，水资源压力的不断增大，跨界含水层在地下水利用和供水安全保障方面处于越来越重要的位置。《水条约》并未有条款专门针对地下水。因此，2006年，美国国会通过《美国—墨西哥边境含水层评估法》，通过此法，出台了跨界含水层评估计划〔Transboundary Aquifer Assessment Program (TAAP)〕，该法规计划，10年共用5000万美元，在美国地质调查局（USGS）的牵头下，通过美国国务院、边境州政府和边境州相关科研中心与墨西哥相关部门积极合作，开发有关跨界地下水的质量和数量的数据库并实现信息共享。墨西哥虽然不是签署国，但积极参与了美国领导的科学

---

① Paul Ganster, "Evolving Environmental Management and Community Engagement at the U. S. - Mexican Border," *Eurasia Border Review*, Vol. 5, No. 2, 2014, p. 32.

② Francisco Marmolejo, Leon Ernando, "La Educacin Superior en la Frontera Mexico-Estados Unidos: Convergencias y Divergencias," *Revista de la Educacion Superior*, Vol. XXIX, No. 115, 2000.

研究和信息共享。到 2013 年为止，美国拨出了约 200 万美元，墨西哥也提供了现金和实物服务的配套费用 200 万比索，约合 15 万美元。① 关于亚利桑那和索诺拉跨界含水层评估报告是美墨双方合作联合撰写，而不是各自写自己的，再汇总综合。甚至联合报告是先用西班牙语写，再翻译成英语。② 这充分体现了对墨西哥的特别照顾。这些科学领域的技术援助提高了美国在美墨边境水资源治理领域的软实力，同时也让墨西哥从中受益颇多。

综上所述，在跨界水资源治理合作中，美国并没有使用以支配力和强制为主的硬权力，而是强调以吸引性和引导性为主的软权力，利用具有丰富理论知识和实践经验的专家团队，形成了与美国理念一致的有关国际河流的认知，从而使得美国的治理理念在流域内得到了认同。美国的软权力对于美墨边境水资源治理规范和制度的形成以及实现流域和平非常重要。

三 墨西哥跨界水资源治理意愿与对美国的制度约束

在跨界水资源问题上，虽然美国在技术上、资金上都具有巨大优势，但是墨西哥并没有完全"搭便车"，而是通过认真履行 1944 年《水条约》中规定的义务，并且在环境问题上加大了治理投入，始终保持透明和沟通，展现了良好的国际形象，使得美国没有干涉墨西哥的借口，这在一定程度上形成了对美国的约束。

（一）墨西哥严格遵守《水条约》，履行输水义务

《水条约》为两国在美墨边境地区的水和边界问题上的互动提供了基础和框架，美国水资源研究专家史蒂芬·穆内（Stephen P. Mumme）认为，《水条约》对于协调美墨跨界水资源关系至关重要。没有《水条约》，两国之间达成一个公平、可持续的水资源治理的责任义务分担模式是不可能的。③《水条约》规定了输水的灵活性，以应对流域降水变化状况。在极端干旱的情况下，允许递延输水义务，到 5 年周期结束时偿还水债即

---

① Arroyo 2012, Border Water Source of Conflict and Cooperation, p. 9, https://wrrc.arizona.edu/sites/wrrc.arizona.edu/files/Arroyo-2012.pdf, 访问日期：2016 年 7 月 5 日。

② Sharon B. Megdal, Governance Asymmetries and Water Cooperation along the United States-Mexico Border, 3 September 2013, https://wrrc.arizona.edu/sites/wrrc.arizona.edu/files/pdfs/Governance_US_MX_Border_9_13.pdf, 访问日期：2016 年 7 月 5 日。

③ Stephen P. Mumme, "Revising the 1944 Water Treaty: Reflections on the Rio Grande Drought Crises and Other Matters," *Journal of the Southwest*, Vol. 45, No. 4, 2003, pp. 649-671.

可。美墨均遵照《水条约》进行界河的水权分配。

20世纪90年代，墨西哥边境遭遇极端干旱。根据《水条约》的规定，在每个五年期间，墨西哥必须向美国输送格兰德河水量21.59亿立方米。在1992—1997年的五年期间和1997—2002年的五年期间，墨西哥都未能履行这一义务，导致1992—2002年墨西哥累计输水赤字达到20.3亿立方米（见表3-3）。

表3-3　　　　1992—2002年墨西哥的输水义务以及水债　　　　单位：亿立方米

	条约规定的墨西哥输水义务	墨西哥实际向美国输送的水	墨西哥欠的水债
1992—1997	21.59	8.95	12.63
1997—2002	21.59	13.93	7.66
两个周期（1992—2002）	43.18	22.88	20.30

资料来源：Agenda Bilateral México-Estados Unidos：Avances y Temas Pendientes，Agosto de 2003，Senado de México，p.73，http://bibliodigitalibd.senado.gob.mx/bitstream/handle/123456789/1701/Agenda_Bilateral_MexEU.pdf？sequence=1&isAllowed=y，访问日期：2016年7月5日。

1997年，在IBWC的磋商下，美国同意将墨西哥的水债转入新的周期。但是到5年后的2002年夏天，墨西哥仍然因为干旱无法履行输水义务。墨西哥政府非常坦诚地从本国因素出发，分析了为何无法完成输水义务，原因有四点：（1）自然降雨减少；（2）用水效率低造成浪费；（3）水质污染；（4）含水层的过度开发。因此，墨西哥政府一方面承诺将投入5亿美元对边境水利设施进行投资，以达到节水的目的，一方面敦促与美国签订干旱应急合作协议。① 2005年，飓风带来的强降雨帮助墨西哥偿还了所有水债。自2013年4月以来，墨西哥再次遇到干旱，墨西哥时任总统涅托亲自指示其外交部和墨西哥水务委员会优先与IBWC和美国国务院协商，最终墨西哥在2016年全部偿还了水债。2020年，墨西哥北部边境州奇瓦瓦州再次遭遇干旱，该州农民拒绝向美国输水，并对水电站

---

① Los Problemas Estructurales de la Región Hidrológica del Río Bravo y el Cumplimiento del Tratado Internacional de Agua entre Mexico y Estados Unidos，http://www.diputados.gob.mx/sedia/sia/se/SIA-DEC-35-2002.pdf，访问日期：2016年7月5日。

发起了破坏性攻击。墨西哥总统奥夫拉多尔表示,《水条约》是美墨关系史中签订的最好的条约,因为美国每年都履行其输水义务,而给予墨西哥履行义务的期限是五年为一周期。① 奥夫拉多尔总统谴责为选举利益将水问题"政治化"的奇瓦瓦州政府,亲自安抚农民,寻找解决方式。② 2020年10月,美墨签订了 IBWC 第 325 号纪要。墨西哥承诺履行跨界河流的输水国际义务,同时美国也做出了让步,在纪要中加入了"在紧急情况、严重干旱或水力基础设施发生事故的情况下,出于人道主义原因允许墨西哥保留供人类生活所需的水"的条款。③ 总之,墨西哥秉持契约精神,积极寻找水债问题的解决方式。

(二) 墨西哥承担国际联合工程的建设、维护和运营资金

墨西哥政府在美墨界河治理的过程中,一直都秉持量力而为,承担一定的建设、维护和运营成本,而不是以预算有限为借口,拖欠工程款,要求美国全额援助。比如,根据 IBWC 第 296 号纪要,墨西哥可以每天运输最多 2900 万加仑的污水到南湾污水处理厂进行污水处理。IBWC 美国分部在每个季度都根据污水的流量向墨西哥政府按比例收取服务费。例如,在 2018 财年,墨西哥向 IBWC 美国分部支付了约 240 万美元用于废水处理。④

(三) 墨西哥积极游说美国,完善国内环境立法,加强环境治理机构建设

20 世纪 90 年代,为了使北美自由贸易协定得到美国国会批准,墨西哥做出了升级和执行其环境法律的承诺,并开展了关于墨西哥环境政策以及墨西哥政策正在采取的具体行动的宣传运动。该运动针对美国国会、环

---

① Marcos González Díaz, El Tratado por el que México le Debe Agua a Estados Unidos (y por qué Ahora Genera Enfrentamientos en la frontera), https://www.bbc.com/mundo/noticias-america-latina-54127089, 访问日期: 2020 年 11 月 28 日。

② Marcos González Díaz, El Tratado por el que México le Debe Agua a Estados Unidos (y por qué ahora genera enfrentamientos en la frontera), https://www.bbc.com/mundo/noticias-america-latina-54127089, 访问日期: 2020 年 11 月 28 日。

③ Alma E. Muñoz y Alonso Urrutia, México Firma Acuerdo y Salda Deuda de Agua a Estados Unidos, https://www.jornada.com.mx/ultimas/politica/2020/10/23/mexico-firma-acuerdo-y-salda-deuda-de-agua-a-estados-unidos-2524.html, 访问日期: 2020 年 11 月 28 日。

④ General Accounting Office (GAO), *International Boundary and Water Commission: Opportunities Exist to Address Water Quality Problems*, GAO-20-307, Washington, D.C.: General Accounting Office (GAO), 2020, p. 27.

境组织、研究机构、媒体记者等。①

1992年墨西哥成立联邦环境保护办公室。该机构负责检查边境加工厂，确定它们是否符合排放污染物的法律标准，以显示墨西哥对环境保护的承诺。1994年12月，墨西哥创建了环境、自然资源与渔业部（该机构后来更名为墨西哥环境和自然资源部），取代原来的渔业部，监督环境法的履行。六名墨西哥著名的环境保护主义者，其中大多数是大学研究人员，被任命为环境、自然资源与渔业秘书部的最高负责人。墨西哥环境和自然资源部的地位不断提升，在1990年，墨西哥环境和自然资源部是一个拥有大约1000名雇员的副部级单位，到1994年，成为内阁级机构，到2000年后期，已经拥有大约3万名雇员。1988—1993年，在短短的五年内，墨西哥的环境执法预算从66亿美元增加到770亿美元，墨西哥和美国边境地区的环境检查员人数从50人增加到200人。1992—1994年，墨西哥官员对工业设施进行了16000多次评估。② 墨西哥临时或最终关闭了多家位于美墨边境的违反环境法规加工厂，对新设立的公司也要求采用更加严格的环境影响评估标准。③ 此外，1993年8月，墨政府还成立了墨西哥环境法中心（CEMDA）。与美国组织相比，墨西哥环境法中心甚至比美国的环保组织更热衷于参与北美环境合作委员会的活动，与北美环境合作委员会保持了密切合作。④ 墨西哥时任生态部副部长塞尔吉奥·雷耶斯·卢扬（Sergio Reyes Luján）多次前往美国与对美国对环境问题感兴趣的人进行研讨会或访谈。时任墨西哥总统萨利纳斯访问美国边境城市，对边境公民关注的环境问题做出回应和承诺。

在北美自由贸易协定签署之后，墨西哥政府也没有放松对边境水域环境问题的监管。为了应对气候变化和保障水资源安全，墨西哥在2012年

---

① Blanca Torres, "la Cuestión del Medio Ambiente en La Agenda Bilateral (1991 – 1992)," en Gustavo Vega Cánovas, ed., *México-Estados Unidos-Canadá*, Mexico: Colegio de Mexico, 1993, p. 393.

② Mexican Environmental Laws, Regulations, and History, https://insights.tetakawi.com/mexican-environmental-laws-unenforced-turmoil-or-evolving-success.

③ Blanca Torres, la Cuestión del Medio Ambiente en La Agenda Bilateral (1991 – 1992), en Gustavo Vega Cánovas ed. *México-Estados Unidos-Canadá*, Mexico: Colegio de Mexico, 1993, Ibid., p. 420.

④ Mark Aspinwall, "NAFTA-ization: Regionalization and Domestic Political Adjustment in the North American Economic Area," *Journal of Comon Market Studies*, Vol. 47, No. 1, 2009, p. 17.

就批准出台了《气候变化总法》，这使墨西哥成为在气候变化领域制定法律的第一个发展中国家，[1] 展现了墨西哥在国际舞台上的良好形象。除了立法方面的进展外，联邦政府还制定了不同的战略，例如《国家气候变化战略愿景 10 - 20 - 40》《2014—2018 年气候变化特别计划》和《2014—2018 年使用可再生能源特别计划》都特别提到了美墨边境科罗拉多河的问题。《国家气候变化战略愿景 10 - 20 - 40》中对水资源进行了以下规定：在 20 年内应该有足够的基础设施来进行可持续和有效的水资源管理，并且要有效地利用水资源这将有助于恢复水体的生态和物理功能，而在 40 年的时间里，应通过可持续和有效利用水以及保护和可持续利用生态系统来确保水平衡。[2] 在地方层面，许多墨西哥州已经发布了州气候变化法律和计划。特别是美墨边境地区，下加利福尼亚州自 2012 年以来制定了《预防、缓解和适应气候变化法》《促进能源效率法》和《可再生能源法》，州政府一直在积极促进从科罗拉多河以外的水源获取水，优先建设海水淡化厂。索诺拉州则出台了《促进可再生能源和能源效率的法律》和《促进保护水文化的法律》。[3]

总之，墨西哥虽然在各个方面的能力和资金上都存在短板，但是墨西哥政府严格遵守 1944 年《水条约》，并且在水资源环境治理方面走在世界的前列，展现了良好、负责的国际形象，有礼、有节地限制了美国在水资源问题上对其施压。

四　北美环境合作委员会的协调

在边境水问题上，由于美国的自我约束、墨西哥的改革努力，双边都将秉持友好和协商的原则，因此，在双边合作的范围内，美墨双方能够解决大部分的冲突。尽管如此，北美自由贸易协定的平行协议——北美环境合作协议，成立了由美国、加拿大和墨西哥共同参与的超国家机构——北

---

[1] María Obdulia Llano Blanco, "Aguas Transfronterizas y Cambio Climático: el Caso Del Río Colorado," en Rosalía Ibarra Sarlat, ed, *Cambio Climático y Gobernanza. Una Visión Transdisciplinaria*, Mexico: Universidad Nacional Autónoma de México, 2019, p. 250.

[2] Gobierno de la República, *ENCC* 2013. *Estrategia Nacional de Cambio Climático. Visión 10 - 20 - 40*, México: Gobierno de la República, 2013, p. 23.

[3] María Obdulia Llano Blanco, Aguas Transfronterizas y Cambio Climático: el Caso Del Río Colorado, en Rosalía Ibarra Sarlat, ed, *Cambio Climático y Gobernanza. Una Visión Transdisciplinaria*, Mexico: Universidad Nacional Autónoma de México, 2019, p. 251.

美环境合作委员会,为美墨边境水资源环境治理问题提供另一条解决途径,巩固了美墨边境水资源合作。

北美环境合作委员会是一个由美、加、墨三国环境部长负责的环境治理机制。北美环境合作委员会由理事会、秘书处和联合公众咨询委员会(JPAC)三个机构组成。美加墨三国每年给予北美环境合作委员会300万美元的会费,其目标是通过合作,改善北美地区的环境,促进可持续发展,并促进公众参与污染预防和环境保护项目以及监管各国环境法律的履约情况。北美环境合作委员会虽然不直接管辖美墨边境的水资源问题,但是从以下方面,直接或间接地帮助墨西哥提高边境水资源治理能力。

第一,提供项目建设资金。1995年10月,北美环境合作委员会的理事会指示秘书处设立北美环境合作基金(The North American Fund for Environmental Cooperation,简称NAFEC),支持有关环境保护的地方性工程项目,其中就包括美墨跨国水资源圆桌会议。[1] 该项目一直运行到2003年,共为196个项目提供了936万美元的援助资金,还带动了其他来源的500万美元的补充资金。[2] 北美环境合作基金的拨款大约有16%都给予位于美墨十个边境州的项目,五分之一的项目都位于美墨边境。[3] 北美环境合作基金填补了美墨边境跨界资源管理的空白。此外,北美环境合作委员会还与墨西哥中小企业签订了资助其治理污染的项目,使得墨西哥企业成为直接受益人。

第二,提供培训和机构能力建设。北美环境合作委员会的年度工作计划主要包括加强国内环境法律和计划的实施、提高机构透明度、提高资金利用效率、提供培训,并帮助建立数据收集的标准化程序,这些工作基本都是帮助墨西哥提高机构能力。北美环境合作委员会还帮助墨西哥环境和自然资源部建立风险评估指南,帮助制定技术标准和测试水质样品。[4] 墨

---

[1] 佘群芝:《北美自由贸易区环境合作的特点》,《当代亚太》2001年第6期。

[2] Pierre Marc Johnson, Robert Page, Jennifer A. Haverkamp, John F. Mizroch, Daniel Basurto, Blanca Torres, *Ten Years of North American Environment Cooperation*, *Report of the Ten-year Review and Assessment Committee to the Council of the Commission for Environmental Cooperation*, Washington, DC: The North American Commission for Environmental Cooperation, 2004, p.41.

[3] David L. Markell, John H. Knox, *Greening NAFTA: The North American Commission for Environmental Cooperation*, Stanford: Stanford University Press, 2003. p.171.

[4] John Gilbreath, *Environment and Development in Mexico*, Washington, DC: CSIS, 2003, pp.54–55.

西哥环境和自然资源部将其最优秀的官员对接北美环境合作委员会的工作，因为这是可贵的学习机会。[①] 北美环境合作委员会促进了墨西哥环境机制建设，给予墨西哥升级信息数据收集和扩散能力的资金，帮助墨西哥建立环境监管结构和程序，包括直接通过资助进行能力建设以及通过非政府组织成员和公务员参加三边活动来从而间接获得帮助。北美三国学者和政府官员都认为，北美环境合作委员会对于提升墨西哥的环境机构能力至关重要。由于墨西哥环境和自然资源部的认可，北美环境合作委员会能够经常接触到的墨西哥高层官员以及企业高层比在美国多很多。[②] 这大大帮助了北美环境合作委员会在墨西哥开展工作，并对墨西哥提出环境方面的有效建议。

第三，帮助墨西哥政府适应公众参与和咨询机制。北美环境合作委员会致力于提高公众的环境保护意识，保证各国环境法规的执行及执行过程中的透明度。为此，北美环境合作委员会成立了由来自美加墨三个国家的15位来自学界、私有企业和跨国非政府组织组成的公众联合咨询委员会（JPAC），负责向理事会就环境事务提供咨询，促进公众参与环境合作。联合公众咨询委员会每年就各种环境论题开展公众咨询，包括年度工作计划和北美环境合作委员会的预算。该机构直接向北美环境合作委员会的最高决策机构——理事会报告，有权向理事会提供相关的技术和科学信息。公众联合咨询委员会在理事会每年例会时至少聚会一次。[③] 北美环境合作委员会建立起公众参与机制，它发行了27种出版物，建立了一个北美环境网站，提供有关环境法规、一般性环境新闻以及数据库等信息，成为沟通个人与政府机构的重要渠道。由于北美环境合作委员会鼓励政府与公民社会合作，墨西哥环境和自然资源部成为墨西哥最透明和开放的部门。通过政府和公民组织持续的沟通，墨西哥环境机构对非政府组织的批评也更

[①] Pierre Marc Johnson, Robert Page, Jennifer A. Haverkamp, John F. Mizroch, Daniel Basurto, Blanca Torres, *Ten Years of North American Environment Cooperation*, *Report of the Ten-year Review and Assessment Committee to the Council of the Commission for Environmental Cooperation*, Washington, DC: The North American Commission for Environmental Cooperation, 2004, p. 15.

[②] Pierre Marc Johnson, Robert Page, Jennifer A. Haverkamp, John F. Mizroch, Daniel Basurto, Blanca Torres, *Ten Years of North American Environment Cooperation*, *Report of the Ten-year Review and Assessment Committee to the Council of the Commission for Environmental Cooperation*, Washington, DC: The North American Commission for Environmental Cooperation, 2004, p. 40.

[③] 佘群芝：《北美自由贸易区环境合作的特点》，《当代亚太》2001年第6期。

为开放，不再需要专门挑选"友好"的非政府组织去参加北美环境合作委员会会议。且不论"民主"对于墨西哥是否有益，但是在环境治理这个议题上，墨西哥的政府决策过程的透明化得到了墨西哥公众的支持。

第四，非强制性整改。北美自由贸易区环境合作机制的一个独特方面在于它允许成员国的公民或组织向北美环境合作委员会秘书处提出申诉，对国家未履行环境法规的监管义务提出投诉。这种公众直接向国际组织提出申诉其国家政府的环境问题，在国际组织中是罕见的。但北美环境合作委员会的报告没有制裁权，没有强制性，并不能强迫被提起申诉的国家进行改革。

根据北美环境合作协议的规定，当出现争议时，先在各方间进行磋商，如果磋商没有结果，则由北美环境合作委员会发挥作用来解决。北美环境合作委员会先开展调查，并安抚利益受损一方，最后由五位环保法律和国际争端调解专家组成的小组来裁决。如果存在连续性违反环保法规的现象，双方还有机会达成一个行动计划，如果这一计划规定的义务还未能得到履行，裁决专家小组可在一定数额限制内决定向违反方征收罚款。所有罚款进入一个基金，用于环境保护或环保法规的实施。很显然，这种争端解决机制因有一系列协商的步骤来解决争议，因此很难走到制裁的阶段。① 墨西哥政府不接受外部干涉，而北美环境合作委员会争端解决的主要手段是合作，并不是制裁。这种非强制性的环境整改可以灵活地督促墨西哥政府，同时不损害墨西哥的主权。

总之，尽管北美环境合作委员会面临预算短缺、缺乏长期战略等问题，但是北美环境合作委员会在北美环境合作协议的框架下，高度尊重成员国主权，秉持协商的原则，注重帮助墨西哥改善环境立法，对环境和自然资源部的能力建设提供指导，促使生产者保护环境，并鼓励社会民众参与到决策制定的过程中，这与墨西哥民主化进程的要求是一致的。② 有学者指出，在这个过程中，墨西哥是最大的受益者。③ 1997 年，美国政府问

---

① 李寿平：《北美自由贸易协定对环境与贸易问题的协调及其启示》，《时代法学》2005 年第 5 期。

② SEMARNAT, *Programa Sectorial de Medio Ambiente y Recursos Naturales*, 2007 – 2012. Ciudad de México: SEMARNAT. 2007, p. 135.

③ Pierre Marc Johnson, Robert Page, Jennifer A. Haverkamp, John F. Mizroch, Daniel Basurto, Blanca Torres, *Ten Years of North American Environment Cooperation*, *Report of the Ten-year Review and Assessment Committee to the Council of the Commission for Environmental Cooperation*, Washington, DC: The North American Commission for Environmental Cooperation, 2004, p. 13.

责局在报告中指出，北美环境合作委员会是使墨西哥政府发展更透明的监管框架，保证墨西哥环境法有序实施的催化剂。[1] 墨西哥国内不少学者也认可北美环境合作委员会对墨西哥环境执法做出的贡献。比如墨西哥学院的学者托雷斯（Blanca Torres）认为，北美环境合作委员会促成了墨西哥国内对于政治辩论的透明和开放，提升了墨西哥政府的数据收集能力，促成了三个国家之间的标准化和一致化。尽管这些数据收集方式大部分是美国环境署使用的方式，但是仍然在一定程度上帮助墨西哥政府提高了治理能力。[2] 总之，北美环境合作委员会与墨西哥政府以及非政府组织合作，在提高墨西哥政府决策透明度方面获得了不少赞誉。

第三节 美墨跨界水资源治理合作的绩效

美国和墨西哥边境地区存在不同的法律、机构和管理制度，这使得对跨界水资源的协调管理是充满挑战的。然而，冷战后，美墨两国维持了1944年《水条约》架构，将冲突的解决委托给专家负责的 IBWC 这个双边磋商机制。同时，根据新局势和需要，成立了对水资源基础设施金融融资和管理的双边决策机构，使得在出现冲突的时候，有固定的对话机制和争端解决路径。因此，边境水资源治理总体上讲是成功的。美墨也达成了各自的合作目标，实现了利益的平衡。

一 美国合作利益的全面实现

一方面，美国在水权和水量领域获得确定性，维持了相对优势。1944年，美墨签订《水条约》时，墨西哥受其下游地位的限制，只能同意接收科罗拉多河10%的水权。这在一定程度上影响和限制了科罗拉多河下游的华雷斯市的发展。而为了与美国达成科罗拉多河的水权协议，墨西哥不得不将在得克萨斯州埃尔帕索下游60英里处的奎特曼堡下方进入格兰

---

[1] General Accounting Office (GAO), *North American Free Trade Agreement: Impacts and Implementation*, GAO/T – NSIAD – 97 – 256, Washington, D.C.: General Accounting Office (GAO), 1997, p. 22.

[2] Blanca Torres, "The North American Agreement on Environmental Cooperation: Rowing Upstream," in Carolyn Deere, Daniel Esty, eds., *Greening the Americas: NAFTA' Lessons for Hemispheric Trade*, Mass: MIT Press, 2002, pp. 201 – 220.

德河水域的 6 条支流的水量的三分之一给予美国，作为获取科罗拉多河水量的交换。美国的理由是美国的发展程度高于墨西哥，因此需要更多比例的水权。在当时，美墨的水权分配地区可以满足墨西哥边境一侧的用水，参加墨西哥参议院关于该条约的听证会的大多数墨西哥水利专业人士和外交官员都对《水条约》表示满意，因为《水条约》量化了墨西哥能够从科罗拉多河中获取的水量，这对于墨西哥当时的目标来说足够了。而 20 世纪七八十年代以来，墨西哥边境一侧的人口激增，水资源的需求大大增加，加上近年来美墨边境遭遇的干旱，墨西哥用水紧张。然而，作为弱国，墨西哥并没有可以与美国发起重新谈判的筹码，墨西哥只能在《水条约》框架下寻找影响美国政策的机会。可以说，美国继续在界河水权方面保持优势。

另一方面，美国倡导公众参与的水资源治理合作模式与美国在墨西哥推行的民主、自由的价值观是一致的。随着北美自由贸易协议而建立起来的美墨边境环境合作委员会和北美环境合作委员会都要求将非政府组织纳入决策过程，提高公众的参与度和机构问责制。这种强调公众参与的治理合作是与美国一直在墨西哥推行民主的目标相符的。墨西哥民众参与到美墨边境水资源治理的过程中，增强了墨西哥民众对信息获取的权利和意识。

二 墨西哥合作利益的全面实现

首先，除了与美国达成了水权水量的确定性之外，通过美墨的一系列制度化的安排，墨西哥成功抵制了美国单边主义行动，维护了在边境地区处理发展和环境之间平衡关系的自主决策权。此外，在边界水资源问题上，美墨两国严格按照 1944 年的《水条约》，使用更多的技术性和针对性强的解决方案，美国并没有对墨西哥施加强制性的统一的水质标准。[1]如果美国以美国的水质标准来要求墨西哥改革国内的水资源立法，那么，以发达国家的环保标准来要求发展中国家显然是不公平的，会大大影响墨西哥的自主发展。

---

[1] Andrea Olive, "Assessing Intergovernmental Institutions and Transnational Policy Networks in North American Resource Management: Concluding Remarks," *Review of Policy Research*, Vol 32, No. 1, 2015, pp. 163 – 169.

其次，墨西哥得到了美国的一定的援助。在20世纪80年代，为了寻求圣迭戈的蒂华纳河的污水问题，美国环境署的官员向国务院管理和预算办公室寻求支持，但是却遇到了极大的阻力。美国政府强烈反对对墨西哥污染问题进行资金上的援助。他们警告说，如果美国提供污水处理援助，就会对其他跨境水资源污染和其他跨界环境污染问题提供一个不可接受的先例。既然墨西哥是污染的造成者，那么墨西哥人应该解决这些问题。[①]然而，最终，墨西哥通过与美国磋商，提出合理要求，说服了美国承担更大的跨界水资源基础设施的资金和成本，对墨西哥的水利基础设施进行了一定的援助。

最后，虽然墨西哥为了签署北美自由贸易协定，被迫对边境环境问题加大投入力度，但是最终美国并没有强制让墨西哥承担起所有边境环境基础设施建设的费用，而是创建了美墨边境环境合作委员会和北美开发银行这两个机构平等协商，对墨西哥的环境治理能力进行培训，在资金方面予以援助。同时，美国环境署资助的边境水资源基础设施基金已为在墨西哥一侧的多个项目提供资金，大大改善了边境地表水和地下水的质量，切实改善边境地区的水环境条件和人们生活的状况，尤其使墨西哥边境一侧的小镇收益。例如，2017年，墨西哥索诺拉州的阿瓜普列塔（Agua Prieta）、诺加莱斯（Nogales）和圣路易斯里奥科罗拉多（San Luis Río Colorado）以及亚利桑那州的尤马（Yuma）和诺加莱斯（Nogales）获得了北美开发银行的2.06亿美元资金用于环境基础设施建设和维护，这远高于他们自己的财政收入。其中，2017年圣路易斯里奥科罗拉多（San Luis Río Colorado）市政府获得了1.1亿美元的融资和无偿赠款，用于与水、固体废物和空气质量有关的9个基础设施项目。而该市的财政收入仅为1.553亿比索。可以说，如果没有美墨边境环境合作委员会和北美开发银行的帮助，圣路易斯里奥科罗拉多这样的墨西哥小城市市政府就没有机会在污水和卫生基础设施的发展方面取得进展。

本章小结

虽然跨国水资源时常是国家间冲突的来源，但是美墨两国在跨界水资

[①] Joseph Nalven, "Transboundary Environmental Problem Solving: Social Process, Cutlural Perception," *Natural Resources Journal*, Vol. 26, No. 4, 1986, p. 797.

源问题上秉持协商、友好的原则,超越分歧,解决冲突,使得美墨两国的利益都有所实现。在不对称地区达到这样的治理效果实属不易。根据管理非对称关系的分析框架,可以发现,美墨边境水资源关系从以下四个方面进行了管理,成为边境水资源合作成功的关键。首先,美墨建立起了长期、稳定的互信磋商机制。IBWC 是美墨跨界水资源研究、调查和开发与水和国际边界有关的跨界问题的解决方案的权威。自 1945 年以来,美墨已经签署了超过 328 个会议纪要,解决了一系列实施问题。这一"微小的累积过程"使美墨政府能够将《水条约》的影响范围扩大到最初未曾设想的领域,包括水质、地下水、环境保护和生态恢复问题等。这表明了 IBWC 的适应能力,以能够灵活解决争端并应对新出现的挑战。同时,随着北美自由贸易协定的签署,美墨边境合作委员会和北美开发银行与通过跨国委员会的方式,秉持友好、平等的协商原则,对美墨边境环境基础设施提供融资。这样的机构伙伴关系不是一朝一夕就能建立的,有效地缓和了非对称国家之间的结构性错误知觉。其次,美国在边境水资源问题上进行了较为有效的自我约束,并在融资合作中,给予墨西哥一定的援助。美墨跨界水资源合作正是得益于 IBWC 美国分部不受美国政党政治的挑战和地缘政治的影响,始终坚持以技术为主导,使得科学家和工程师在制定和实施解决方案中起领导作用。IBWC 要求主任是工程师,会议纪要中包含水文模型和其他科学工具,以佐证公布的数据,并且透明公开,接受公众的监督。科学家的领导确保了边境水资源治理的长期的稳定性和信誉保证。此外,由于墨西哥政府缺少开发和维护水资源基础设施的资金,美国相对低调地,基于墨西哥的需求,给予了墨西哥一定的援助,并没有借助援助干涉墨西哥内政和主权,得到了墨西哥政府和民众的认可。再次,墨西哥在边境水资源问题上拥有良好的履约和改革意愿,保护环境符合墨西哥民众的要求,也符合墨西哥民主化进程的潮流。墨西哥的遵约对于美国来说,也是一种约束,使得美国难以找到借口来干涉墨西哥主权和内政。最后,由加拿大参与的北美环境合作委员会为美墨边境水域环境问题冲突提供了补充性的解决渠道。北美环境合作委员会为墨西哥的水资源治理和环境治理提供资金、技术,帮助墨西哥环境和自然资源部加强机构能力建设,使其成为墨西哥政府机构中最透明和开放的机构,从而确保墨西哥环境政策的有效执行。

在这四个因素的共同促进下,美墨两国的利益都得到了一定程度的实现。美墨实现了水权水量的确定性，美国在跨界水资源治理领域保持了优势地位，在一定程度上将民主和问责制的价值观传播给墨西哥的环境治理机构。同时，墨西哥则得到了美国对边境水资源研究以及基础设施建设的有限援助，切实改善边境地区的水环境条件，因此，在跨界水资源问题上美墨两国实现了较成功的合作。

第四章

美墨禁毒合作

毒品问题是美墨关系中最重要的议题。由于邻靠美国这个巨大的毒品消费市场，冷战后，墨西哥不仅是重要的大麻和鸦片生产地，也是南美洲安第斯地区的毒品运往美国的重要中转站。20世纪80年代和90年代初美墨禁毒合作的程度较低。其主要原因是墨西哥遵循传统的民族主义外交政策，抵制美国以毒品问题为由干涉墨西哥的主权。而美国政府总是诉诸直接干预墨西哥的政策，而不愿与他们认为腐败和低效的墨西哥政府合作。90年代开始，美国和墨西哥政府达成了毒品问题"安全化"的共识，携手合力打击毒品犯罪，但是并未得到理想的绩效。本章从管理非对称合作的四个条件的角度来研究美墨禁毒合作不甚理想的原因。

第一节 美墨禁毒合作的意愿和困境

减少毒品流动，打击毒贩，解决与毒品相关的暴力问题，改善墨西哥的治安状况以免暴力外溢到美国是美墨两国禁毒合作的共同目标。尽管两国都希望解决毒品贩运问题，但是两国在如何打击毒品问题上存在诸多利益分歧。

一 共同利益

美墨两国在跨国禁毒问题上存在共同目标，即控制毒品贩运、打击跨国贩毒组织、解决毒品问题相关的暴力问题。正是因为美国和墨西哥之间存在利益趋同，两国在冷战后就毒品问题建立起合作。

自1971年尼克松总统宣布发动毒品战争以来，美国便在世界各国开展禁毒外交。美国的"禁止主义"主张着重于对毒品的供给端进行严格控制,对非法的毒品生产者、走私者、经销商与消费者实施惩治。总的来说,美国的禁毒目标包括拦截毒品流入美国、铲除主要贩毒组织、着眼于毒品贸易与其他潜在跨国威胁之间的联系,包括恐怖主义、打击贩毒者、毒品恐怖分子及犯罪分子的非法牟利和洗钱活动、协助外国政府加强禁毒执法。

在墨西哥方面,20世纪90年代中期开始,打击毒品贩运才成为墨西哥安全议程中的主要问题。① 在20世纪90年代之前,尽管墨西哥一直是大麻和鸦片的生产国,但是墨西哥执政党革命制度党与毒贩之间形成了"黑帮和平"的模式,即革命制度党官员对本国贩毒活动表现出高度的容忍度,允许毒贩在美墨边境进行毒品走私,换来贿赂。而毒贩同意不在墨西哥境内实施暴力和售卖毒品,不挑战国家或地方当局的权威,不影响治安稳定即可。② 因此墨西哥政府并没有强烈的打击毒品贩运的意愿。80年代,墨西哥爆发债务危机,经济衰退使得执政党革命制度党的治理能力下降,墨西哥政府与毒贩之间的协调网络开始瓦解。在1990年至1998年的八年中,以执政党革命制度党成员为市长的城市数量下降。由于无法维持以前的自上而下的统一政策,联邦政府开始无法控制毒品暴力局面。同时,由于美国在哥伦比亚开展大规模反毒行动,加大了对经过加勒比海从哥伦比亚到佛罗里达的毒品贩运路线的控制,毒品贩运转向通过墨西哥的陆路路线。墨西哥成为重要的毒品过境国,利润也大大增加。墨西哥出现了差异化更大、竞争力更大、暴利的毒品卡特尔。墨西哥政府较弱的治理能力,无法控制国内治安稳定。墨西哥国内因毒品问题导致的暴力事件激增,墨西哥边界上的两个主要城市新拉雷多和蒂华纳甚至呈现出"失败国家"特征。③ 墨西哥国内治安问题,影响了执政党的声誉,甚至影响其选举议程、国际形象,不论是哪个政党上台,都必须做出解决国内毒品暴力问题的承诺,才能够获得民众的选票。

---

① Jorge Chabat, "La Respuesta del Gobierno de Felipe Calderón ante el Desafío del Narcotráfico: entre lo Malo y lo Peor," en Arturo Alvarado, Mónica Serrano, eds., *Los Grandes Problemas de México XV: Seguridad Nacional y Seguridad Interior*. México: El Colegio de México, 2010, p. 23.

② Peter Andreas, "The Political Economy of Narco-Corruption in Mexico," *Current History*, No. 97, 1998, pp. 160–165.

③ Steven E. Hendrix, "The Merida Initiative for Mexico and Central America: The New Paradigm for Security Cooperation, Attacking Organized Crime, Corruption and Violence," *Loyola University Chicago International Review*, Vol. 5, No. 2, 2008, p. 108.

二　利益分歧

尽管毒品贩运的跨国性质意味着解决毒品问题国家之间必须进行合作，但是美墨在禁毒合作上存在较大的利益分歧。美国的利益在于拦截毒品，阻止毒品流入美国国内；而墨西哥的利益在于消除毒品引发的治安问题，解决贫困人口的生计，维护政权的稳定。

1. 美国在墨西哥毒品问题上开展全面合作一直犹豫不决。其主要原因是美国缉毒局认为，墨西哥政府机构腐败且低效，会对禁毒效果起负面作用。如果美国采取单边主义政策可以禁止毒品流入美国，那么美国就不愿意与墨西哥有过多互动和接触。因此，在20世纪90年代中期之前，美国一直采取单边主义行动。首先，美国采取严格的边境执法检查和军队拦截，甚至关闭边境，制止毒品通过美墨边境流入美国国内。军方在边界地区的禁毒工作中发挥新的和不断扩大的作用，其重点是提供高科技设备，在边境地区进行监视行动和演习，起到威慑的作用。其次，美国缉毒情报人员经常充当"跨国警察"，前往墨西哥收集情报、开展行动、抓捕毒贩。1985年，美国缉毒局特工恩里克·卡马雷纳（Enrique Camarena）在墨西哥执行任务时被谋杀，墨西哥政府才知道有30个美国缉毒局特工在墨西哥境内行动。最后，进行域外干预。从里根时代起，美国就交替使用威慑和制裁手段，强迫禁毒不力的国家加大禁毒力度。1986年，美国国会出台"打击毒品认证程序"，国会制裁那些打击毒品不力的国家。

虽然美国偏向单边主义行动，但是毒品作为跨国问题，还是需要墨西哥政府的合作。美国希望在与墨西哥合作的过程中实现以下利益：一方面，遵从是美国对美墨禁毒合作的原则性诉求。美国希望借禁毒之名，将墨西哥纳入长期安全合作伙伴。2007年，美国参议院外交关系委员会向国会提交的报告就指出，"梅里达倡议"是难得的机会，可以为与墨西哥在共同议程上的未来持续合作奠定基础。[①] 也就是说，美国援助墨西哥的目的并不仅仅是打击毒贩，而是以毒品为纽带，加强与不愿与美国形成长期合作关系的墨西哥的安全合作关系，使墨西哥成为美国全球安全战略中

---

① US Senate Committee on Foreign Affairs, *The Merida Initiative: Guns, Drugs, and Friends, A Report to Members of the Committee on Foreign Relations United States Senate One Hundred Tenth Congress First Session*, Washington, D. C.: US Senate Committee on Foreign Affairs, 2007, p. 1.

的可靠伙伴。另一方面，美国国会坚持将人权、法治、透明度和问责制等价值观纳入禁毒合作方案中，从而渗透到墨西哥的政治生态中。

对于墨西哥来说，禁毒的原则性诉求是形成"墨西哥化"的禁毒模式，达成禁毒和社会治安稳定之间的平衡。美国经常以禁毒不力来向墨西哥施压。但是美国并不了解墨西哥的国内错综复杂的社会局面以及历史成因，导致墨西哥不得不承受暴力禁毒的负面效应。由于墨西哥缺少制衡美国单边主义行动的能力，因此，与美国达成正式的禁毒合作协议，通过建立起一系列合作制度，来制约美国的行为，防止美国将禁毒作为"地缘政治控制"的工具来干涉墨西哥内政。约束美国侵犯主权的行为，从而保障政策的独立自主性，是对墨西哥政府来说是较为现实的一条路径。

2. 毒品暴力是跨国问题，美国在毒品需求和枪支供应方面存在不可推卸的责任。在美墨边境沿线的美国一侧，约有6700家授权枪械经销商。在2004—2008年，从墨西哥毒贩处收缴的90%的非法枪支都来自美国。而且70%来自美国的三个边境州，其中39%来自得州、20%来自加州、10%来自亚利桑那州。[①] 墨西哥贩毒组织从美国非法取得军火和枪支，大大加强了毒品犯罪活动的暴力程度，影响墨西哥国内治安。来自美国的非法枪支是导致墨西哥国内暴力问题的最重要因素之一，但是墨西哥的政府能力、情报机制、警察和司法系统较弱，缺乏资金来提高执法人员的装备，单靠墨西哥政府的财政收入，无法解决毒品暴力，因此，墨政府要求美国政府提供援助，要求美国承担起作为非法武器的供应国应尽的责任和义务。

综上所述，实施"墨西哥化"的自主禁毒策略，同时要求美国加强非法武器贸易管制，提供必要经济援助，是墨西哥对美墨禁毒合作的主要诉求。

第二节　管理美墨禁毒合作的条件

美国与墨西哥的边境禁毒合作以2006年"梅里达倡议"的出台为界限可以分为两个阶段。2006年"梅里达倡议"出台，2010年升级成为

[①] "La Guerra de México contra las Drogas, en Datos," https://cnnespanol.cnn.com/2016/01/08/la-guerra-de-mexico-contra-las-drogas-en-datos/，访问日期：2017年12月5日。

"超越梅里达倡议"，美墨禁毒合作的强度上升到前所未有的层次。然而，美墨禁毒合作虽然取得一定成效，但不断产生冲突，导致毒品问题不能得到彻底解决。本节从管理不对称合作的四个条件中寻找美墨禁毒合作无法得到预期成效的原因。

一 互信磋商机制与单边行动交错进行

在 20 世纪 90 年代之前，美墨禁毒因为缺乏制度化的合作，缺乏相互信任，导致联合禁毒行动基本以失败收场。比如，在 80 年代，两国禁毒人员共同组成的北部边境反应部队（Northern Border Force Response）试图在墨西哥北部边境的不同地点设置七个具有快速反应能力的移动执法基地，用于取证调查以拦截和逮捕毒贩。在试点项目启动的第一天，大量毒品被拦截。然而，美国政府提供的资料显示，由于两国政府之间冗长的谈判、缺乏合作精神以及墨西哥人员不熟悉美国提供的军事装备，随后，该方案的执行出现了延误，移动执法基地并没有建立。结果，毒贩迅速改变了贩运路线，合作并未取得重大成果。[①] 后来，美军战斗机不断侵犯墨西哥领空，墨西哥政府叫停了该合作项目。可以说，到 80 年代末，美墨禁毒合作一直是"施压—反应"模式，即美国施压，墨西哥疲于应付，美墨之间缺乏制度化的沟通和合作。90 年代开始，墨政府主动与美国构建制度化的互信禁毒磋商机制，但是美国从未放弃单边行动。

（一）1994—2006 年：被美国单边行动打断的美墨互信磋商机制

在墨西哥塞迪略总统（1994—2000）的六年任期内，美墨两国的禁毒合作开始走向制度化。塞迪略总统认为，1995 年，墨西哥与美国的双边禁毒合作计划最明显的缺陷是缺乏一个稳定的对话和磋商机制，导致一国禁毒机构在禁毒实践中时常没有考虑到另一方的反应，从而时常出现误解和分歧。因此，1996 年 3 月，塞迪略总统向克林顿总统提议建立毒品管制高级别联络小组（GCAN），成员是两国禁毒机构的负责人，目的是建立高层次的战略合作框架。克林顿政府接受了该提议。从墨西哥的角度来看，毒品管制高级别联络小组代表了两国面对毒品问题的共同责任原则

[①] Perla Zoraida Barreda Vidal, "La Cooperación Bilateral México-Estados Unidos contra la Delincuencia Organizada Trasnacional en el Marco de la Iniciativa Mérida," *Revista IUS* [*online*], Vol. 8, No. 34, 2014, p. 46.

的具体化，使得美墨毒品关系具有规律性和确定性。墨政府可以通过毒品管制高级别联络小组提出自己的立场，避免出现摩擦和误解，减少双边分歧。[①] 毒品管制高级别联络小组成立之后，该小组首先委托两国智库展开联合研究。梅利莎·戴尔（Melissa Dell）指出，当时墨西哥和美国对于墨西哥毒品贩运组织在美国市场的收入统计口径有很大差异，美国国务院的估算范围在每年13.6亿美元至484亿美元，与此形成鲜明对比的是，墨西哥政府估计的数字仅为5.6亿美元。[②] 毒品管制高级别联络小组委任的双边联合研究进行了细致的比对，消除了两国在数据上的分歧，为随后两国的禁毒合作计划制定与实施提供科学依据。1997年5月，毒品管制高级别联络小组发布《毒品威胁双边评估》报告，在此基础上，塞迪略总统和克林顿总统签署"美墨禁毒宣言"，并指示毒品管制高级别联络小组制定双边禁毒合作战略。1998年2月，毒品控制高级别联络小组制定了《美墨反毒合作双边战略》。该战略根据美墨两国的国情，建立了16条合作路线图，包括减少毒品需求和供应的方案、铲除犯罪组织，打击贩运行动以及打击与毒品贩运有关的非法武器贩运等，并为每一条合作路线设定了目标和具体行动措施。[③] 1999年2月，为了评估《美墨反毒合作双边战略》的实施情况，该小组还制定了《绩效评估测量方法》，定义两国禁毒合作可量化的指标。可以说，毒品管制高级别联络小组大大促进了两国政府高层接触，并实现了两国对毒品贩运问题的客观诊断，建立了两国对该问题的共识。在此基础上，两国制定了禁毒合作战略，促进两国禁毒机构间协调，监督双边合作的实施，并制定了评估合作进展的指标。

与此同时，1995年，美国国防部长威廉·佩里（William Perry）访问墨西哥，在佩里部长提议下，两国建立美墨双边工作组（BWG），成员为美国国防部、国务院以及墨西哥国防部、海军和外交部，达成了一系列促进共同打击有组织犯罪的协定，包括《引渡条约》《司法互助条约》《关于货币交易的信息沟通互助协定》《执法活动合作程序谅解备忘录》和

[①] Miguel Ruíz-Cabañas Izquierdo, "El Combate contra el Narcotráfico," *Revista Mexicana de Política Exterior*, No. 61, 2000, pp. 229–230.

[②] Melissa Dell, "Trafficking Networks and the Mexican Drug War," *American Economic Review*, Vol. 105, No. 6, 2015, pp. 1738–1779.

[③] 杨阳、李孟景阳：《美墨禁毒合作的成效评价及启示》，《拉丁美洲研究》2015年第3期。

《海关互助协定》等。总之,1995—1997 年,在毒品管制高级别联络小组、美墨双边工作组的磋商和协调下,美墨确立了多项合作计划,签订了一系列合作协议,美国国防部还将 73 架 UH – 1H 直升机赠送给墨西哥空军。

然而,美国在与墨西哥政府进行磋商的同时,并没有放弃单边主义禁毒策略。由于美国缉毒局十分"反墨",① 他们认为墨西哥政府腐败、低效,没有兴趣与墨西哥加强合作,依然采取一系列单边主义措施。1995—1998 年,美国缉毒局开展了卡萨布兰卡行动——在没有同墨西哥政府协商的情况下,美国缉毒局故意设立一些金融机构为墨西哥毒贩提供洗钱服务,之后将 12 名参与毒资洗钱的墨西哥银行高管引诱拉斯维加斯,在美国将他们抓获。随后美国逮捕了 160 人,其中包括 22 名墨西哥银行高管,对墨西哥三大银行进行刑事起诉,没收墨西哥的华雷斯卡特尔和哥伦比亚卡利卡特尔 1.5 亿美元资产。该行动中,即使是在墨西哥领土上开展的执法活动,美国也没有事先征得墨西哥政府的同意。美国故意不通知墨政府的理由是:鉴于贩毒分子渗透到墨西哥政府机构的程度之深,共享情报会导致行动失败。塞迪略总统十分气愤,塞迪略总统向美国国务院发出抗议信,并在与克林顿的电话中威胁要对美国提起法律诉讼。② 两国关系降至冰点。

美国国防部长威廉·佩里卸任之后,由威廉·佩里组建的美墨双边工作组仅在两年后就解散了,结束了墨西哥与美国在毒品贩运领域短暂而雄心勃勃的合作。1999 年,塞迪略政府将美国赠送给墨西哥空军的 73 架 Uh – 1h 直升机还给美国。这些事件最终破坏了美墨互信的基础。③

在福克斯任期内,美墨没有继续构建打击毒品和有组织犯罪的制度化合作。2002 年,毒品控制高级别联络小组被反毒合作与司法小组所取代,但后者的影响力不如前者。在 1990 年后期建立的高级双边安全机构瓦解

---

① Dolia Estévez, *U. S. Ambassadors to Mexico the Relationship through Their Eyes*, Washington, D. C. : Woodrow Wilson International Center for Scholars, 2012, p. 106.
② Mark Aspinwall, Simon Reich, "Who is Wile E. Coyote? Power, Influence and the War on Drugs," *International Politics*, No. 53, 2016, pp. 155 – 175.
③ 与美墨关系形成鲜明对比的是美加关系。加拿大—美国常设国防联合委员会和加拿大—美国军事合作委员会自 20 世纪 40 年代以来一直举行会议,维持了美加非常稳定的双边伙伴关系。

之后，到"梅里达倡议"出台之前，美墨缺少稳定的禁毒磋商机制。[1]"9·11"事件之后，美国政府在建立北方司令部时没有与墨西哥进行协商，这一事实使墨西哥政府非常不满。墨西哥时任国防部长克莱门特·维加·加西亚（Clemente Vega García）曾在墨西哥国会上表示，墨西哥不会参与美国北方司令部的任何行动或计划。[2] 2005年，美国驻墨西哥大使安东尼奥·加尔萨（Antonio Garza）向墨西哥时任外长和墨西哥司法部部长致函，批评墨西哥政府在美墨边境地区打击犯罪集团不力，墨西哥指责美国干涉内政，造成激烈的外交摩擦。布什政府与福克斯政府之间在贩毒问题上的合作水平和层次较低。

（二）"梅里达倡议"（2006年至今）：互信磋商机制成为对美国干涉墨西哥主权的"保护伞"

2006年，墨西哥卡尔德隆总统以不到百分之一的选票优势当选总统。他需要尽快改善国内治安水平来获得民众支持，所以不得不铤而走险，试图通过解决最烫手的山芋——毒品暴力问题来展示自己的执政能力。卡尔德龙总统寻求美国的援助，与布什总统达成"梅里达倡议"，开启了制度化禁毒合作的新篇章。然而，卡尔德龙总统向美国寻求援助的初衷是让美国承担起禁毒的责任。卡尔德隆必须说服美国通过言语和行动，承认毒品问题不仅仅是墨西哥的责任。[3]

在谈判"梅里达倡议"期间，美墨政府首先确定了墨西哥毒品卡特尔的身份。两国政府都决定使用"跨国犯罪组织"来命名墨西哥毒品卡特尔。该术语较为中性，不会造成任何歧视和冒犯。2007年10月，卡尔德隆总统发表公开声明，说明"梅里达倡议"的目标是打击跨国犯罪组织。美国政府内部就应如何定性墨西哥毒品卡特尔也进行了辩论。尽管存在分歧，但美国司法部官员认为，使用"跨国犯罪组织"这个术语可以

---

[1] Jorge I. Domínguez and Rafael Fernández de Castro, "U.S.-Mexican Relations Coping with Domestic and International Crises," in Jorge I. Domínguez and Rafael Fernández de Castro ed, *Contemporary U.S.-Latin American Relations Cooperation or Conflict in the 21st Century?* New York: Routledge, 2016, p. 48.

[2] Craig A. Deare, "U.S.-Mexico Defense Relations: An Incompatible Interface," *Strategic Forum*, No. 243, 2009, p. 4.

[3] Raúl Benítez Manaut, "La Iniciativa Mérida: Nuevo Paradigma en la Relación de Seguridad México-Estados Unidos-Centroamérica," *Revista mexicana de Política Exterior*, No. 87, 2009, pp. 215 – 242.

使与墨西哥合作变得更加容易。2008 年,美国国会表决,批准了为"梅里达倡议"提供资金,墨西哥的卡特尔被称为"跨国犯罪组织",为协调"梅里达倡议"而成立的双边工作组采用"梅里达倡议打击跨国犯罪组织双边合作高级别磋商小组"这个名字。该小组的所有公开声明都将墨西哥毒品卡特尔称为跨国犯罪组织。[1] 给墨西哥毒品卡特尔贴上"跨国犯罪组织"标签意味着美国正式承认不把墨西哥的毒品卡特尔视为恐怖分子,而是一般的罪犯,这也表明,美国没有将墨西哥与伊拉克等失败国家归为同类,而是一个运转正常的国家。包容的辞令对"梅里达倡议"的开展奠定了基础。

美国政府在辞令上承认尊重墨西哥主权,且美国对墨西哥国内暴力升级局势负有责任。布什总统成为第一位在毒品问题上谈到分担责任并公开承认美国对墨西哥造成负面影响的总统。[2] 2007 年 10 月,"梅里达倡议"的官方宣言明确指出,美墨扩大禁毒合作的战略是在充分尊重每个国家的主权、领土管辖权和法律框架的基础上,并以相互信任,共同责任和互惠原则为指导。[3] "共享责任"这个包容性辞令强调共同责任、主权、平等和伙伴关系,这对长期猜忌和防范美国的墨西哥来说特别重要。布什卸任之后,在奥巴马执政时期,时任国务卿希拉里·克林顿也继续公开承认:"美国对非法毒品的无限需求推动了毒品交易,美国无法阻止武器被非法走私跨境,让罪犯得以武装,导致警察、士兵和平民丧生。"[4] 正是"共同责任"这个包容性辞令加强了美墨之间的互信,两国在"梅里达倡议"中的合作水平是前所未有的。[5]

在"梅里达倡议"的框架下,美墨政府重新着手构建制度化的互信

---

[1] Joint Statement of the Mérida Initiative High-Level Consultative Group on Bilateral Cooperation Against Transnational Organized Crime, www. state. gov/secretary/20092013clinton/rm/2010/03/139196. htm, 访问日期: 2017 年 6 月 20 日。

[2] Dolia Estévez, *U. S. Ambassadors to Mexico the Relationship Through Their Eyes*, Washington, D. C. : Woodrow Wilson International Center for Scholars, 2012, p. 126.

[3] Declaración Conjunta de la Iniciativa de Merida http://www. iniciativamerida. gob. mx/pdf/declaracion_conjunta_Iniciativa_Merida_esp. pdf, 访问日期: 2017 年 6 月 20 日。

[4] NYtimes, Clinton says US feeds Mexico Drug Trade, http://www. nytimes. com/2009/03/26/world/americas/26mexico. html, 访问日期: 2018 年 5 月 3 日。

[5] Raúl Benítez Manaut, "La Iniciativa Mérida: Nuevo Paradigma en la Relación de Seguridad México-Estados Unidos-Centroamérica," *Revista Mexicana de Política Exterior*, No. 87, 2009, pp. 215 – 242.

磋商机制。卡尔德隆政府成立了一个部级特别委员会，与美国官员就梅里达倡议的实施情况进行更频繁的沟通，沟通频率甚至达到每两周会晤一次。自2008年起，美墨每年举办一届"双边人权对话"，对话成员包括美墨两国国防部、司法部和外交部负责人权事务的官员，讨论在禁毒合作过程中的人权问题。2010年，奥巴马上台之后，将双边磋商和评估进一步机制化：一是成立双边安全合作小组（SCG），由美国国务卿和墨西哥外交部部长主持，目标是巩固战略构想，保持墨西哥和美国之间合作的连续性。二是成立政策协调小组（Grupo de Coordinación Política），由美墨负责国家安全的代表主持，任务是监测双边战略关系的发展情况。三是成立双边落实小组（Grupo de Instrumentación Bilateral）。由美国缉毒局副局长和墨西哥外交部北美司副部长担任主席，每月评估"梅里达倡议"的实施进度。[①] 但是，自从2017年特朗普上台以来，三个小组开会频率已明显下降。在布什和奥巴马执政时期，美墨频繁的制度化的高层磋商互信机制带动了禁毒中层官员之间的合作。美国缉毒局与墨西哥警察部队密切合作，美国缉毒局通过测谎仪测试检查和药物筛选，挑选出可信赖的墨西哥士兵和警察组成敏感调查小组，送往弗吉尼亚州匡提科的美国缉毒局总部接受特殊培训，他们在美国缉毒局的指导下工作。墨西哥现在有六个到七个敏感调查小组。敏感调查小组逮捕了多个高价值目标。此外，墨西哥边境军事指挥官与美军通过边境接触会议（BCM）保持定期接触。2013年夏，美国国土安全部和墨西哥联邦警察部队进行了首次联合巡逻。2015年，美国陆军和墨西哥国防部发起边界地区司令会议（Regional Border Commander's Conferences），每年召开一次，致力于在战略层面上交流威胁信息，并提出可在边境地区层面采取的联合执法方案。2008年，墨西哥海军与美国国防部签订了《军事情报保护协定》（GSOMIA）和《北美海上安全倡议》（NAMSI）。《军事情报保护协定》的目标是加强墨西哥海军的情报能力，加强与美国的情报互享。《北美海上安全倡议》的目的是通过联合海军演习提高美国、墨西哥和加拿大海军的"互操作性"。

然而，虽然随着"梅里达倡议"的实施，美墨禁毒机制得到了稳定

---

① Armando Rodríguez Luna, "Inteligencia, Tecnología y Democracia: Cooperación Estratégica en Materia de Seguridad en Las Relaciones México-Estados Unidos," en Zirahuén Villamar, eds., *Hacia Una Nueva Relación México-Estados Unidos Visiones Progresistas*, Fundación Friedrich Ebert en México, 2010, p. 56.

的发展,但是美国并没有放弃单方面行动。美国情报和安全机构在墨西哥的活动也因此有了"梅里达倡议"这一保护伞。直到今天,美国驻墨西哥大使馆是美国在全世界规模最大的五个使馆之一。在大使馆内部,有来自30多个联邦军事和民事部门和机构的2200多名员工,其中包括缉毒局、联邦调查局、中央情报局、国防情报局、酒烟火器和爆炸物管理局、国际开发署、移民和海关执法局、海关与边境保护局、陆军、海军和海岸警卫队等。[1] 其中,美国缉毒局在墨西哥的业务是其在国际上的最庞大的业务。美国缉毒局在墨西哥设有11个办事处。[2] 美国共有10个驻墨西哥领事馆,在美国驻外领事馆数量中排名世界第一。此外,美国还有32个州政府在墨西哥设有办事处,并设有常驻代表。[3] 除了协助墨西哥打击毒品贩运之外,他们还监测可疑来源的资本和投资,交换有关西半球和区域安全和防务的数据。美国还在墨西哥北部的军事基地中建立了一个情报站,美国中央情报局特工和文职人员被派驻在这个军事基地。他们不仅与墨西哥人员进行情报共享,还开展收集情报和运营计划方面的合作。可以说,美国从传统的信息共享角色转变为直接在墨西哥收集情报。在缺乏制度约束的情况下,墨西哥政府很难判断美国利用这些驻墨机构的真正用途。根据埃德诺·斯诺登泄露的文件,美国在墨西哥至少建立了两个情报融合中心:一个是卡尔德隆政府以正常的外交途径批准建立的由美墨两国情报人员共同组成的联合情报中心;另一个是位于美国大使馆内的秘密设施,仅供美国机构使用,只有美国政府机构有访问权限。该中心的成员有来自国家安全局、国家地理空间情报局、国防情报局和北美司令部的情报人员。[4] 可以说,卡尔德龙的禁毒情报援助计划"引狼入室"。在"梅里达倡议"的大旗下,美国情报人员可以自由出入墨西哥。事实上,除了

---

[1] Dolia Estévez, *U. S. Ambassadors to Mexico the Relationship through Their Eyes*, Washington, D. C.: Woodrow Wilson International Center for Scholars, 2012, p. 5.

[2] Narcos: Transnational Cartels and Border Security, December, 2018 p. 13. https://www.justice.gov/sites/default/files/testimonies/witnesses/attachments/2018/12/20/narcos_transnational_cartels_border_security.pdf, 访问日期: 2018年5月4日。

[3] Dolia Estévez, *U. S. Ambassadors to Mexico the Relationship through Their Eyes*, Washington, D. C.: Woodrow Wilson International Center for Scholars, 2012, p. 6.

[4] Michael Evans, NSA Staffed U. S. -Only Intelligence "Fusion Center" in Mexico City, https://unredacted.com/2013/11/14/nsa-staffed-u-s-only-intelligence-fusion-center-in-mexico-city/, 访问日期: 2018年5月4日。

犯罪分子之外，美国收集情报的对象还有其他"高价值目标"，墨西哥总统涅托也被美国国家安全局列入"高价值目标"。美国驻墨西哥城大使馆的国家安全局特工拦截了墨西哥总统卡尔德龙和涅托以及其内部决策圈成员和几个墨西哥政府机构的电子邮件。美国可以通过与墨西哥共同建立的情报网络以及位于美国大使馆内部的情报设施，获得有关毒品甚至是商业、能源以及墨西哥国内政治的机密信息。[①] 美国对墨西哥的情报渗透遭到墨西哥政府的强烈反对，加剧了墨西哥对美国的不信任，大大影响双方合作的成效。

综上所述，在塞迪略总统的六年任期内，美墨两国的禁毒合作开始走向制度化。然而由于美国并未因为正式磋商机制的建立而放弃单边主义行动，导致美墨禁毒冲突不断。2006年"梅里达倡议"出台以来，美墨政府使用包容性辞令，建立定期的高层对话，制订行动计划，评估合作进展，以建立信任，将美墨禁毒合作推向新的高度。然而，在"梅里达倡议"下，美墨正式的磋商机制与美国单边行动交错进行，墨西哥机构内部人员的频繁轮换也限制了合作计划的积极影响。[②] 两国禁毒关系呈现缺乏连续性的特征，两国间的互信程度依然较低。

二 美国低效的非法武器管制和对墨西哥的军事援助

（一）美国关于治理非法武器贩运的共享责任无法有效落实

在非法武器贩运方面，为了与墨西哥政府达成"梅里达倡议"，美国政府虽然在辞令上承认了美国对墨西哥毒品暴力问题负有责任。但是在实际行动上，由于利益集团的阻挠，非法武器贩运并没有被纳入"梅里达倡议"范围之内，美国口头上的承诺没有落实为具体的政策。

布什和奥巴马改变了前任美国总统在非法武器问题上不予配合的政

[①] 根据美国媒体披露的信息，墨西哥国家调查与安全中心从美国间谍公司 Verint Systems Inc 在墨西哥的子公司 Sogams 购买间谍系统，该公司负责为墨西哥开发"通信干预系统"，具有通过电话交谈、电子邮件和聊天室监视他人的功能，该系统获得的信息可以与美国政府共享。据美国媒体称，Verint Systems 公司与布什政府"在政治上有很好的联系"。见 Zósimo Camacho, Paga Cisen Sistema de Espionaje, http://contralinea.com.mx/archivo/2008/abril2/htm/paga-cisen-sistema-espionaje.htm, 访问日期：2018年5月4日。

[②] Clare Ribando Seelke and Kristin Finklea, *U. S. -Mexican Security Cooperation: The Mérida Initiative and Beyond*, *CRS Report* R41349, Washington, D. C.: Congressional Research Service, 2017, p. 1.

策，对国内非法武器走私进行调查，并与墨西哥开展了有限的非法枪支管制合作。2006 年美国酒烟火器和爆炸物管理局启动"军火走私者"（Gun Runner）项目、美国移民和海关执法局启动"交叉武器"（Armas Cruzadas）行动，调查并管制向墨西哥贩毒集团出售武器的现象。2009 年 6 月，白宫国家药物管制政策办公室发布《国家西南边境禁毒战略》，历史上首次纳入打击非法武器贩运这一目标。① 美墨执法部门签订了《eTrace 合作谅解备忘录》以及《武器走私合作意向书》，将一部分"梅里达倡议"的援助款项用于非法武器追踪和调查。eTrace 电子枪支跟踪系统是"军火走私者"项目的关键组成部分，包括在驻墨西哥的美国领事馆以及墨西哥执法部门中部署 eTrace 系统，为墨西哥各个州的情报、分析和计划中心（CENAPI）、国防部、司法部人员提供 eTrace 系统培训。这些措施在一定程度上改善了酒烟火器和爆炸物管理局与墨西哥政府机构之间的枪支信息共享，然而，美国并没有解决非法枪支问题，表现在以下两个方面：

1. 奥巴马枪支管制措施只限于追踪和拦截非法枪支流入墨西哥，无法推动立法层面的彻底修改，也没有批准规范武器的多边条约。奥巴马总统受到利益集团的强大压力，特别是军火交易商游说团体、全美步枪协会等，他们强烈捍卫宪法所载的美国人拥有武器的权利。当前美国的武器出口体系是根据 1976 年《武器出口管制法》建立的，美国枪支销售商必须在美国国务院注册并提供有关其销售的详细信息，包括武器的最终接受者，美国大使馆则负责确保枪支流入登记在案的最终接受者手中。国务院必须将超过一百万美元的交易明细通知国会，国会有能力通过非正式程序阻止该交易。尽管该系统理论上很严格，但执行不力，而且在实践中很薄弱。进入墨西哥的非法枪支大多通过"合法途径"在美国获得，即合法有权购买枪支的"秸秆购买者"（straw purchasers）"合法"购买武器之后，将武器转让给墨西哥跨国犯罪组织。而只要购买者声称并不知道其转让的对象是犯罪组织，就无法定罪。

墨西哥政府一再要求美国修改枪支立法。但是美国历届总统都没有能力调和压力集团的利益，推动国内枪支立法改革，美国迟迟无法签订国际

---

① General Accounting Office (GAO), *Firearms Trafficking: U. S. Efforts to Combat Arms Trafficking to Mexico Face Planning and Coordination Challenges*, GAO – 09 – 709, Washington, D. C.: General Accounting Office (GAO), 2009, p. 1.

非法武器管制条约。奥巴马总统在 2009 年 4 月 17 日于特立尼达和多巴哥举行的第五届美洲会议峰会上表示，批准《美洲国家反对枪支，弹药，爆炸物和其他材料的制造和非法贩运的公约》（CIFTA）是政府的当务之急，但是受到了美国国会的阻挠。目前，美国尚未批准《美洲国家组织反对枪支、弹药、爆炸物和其他材料的制造和非法贩运的公约》，也未批准《打击跨国有组织犯罪公约》的补充协定——《联合国打击制造和非法贩运枪支及其零部件和弹药补充议定书》。全美步枪协会甚至在联合国呼吁持有和携带枪支的权利，支持联合国中反对枪支管制势力，与世界枪支管制潮流做斗争，协助全球其他地区的持枪运动。① 美国民主党参议员帕特里克·莱希（Patrick Leahy）分别在 2013 年、2016 年和 2019 年向国会提交《制止非法贩运枪支议案》，试图通过立法严惩非法贩运枪支行为。2019 年，他提出必须将秸秆购买者明确列为联邦罪行，应处以严厉的惩罚。但是由于国会利益集团的阻挠，2013 年、2016 年、2019 年的议案均未获得国会批准通过。②

2. 美国非法武器追踪行动常常敷衍了事。"速度与激情"行动是美国并未尽心尽力调查和拦截非法武器的最好例证。在奥巴马上任不久，2009 年秋天，酒烟火器和爆炸物管理局制定了"速度与激情"行动，以打击西南边境沿线的非法枪支贩运活动。"速度与激情"行动获得了司法部有组织犯罪毒品执法工作队的资助。酒烟火器和爆炸物管理局的特工故意允许秸秆购买者购枪离开，之后等待观察其将枪支转让给哪些人员，目的是识别贩运网络中的其他成员。该行动使得大约 2000 支非法枪支通过美墨边界进入墨西哥。但酒烟火器和爆炸物管理局从未"全力以赴"地追踪这些流入墨西哥的非法枪支。在墨西哥境内数百起谋杀案发生之后，美官员发现谋杀案所用很多枪支是来自"速度与激情"行动中的枪支。例如，2010 年秋天，墨西哥奇瓦瓦州前司法部长的兄弟被通过"速度与激情"行动进入墨西哥的枪支杀害。2010 年 12 月 14 日，美国边防巡逻队特工在亚利桑那州被枪杀致死。枪战中犯罪集团使用的两支枪是"速度与激情"行动中的枪支。2011 年 2 月，美国移民和海关执法局特工萨巴塔在墨西哥被

---

① 黄萌宇：《美国枪支管制困境研究》，硕士学位论文，中国青年政治学院，2015 年。
② S. 2376: Stop Illegal Trafficking in Firearms Act of 2019, https://www.govtrack.us/congress/bills/116/s2376，访问日期：2020 年 8 月 1 日。

谋杀，毒贩所用武器是在酒烟火器和爆炸物管理局知悉的情况下通过拉雷多运送的。事实上，1994年底，美国国会就通过了一项法案，单方面规定，如美国政府官员及雇员在与毒品来源国的禁毒合作行动中出现"不当行为"，将被免除责任。[①] 美国官员无需为墨西哥枪支暴力事件负责。对此，美国政府问责局在报告中承认，酒烟火器和爆炸物管理局的探员故意允许枪支进入墨西哥的策略事先没有与墨西哥政府协商，违反了墨西哥法律。[②] 因此，可以说，美国治理非法贩运枪支的策略主要是单边主义策略。美国的非法武器追踪行动很少与墨西哥对口部门进行沟通和协调，也没有全力以赴地解决武器问题。事实上，由于美墨政府缺乏协调，2010年开始，酒烟火器和爆炸物管理局协调每月召开的，用于协调美墨侦查、监测和扣缴越境枪支的美墨武器控制小组会议"U.S.—Mexican GC Armas"在2012—2015年被中止。直到2019年，在墨西哥奥夫拉多尔政府的强烈要求下，美墨才承诺建立双边非法武器追踪小组。[③] 卡尔德龙总统在2011年第18届国际禁毒大会上严厉指责美国武器管控不力，没有履行其承诺。[④]

（二）美国对墨西哥的禁毒援助

自20世纪90年代中期以来，墨西哥开始成为美国禁毒援助的接受国。美国对墨西哥的禁毒合作援助可以分为以下两个阶段：

第一阶段（1994—2006年）：由于缺乏牢固的互信磋商机制，美国仅给予少量援助，美墨合作缺乏系统性。

正如本章第一节所述，在1994年到2006年，美墨禁毒合作的制度化互信磋商机制并不稳定，而且美国并不放弃单边主义行为，因此，自这个阶段美国给与墨西哥禁毒援助很少。其原因是双方面的：一方面美国对墨西哥官员的不信任，认为单边主义禁毒政策更有效；另一方面，墨西哥政

[①] 寇惠：《后冷战时代美国与哥伦比亚禁毒合作与分歧探析》，硕士学位论文，福建师范大学，2012年。

[②] General Accounting Office (GAO), *Firearms Trafficking*: U. S. Efforts to Combat Arms Trafficking to Mexico face Planning and Coordination Challenges, GAO－09－709, Washington, D. C.: General Accounting Office (GAO), 2009, p. 1.

[③] México y EU Crearán Grupo Binacional para Combatir Flujo Ilegal de Armas, https://www.forbes.com.mx/mexico-y-eu-crearan-grupo-binacional-para-combatir-flujo-ilegal-de-armas/，访问日期：2020年7月1日。

[④] EFE, Carderón Critica Políticas de Armas en EU y Promoción de Drogas Medicinales, La Crónica, 7 de abril de 2011. http://www.cronica.com.mx/notas/2011/571372.html，访问日期：2020年8月1日。

府对美国参与该国内事务及其敏感，对美国援助所附加的政治条件和压力非常谨慎。如1993年，萨利纳斯总统执政时期就坚持要用自己的资金进行禁毒，拒绝美国提供资金。[1] 萨利纳斯清楚地指出："我们将与美国合作，但在我们国家，战斗责任完全是我们的，在墨西哥的领土上，不能有联合作战部队。"[2] 因此，萨利纳斯政府承担了墨西哥禁毒工作有关的几乎所有费用，美国只是零星地为墨西哥提供一些援助，大多用于禁毒人员培训和设备购买。1996年，美国对墨西哥的禁毒援助数额为380万美元，1997年为1580万美元，1998年为1300万美元。[3] 然而，美国援助墨西哥的大多是退役的直升机，两艘诺克斯级护卫舰于1997年8月交付时因缺乏确保船员安全所需的设备而无法使用。Uh-1h直升机由于备件供应不足在1997年12月坠毁，造成两名墨西哥军事人员丧生，引起美墨强烈摩擦，最终墨西哥政府将73架Uh-1h直升机归还给美国。[4] 虽然在"9·11"事件之后，在福克斯2000—2006年任期内，美国对墨西哥的军事和警察援助增加了两倍多，从2000年的1570万美元增加到2006年的4580万美元[5]，2007年为3660万美元。[6] 但是，与拉美其他国家相比，美国向墨西哥提供的打击毒品贩运的援助只相当于对玻利维亚援助的55%和对哥伦比亚援助的7.8%。[7] 与美国积极参与其他拉美国家的司法和法律体

---

[1] Iñigo Guevara, *A Bond Worth Strengthening Understanding the Mexican Military and U. S. -Mexican Military Cooperation*, Washington, D. C.: Woodrow Wilson International Center for Scholars, 2016, p. 34.

[2] Peter Reuter, David Ronfeldt, "Quest for Integrity: The Mexican-US Drug Issue in the 1980s," *Journal of Interamerican Studies and World Affairs*, Vol. 34, No. 3, 1992, pp. 89–153.

[3] Mónica Serrano, "El Problema del Narcotráfico en Mexico: Una Perspectiva Latinoamericana," en Arturo Alvarado y Mónica Serrano, eds., *Los Grandes Problemas de México XV: Seguridad Nacional y Seguridad Interior*. México: El Colegio de México, 2010, p. 200.

[4] Iñigo Guevara, *A Bond Worth Strengthening Understanding the Mexican Military and U. S. -Mexican Military Cooperation*, Washington, D. C.: Woodrow Wilson International Center for Scholars, October 2016, p. 38.

[5] Agnes Gereben Schaefer, Benjamin Bahney, Jack Riley, *Security in Mexico, Implications for U. S. Policy Options*, Washington D. C.: RAND Corporation, 2009, p. 7.

[6] Jorge Chabat, "La Iniciativa Mérida y la Relación México-Estados Unidos: En Busca de la Confianza Perdida," en Rafael Veláquez Flores, Juan Pablo Lallande, eds., *La Iniciativa Mérida ¿Nuevo Paradigma de Cooperación entre México y Estados Unidos en Seguridad?* Mexico: UNAM, 2009, p. 33.

[7] Jorge Chabat, "La Iniciativa Mérida y la Relación México-Estados Unidos: En Busca de la Confianza Perdida," en Rafael Veláquez Flores, Juan Pablo Lallande, eds., *La Iniciativa Mérida ¿Nuevo Paradigma de Cooperación entre México y Estados Unidos en Seguridad?* Mexico: UNAM, 2009, p. 33.

系改革不同,在 2008 年之前,美国对墨西哥的司法改革几乎没有援助。[①]总之,美国政府虽然为墨西哥提供一些打击跨国犯罪资金共同打击毒品犯罪,但是合作层次和范围较低,取得的成就也有限。

第二阶段("梅里达倡议"出台至 2020 年):美国对墨西哥提供大规模援助,合作程度加深,但是墨西哥对于援助资金用途没有发言权和决策权。

2006 年,卡尔德龙向布什请求援助。他指出,美国向墨西哥提供的禁毒援助只有 4000 万美元,而同期美国给与哥伦比亚的禁毒援助达到 6 亿美元。前助理国务卿托马斯·香农(Thomas Shannon)指出,布什总统决定支持卡尔德隆,是因为卡尔德龙一上任就改组联邦警察、部署军队,对抗腐败和有罪不罚问题,以及引渡贩毒集团主要头目,表现出了打击有组织犯罪的决心和领导能力。[②]

2007 年 10 月 22 日,布什总统宣布向墨西哥和中美洲提供为期三年的 16 亿美元(其中墨西哥 14 亿,中美洲 2 亿)的安全援助计划"梅里达倡议",以协助墨西哥和中美洲几个国家打击跨国犯罪集团。2008 年 6 月美国国会批准了"梅里达倡议"。梅里达计划大大提高了美国对墨西哥的资金援助额度,细化了援助方案。在布什总统卸任之后,奥巴马总统继续资助梅里达计划。梅里达计划又可以分为两个阶段。

"梅里达倡议"第一阶段(2008—2010):武器供给和执法人员培训。

从 2008 年到 2010 年,"梅里达倡议"的大部分援助资金用于军事和禁毒设备的采购以及执法人员的培训。"梅里达倡议"看起来像是一个复杂的设备和服务"购买清单",而不是一个具有连贯性的禁毒战略。[③] 由于美国国内冗长的官僚程序,到 2009 年 9 月,也就是墨西哥向美国提出援助请求将近 3 年后,美国国会批准援助拨款之后 1 年,美国才向墨西哥

---

① Azul A. Aguiar-Aguilar & Jesús Ibarra-Cárdenas, "The Role of the US in the Promotion of Criminal Justice Reform in Mexico: The Case of Law Schools," in Burt, Sally y Daniel Añorve, eds., *Global Perspectives on US Democratization Efforts*. New York: Palgrave-MacMillan, 2016, p. 1.

② House of Representatives, *The Merida Initiative: Assessing Plans to Step up Our Security Cooperation with Mexico and Central America*, Hearing Before de Committee on Foreign Affairs, Washington D. C.: House of Representatives, 14 de noviembre de 2007, p. 9.

③ John Bailey and Tonatiuh Guillén-López Process Management in the U. S. -Mexico Bilateral Relationship, p. 17, https://pdfs. semanticscholar. org/dd4e/b082f703c41595b0a72155918f9a80db43f3. pdf,访问日期:2018 年 5 月 30 日。

转交了2400万美元的禁毒物资,而此时墨西哥国内治安已经急剧恶化。"梅里达倡议"在第一阶段未能解决墨西哥能力建设和体制改革而受到美国人的批评。时任美国驻墨西哥大使卡洛斯·帕斯夸尔(Carlos Pascual)承认:"我们(美国)认识到,在没有有效制度支持的情况下,与犯罪集团对抗是有局限的。我们必须通过无缝整合行动、调查、情报、起诉和定罪程序,来帮助墨西哥建立最关键机构。我们还需要制定新计划,以增强情报能力,培养联邦警察的机构发展和培训能力,促进迅速实施司法改革,并促进机构间的协调与合作。"[1]

"梅里达倡议"第二阶段(2011年至今):加强墨西哥机制能力建设、司法改革支持和情报互享。

奥巴马总统上台之后,奥巴马认为,"梅里达倡议"必须从装备的供给转向更加全面的双边战略,特别是应将精力集中在建立促进墨西哥司法机构透明化,问责制和专业化上,支持墨西哥加强执法机构能力,加强刑事起诉和法治能力,建立公众对司法部门的信任,加强建立美墨信息情报共享系统,改善边境安全,预防犯罪和暴力。为此,"梅里达倡议"制定了四个支柱——"铲除犯罪组织,加强机构能力建设,建立21世纪边界,建立强大而有韧性的社区"。2012年,墨西哥涅托政府上台,继续与美国在以上四个领域进行合作,并将重点放在促进法治,支持司法部门改革,边境安全和预防犯罪上。

司法改革成为迄今美国对"梅里达倡议"资助的最重要内容。美国认为,帮助墨西哥过渡到抗辩式诉讼制度(accusatory system),是克服墨西哥司法行政效率低下,增加司法透明和公正的关键所在。国际禁毒和执法账户约为58%和国际开发署61%的资金都用于帮助墨西哥司法改革,体现了美国司法惩治导向的禁毒策略。美国在墨西哥的法治建设计划的三个主要执行机构是国务院、司法部和美国国际开发署,这些部门积极参与将美国的司法制度输出给墨西哥。国务院负责墨西哥的执法系统(警察、法医和监狱)改革和反腐败工作(帮助机构进行更好的实现内部审查控制),而司法部和美国国际开发署则是司法系统改革的主要实施者。美国

---

[1] U.S. Embassy Mexico Your Meeting with FM Espinosa at UNGA Cable Reference:002766 (23rd September, 2009), http://www.cablegatesearch.net/cable.php?id=09MEXICO2766&q=beyond%20merida%20mexico,访问日期:2018年5月30日。

司法部与墨西哥总检察长办公室合作设计并实施了一项名为"钻石"（Diamante）项目的国家培训计划，培训检察官、调查员和法医专家等。"钻石"项目还建立了一支由 200 多名教员组成的干部，能够将这项工作和其他培训复制给新的总检察长办公室的人员，保证可持续性。美国国际开发署资助了若干个"刑事诉讼制度改革"方案，目的是：（1）增强法官、检察官、国防律师和警察的能力，并使他们在新的检控法律制度上专业化；（2）在州一级监督刑事改革的实施；（3）帮助墨西哥法学院和律师协会改变课程和专业标准，以反映新的制度和标准；（4）在公民中宣传刑事司法宪法改革，使之社会化。① 此外，美国国际开发署与美国驻墨西哥大使馆和墨西哥刑事司法系统实施协调委员会（SETEC）合作，于 2014 年启动了"促进司法"（PROJUST）计划，通过"向在刑事司法系统内的专业人员，包括法官、检察官和辩护律师提供培训和技术援助"，以在州和联邦一级推进刑事诉讼制度改革。该计划是美国国际开发署为促进墨西哥司法改革最具雄心的项目。②

在美国的支持下，墨西哥于 2008 年开始实施司法改革，通过了一系列宪法和立法修订，为改革司法系统铺平道路。2014 年 3 月，墨西哥国会批准了《国家刑事诉讼法》，将司法制度转变为抗辩式诉讼制度到 2016 年，抗辩式诉讼制度在墨西哥各州完全实施。然而，抗辩制度并没有为墨西哥带来社会稳定和正义。抗辩制度一直被墨西哥学者和媒体批判。根据全球有罪不罚指数，在 2008 年之后，墨西哥有罪不罚现象在世界排名一直在恶化。2020 年，墨西哥排名世界第六。③ 2019 年初，墨西哥平均每天有 95 人被谋杀；但只有 5% 的凶杀案破案，罪犯被定罪。④ 抗辩式诉讼制度将自由、透明度、人权观念融入诉讼制度中，在西方发达国家的环境下有一定的成功优势。但是将发达国家的抗辩制度"嫁接"到墨西哥这

---

① Clare Ribando Seelke, *Supporting Criminal Justice System Reform in Mexico: The U. S. Role*, CRS Report, R43001, Washington, D. C.: Congressional Research Service, 2013, pp. 13 – 14.

② U. S. Embassy, "U. S. Government Provides $68 Million to Mexico in Support of Criminal Justice Reform," 2014, http://mexico.usembassy.gov/news-events/press/us-government-provides68-million-to-mexico-in-support-of-criminal-justice-reform.html, 访问日期：2019 年 6 月 3 日。

③ Mexico, https://cpj.org/americas/mexico/, 访问日期：2020 年 8 月 3 日。

④ "Incidencia delictiva" del Secretariado Ejecutivo del Sistema Nacional de Seguridad Pública's Dabatase, https://www.gob.mx/sesnsp/acciones-y-programas/incidencia-delictiva-87005, 访问日期：2020 年 8 月 3 日。

样效率较为低下的环境中，由于墨西哥缺乏足够数量的经过专业训练的司法人员介入犯罪调查和起诉，也没有足够的司法设施，例如专业的政府部门或刑事口头听证会来使更多的人感受到司法文化，却促进了有罪不罚现象的产生。

此外，"梅里达倡议"的第四支柱是建立强大而有韧性的社区，美国致力于向墨西哥民众宣传预防暴力、人权理念，以形成不受非法行为诱惑的合法文化。第四支柱工作的重点是在墨西哥三个最危险的边境城市——蒂华纳、华雷斯城和蒙特雷。然而，第四支柱并不是美国对墨西哥援助的重点。美国开发署在墨西哥边境城市资助的项目仅限于对青年开展心理健康指导、预防暴力文化、人权理念的宣传等，没有制定明确的促进就业、发展经济的具体项目，并不解决就业和发展问题。[①] 美国通过经济援助账户给予墨西哥的援助只占"梅里达倡议"的10%左右（见表4-1）。2019年5月，墨西哥奥夫拉多尔总统要求特朗普政府将"梅里达倡议"的援助用于"经济发展"而不是提供直升机。但是由于墨西哥政府无权决定美国援助资金的用途，因此能否将援助资金用于墨西哥的经济发展取决于美国的意愿，而美国对为墨西哥提供经济援助并不感兴趣。

表4-1　　　　　"梅里达倡议"资金和用途　　　　单位：百万美元

年份	经济援助账户	国际禁毒和执法账户	军事援助账户	总计
2008	20	263.5	116.5	400
2009	15	406	39	460
2010	9	365	265.2	639.2
2011	18	117	8	143
2012	33.3	248.5	无	281.8
2013	32.1	190.1	无	222.2
2014	35	143.1	无	178.1

---

① 关于"梅里达倡议"中美国国际发展署在墨西哥边境城市资助的项目，见美国国籍开发署官方网站：https://www.usaid.gov/sites/default/files/documents/1862/Briefer%20-%20USAID%20in%20Mexico.pdf，访问日期：2019年6月3日。

续表

年份	经济援助账户	国际禁毒和执法账户	军事援助账户	总计
2015	33.6	110	无	143.6
2016	39	100	无	139
2017	40.9	90	无	130.9
2018	39	100	无	139
2019	39	110	无	149
总计	353.9	2243.2	428.7	3025.8

资料来源：Clare Ribando Seelke, "Mexico: Background and U.S. Relations," *CRS Report*, R42917, Updated May 12, 2020, p.35.

此外，美国还将人权、民主等西方价值观纳入"梅里达倡议"的援助条件中。美国国会规定，只有在国务卿向国会提交墨西哥的人权报告，说明墨西哥政府已在尊重人权方面采取必要的措施，才向墨西哥提供15%的禁毒援助。这些措施包括禁止酷刑、迅速将军人拘留的毒贩移交给民事司法机关拘留、政府努力寻找受害者和失踪者并努力调查和起诉嫌疑人。

综上所述，"梅里达倡议"的资金审批和拨款权在美国国会。美国具有资金使用的最终决策权，墨西哥则无权决定资金的用途，并且资金并不直接流向墨西哥，而是拨款给美国负责禁毒的政府部门以及承包商。在"梅里达倡议"的第一阶段，大部分资金用于禁毒军事设备的采购和执法人员的培训，在第二阶段，美国对墨西哥的援助大部分流向墨西哥司法制度改革，但是发达国家的司法制度并不适合墨西哥的国情。除此之外，"梅里达倡议"并不关注导致墨西哥毒品问题的社会问题，如贫富差距、缺乏教育机会、公共卫生投资等。美国还将人权、民主纳入对外援助体制中，旨在通过给墨西哥提供的援助，将美国的价值观强加于墨西哥，其结果恰恰反映了美国对外经济援助的政治性质，削弱了援助原本应有的道义本质。

三 墨西哥禁毒政策的强化和对美国的有限约束

自从20世纪90年代贩毒被定义为危害国家安全之后，墨西哥连续几届政府都从立法、机构改革等方面采取了一系列措施，旨在严惩贩毒行为、加强国家安全治理，希望改善国内的治安环境，从而约束美国对其禁毒不力的指控。

（一）墨西哥的禁毒策略

其一，墨西哥修订国内安全立法，重组和健全各级公共安全机构，采取严苛的军事禁毒策略。自 20 世纪 90 年代后期以来，墨西哥建立起新的公共安全架构，包括新的警察机构、内阁级秘书处和国家安全协调机制，加大力度抓捕毒枭，加强了对美墨边境地区对毒品走私的监管。1996 年，国防部建立禁毒情报中心（CIAN）。塞迪略总统对内政部进行了重组，成立了国家调查与安全中心（CISEN）和国家禁毒研究所（INCD）。国家禁毒研究所将所有禁毒工作集中在一个行政级别的部门中，与美国白宫禁毒政策办公室（ONDCP）是对等的机构。国家禁毒研究所主要工作人员是军人，确立了军队在禁毒工作中的领导权。1996 年，塞迪略任命古铁雷斯·雷波洛将军（Gutierrez Rebollo）为国家禁毒研究所所长，为墨西哥最高级别的禁毒官员。福克斯政府也承诺打击贩毒组织威胁，恢复国家公共安全，并加强了军队对禁毒行动的参与。卡尔德隆于 2006 年上任后，更是在受有组织犯罪影响严重的 9 个州部署数千名军人和联邦警察，发动"毒品战争"。联邦安全部队被授权消灭非法作物，收集情报，审问嫌疑人，进行突袭和没收违禁品等。2014 年，涅托政府面对对军事化禁毒策略的质疑，虽然逐步取代军队在禁毒工作中的作用[1]，但是他组建了一支由 4 万名退伍军人组成的国家宪兵队，安排到贩毒活动较为严重的地区开展禁毒，并在军队中创建武警部队（military police）用于缉毒，军人在墨西哥缉毒中依然扮演重要角色。2017 年 12 月，墨西哥国会通过了新的《国家安全法》，虽然该法规定，军队禁毒权限仅限于特定的位置和时间段，并且只有民政部门（例如州长）明确声明无法负责该地区安全的时候，才能动用军队，但是依然授予了军队开展国内毒品安全行动的权限。

其二，墨西哥加大了禁毒运动的人力财力投入。在卡尔德隆执政期

---

[1] 丁波文：《墨西哥禁毒政策及其对中国的启示》，《中国人民公安大学学报》（社会科学版）2016 年第 6 期。

间，墨西哥投入了466亿美元用于反毒斗争。① 截至2017年，墨西哥政府用于改善治安状况的预算已经达到940亿美元，远远大于美国为墨西哥提供的援助。② 国防部、总检察长办公室等重要缉毒部门的预算从2005年到2016年翻了一番（见表4-3），投身于禁毒和社会治安的警察和军人数量也大幅增长（见表4-2）。根据美国国际开发署的数据，从2014财年到2018财年，墨西哥非营利组织和私营部门也间接为"梅里达倡议"计划项目提供了约2300万美元的配套资金。③ 墨西哥政府反复表示，不需要美国的"慈善"，而是希望与美国达成"平等"的合作伙伴关系。在涅托总统任期中，墨西哥购买了美国超过22亿美元的直升机、信号情报设备和训练飞机等，而没有让美国捐赠。④ 墨西哥国防部也曾宣布采购美国的6.8亿美元的军事设备，以自有资金支付。⑤ 此举是为了逐步降低对美国军事援助的依赖，约束美国以援助为借口对墨西哥进行干涉。

表4-2　墨西哥国防部用于禁毒和社会治安的警察和军人数量（2000—2018）

年份	2000	2005	2010	2016	2018
墨西哥投身于禁毒和社会治安的警察和军人数量	30991	32074	49650	51994	52000

资料来源：Raúl Benítez Manaut, "México 2012-2018: Las Fuerzas Armadas y el Combate al Crimen Organizado," en Sonia Alda, Carolina Sampó (eds), *La Transformación de las Fuerzas Armadas en América Latina ante el Crimen Organizado*, Madrid: Real Instituto Elcano, 2019, p. 191.

---

① Clare Ribando Seelke, Kristin Finklea, *U. S. -Mexican Security Cooperation: The Mérida Initiative and Beyond*, CRS Report, R41349, Washington, D. C.: Congressional Research Service, 2017, p. 44.

② Clare Ribando Seelke, Kristin Finklea, *U. S. -Mexican Security Cooperation: The Mérida Initiative and Beyond*, CRS Report, R41349, Washington, D. C.: Congressional Research Service, 2017, p. 1.

③ General Accounting Office (GAO), *U. S. Assistance to Mexico*, GAO-19-647, Washington, D. C.: General Accounting Office (GAO), 2019, p. 5.

④ Iñigo Guevara, *More than Neighbors New Developments in the Institutional Strengthening of Mexico's Armed Forces in the Context of U. S. -Mexican Military Cooperation*, Washington, D. C.: Woodrow Wilson International Center for Scholars, February 2018, p. 11.

⑤ Iñigo Guevara, *A Bond Worth Strengthening Understanding the Mexican Military and U. S. -Mexican Military Cooperation*, Washington, D. C.: Woodrow Wilson International Center for Scholars, 2016, p. 48.

表4-3　　　　墨西哥安全领域的预算（2005—2016）　　　　单位：亿比索

	2005	2006	2007	2008	2009	2010	2011	2012	2013	2014	2015	2016
国防部	240	260	322	349	436	436	500	556	608	652	713	723
海军	86	92	110	134	161	160	183	197	219	246	270	274
国家安全委员会	70	92	137	197	329	324	355	405	150	281	273	277
总检察长办公室	81	96	92	93	123	118	120	149	158	172	170	164
国家调查与安全中心	9	12	11	13	24	21	22	28	27	75	76	33

资料来源：Armando Rodríguez Luna, Patricia Quintanar y Keyla Vargas, "Presupuestos: Seguridad y Defensa 2000 – 2016," en Raúl Benítez Manaut Sergio Aguayo Quezada (eds), *Atlas de la Seguridad y la Defensa de México* 2016, México: Colectivo de Análisis de la Seguridad con Democracia (Casede), 2017, p. 305.

可以说，历届墨西哥政府均表现出强大的禁毒决心。然而，墨西哥毒品暴力问题的解决受诸多结构性问题的掣肘，即社会底层的贫困问题和地方政府的腐败问题。这些问题是墨西哥毒品问题产生的根本原因，而墨西哥各届政府都没有进行结构性改革的意愿和决心，导致贩毒现象无法根除。

其一，墨政府反腐力度不力，在法治、问责制等指标上的表现不佳。制度化腐败现象没有改善。墨西哥各届政府均推动出台反腐法律，如2002年，福克斯政府通过《信息公开法》，开设专门网站供公职人员公开收入情况，还颁布《联邦公职人员职责法》，2003年，建成政府公职人员个人财产申报接收和处理系统，用以监控可能的"灰色收入"，并在民间社会组织的推动下成立联邦信息准入与数据保护局。2004年，成立公职人员犯罪特别调查处；2012年，《联邦公共采购反腐败法》颁布实施。[1]然而，用于落实这些法律的打击腐败的体制建设工作一直停滞不前，导致反腐成效微小，腐败丑闻依然层出不穷。国际行动党和革命制度党都有多位内阁成员卷入腐败案，降低了政府的支持率和公信力，民众反建制的情绪不断增强。[2] 2015年，涅托重新启动反腐败机制改革，修订宪法相关条款和5部已有法律，颁布4部新法，2017年启动"国家反腐败体系"。但是墨西哥政府的反腐措施仅仅是为了平息社会的不满，政府缺乏反腐的政

---

[1] 范蕾：《墨西哥的腐败问题与反腐败斗争》，《学习探索》2019年第9期。
[2] 杨建民：《拉美国家的反腐败国际合作研究》，《学术探索》2019年第9期。

治意愿，并没有投入足够的资源进行反腐，也从未制定有效的反腐败政策，也没有形成政党联盟来确保反腐政策的连续性。直到 2018 年涅托卸任时，反腐机制的实施还处于最初级阶段，反腐政策最终流于一纸空文。墨西哥是经合组织 35 个成员中最腐败的国家，在透明国际的腐败感知指数中排名第 123 位，与阿塞拜疆、吉布提、洪都拉斯、老挝、摩尔多瓦、巴拉圭和塞拉利昂并列，且近十年来没有丝毫好转的趋势。一些研究认为，虽然美国训练有素的特种警察和精锐部队对墨警察进行培训，例如美国缉毒局培训墨西哥敏感调查小组，但是培养精锐部队对墨西哥警察制度整体改革的影响很小或没有影响。[①] 普通民众由于不相信政府能够提供治安稳定，甚至自发组织民兵组织来保全所在社区的安全。正是因为腐败，墨西哥虽然对于武器控制有严格的法律，但是也流于形式。犯罪组织除了走私武器之外，还从腐败的军人或警察那里购买了大量的武器。总之，墨西哥政府系统的腐败降低了禁毒政策的有效性。

其二，墨西哥政府的减贫政策效果不明显，贫困人口依然源源不断地沦为贩毒分子。墨西哥政府自 2000 年开始，出台了机会计划、临时就业计划、农村地区老年人的非缴费型养老金计划、有针对性的现金转移计划、农村直接支持计划等扶贫政策。然而，墨政府的扶贫政策并没有得到预期效果，其主要原因是社会政策的力度和覆盖面远远不够。[②] 根据经合组织的数据，经合组织成员国用于现金转移计划扶贫的资金平均达到 GDP 的 12%，墨西哥只有 2.5%。2012 年墨西哥仅将 GDP 的 7.4% 用于社会支出，而其他成员国的平均比例为 21.9%。[③] 2008—2018 年，墨西哥贫困率只从 44.4% 下降到 41.9%，而从贫困人口绝对值来看，还上升了将近 300 万人。2018 年，农村地区的贫困人口比例达到 55.3%。[④] 墨西哥

---

① Gema Santamaría, "Breaking the Vicious Cycle Criminal Violence in U. S. -Latin American Relations," in Jorge I. Domínguez and Rafael Fernández de Castro, eds., *Contemporary U. S. -Latin American Relations Cooperation or Conflict in the 21st Century?* New York: Routledge, 2016, p. 267.

② Katya Rodríguez Gómez, Fernando Patrón Sánchez, "La Efectividad de la Política Social en México. Un Análisis de la Reducción de la Pobreza Monetaria después de la Operación de los Programas que Transfieren Ingreso," *Gestión y Política Pública*, Vol. 26, No. 1, 2017, pp. 3 – 51.

③ OECD, *Society at a Glance* 2014: *OECD Social Indicators*, Genova: OECD Publishing, 2014, pp. 116 – 117.

④ 10 Años de Medición de Pobreza en México, Avances y Retos en Política Social, https://www.coneval.org.mx/SalaPrensa/Comunicadosprensa/Documents/2019/COMUNICADO_10_MEDICION_POBREZA_2008_2018.pdf, 访问日期: 2019 年 7 月 1 日。

社会政策的支出不够正是因为政府将大量的财政资源用于毒品战争的安全支出，而忽视了社会政策的有效实施。

(二) 墨西哥对美国有限且脆弱的约束

墨西哥政府将对美国缉毒执法人员的约束写入与美国的合作条约中。美墨签署的《司法互助条约》明确规定：本条约并不授权一国政府在另一国的领土管辖权内行使和执行另一方的国家法律或法规的权力。① 1997年，美国执法部门请求墨西哥政府赋予美国缉毒局驻墨西哥的特工携带枪支的权利（自1992年以来墨西哥就已禁止美国缉毒局驻墨西哥特工携带枪支），并将赋予美国官员向新的禁毒机构的墨西哥申请人进行测谎仪测试的权利。塞迪略总统拒绝了这些要求，因为这侵犯了墨西哥的主权，并违反国际法原则。然而，美国缉毒人员总是违反这些规定。1999年，美国联邦调查局的技术人员在美墨边界以南15英里处的墨西哥境内挖掘尸体并调查约45起谋杀案，引起墨西哥国内舆论争议。②

在2008年"梅里达倡议"获得美国国会批准之后，正如前一节所述，美国在"梅里达倡议"执行过程中，尤其是涉及情报方面，墨西哥政府并不知道美国的行动。正如墨西哥参议院外交关系部前主任格林（Rosario Green）表示，"墨西哥议员无法确定，来自中央情报局、美国国防部、联邦调查局和五角大楼的特工在墨西哥从事的工作是否仅限于毒品情报的收集工作"③。为了限制美国在"梅里达倡议"保护伞下对墨西哥主权的干涉行为，2009年年底，卡尔德龙政府提议在墨西哥成立"梅里达倡议"两国办事处，资金由"梅里达倡议"提供。2010年10月，"梅里达倡议追踪双边办公室"开始投入运营。来自美国各个机构的大约45名禁毒特工以及30名墨西哥官员在"梅里达倡议追踪双边办公室"中参与"梅里达倡议"的决策过程。④ 涅托总统上台之后，2013年4月，涅托

---

① Treaty on Cooperation between the United States of America and the United Mexican States for Mutual Legal Assistance at 100 – 13. www.oas.org/juridico/MLA/en/usa/index.html，访问日期：2019年7月1日。

② Victor J. Hinojosa, *Domestic Politics and International Narcotics Control*: *U. S. Relations with Mexico and Colombia*, 1989 – 2000, New York: Routledge, 2007, p. 66.

③ Andrea Becerril, "La Iniciativa Mérida Debe Pasar a Revisión en el Senado, Asegura Green," La Jornada, 24 de agosto de 2011. https://www.jornada.com.mx/2011/08/24/politica/014n2pol，访问日期：2019年7月1日。

④ "Alistan Oficina Binacional por Iniciativa Mérida," El Universal, 26 de diciembre de 2009, http://www.eluniversal.com.mx/notas/648059.htm，访问日期：2019年7月1日。

总统明确指出"不允许美国人在任何情报融合中心工作,包括美国缉毒局的成员和军事承包商"①。之后,涅托总统在内政部内部创建了一个新办公室,以委婉的方式称为"单一窗口"(la ventinilla única),以监督"梅里达倡议"的实施进程。任何美墨联合工作的提案都必须事先通过"单一窗口"获得批准。但是这只适用于影响民用安全机构,美墨军队之间的交流保持不变。② 可以说,虽然涅托总统进行了一定程度上的纠正,但是墨西哥没能力对美国在墨西哥领土中的情报收集行为进行约束,也无法出台正式的法律和制度约束这些美国特工在墨西哥的行动。2010年建立的"梅里达倡议追踪双边办公室"由于定位不明确,最终由于预算缩减而从未得到有效利用,于2014年关闭。③

总之,墨西哥政府虽然在禁毒问题上加大了投入,表现出强大的禁毒决心,但是因为治理腐败不力,缺乏有效的社会减贫政策,无法解决导致禁毒问题产生的根本性问题,大大影响了禁毒政策的有效性。正是因为禁毒成效有限,墨西哥作为弱国缺少可以制约和影响美国行为的"筹码",没能力对美国在墨西哥领土上侵犯墨主权的行为进行有效的约束。

四 区域和国际多边毒品管制机制的协调

如本节前三点所述,由于美墨双边合作无法消除对彼此的错误知觉,导致禁毒合作过程中两国不断发生冲突。因此,美墨两国均试图求助于多边机制介入毒品问题。美国在禁毒问题上委托多边机制介入的动机主要是出于减少敏感性和成本考虑。美国通过多边机制合作,美国既可以在其他国家或地区中留下"不太明显的足迹",不留下大规模军事干预的负面印象,又可以从与弱国的关系中抽身出来,去处理对于美国而言更重要的中东、亚太事务等。而墨西哥则致力于在国际组织和国际机制的框架下与美

---

① U. S. Role at a Crossroads in Mexico's Intelligence War on the Cartels, https://www.washingtonpost. com/investigations/us-role-at-a-crossroads-in-mexicos-intelligence-war-on-the-cartels/2013/04/27/b578b3ba – a3b3 – 11e2 – be47 – b44febada3a8_story. html,访问日期:2020年3月5日。

② Arturo Santa Cruz, "La Política de Enrique Peña Nieto hacia América del Norte: Normalización e institucionalización," *Foro Internacional*, Vol. 59, No. 3 – 4, 2019, p. 705.

③ Jorge I. Domínguez and Rafael Fernández de Castro, "U. S. -Mexican Relations Coping with Domestic and International Crises," in Jorge I. Domínguez and Rafael Fernández de Castro, eds., *Contemporary U. S. -Latin American Relations Cooperation or Conflict in the 21st Century*? New York: Routledge, 2016, p. 48.

国开展多边禁毒合作，希望联合其他国家的力量，改革全球毒品管制体系，使得多边机制能够为美墨禁毒双边关系设定一个更平衡的制度和规范框架，从而约束美国单边行动，减少不对称性带来的双边紧张局势。

（一）北美区域合作制度

首先是在北美区域制度的框架下，为了减轻美墨两国由于权力非对称导致的敏感性，北美区域三个国家共同解决毒品危机是最佳途径。[①] 加拿大和墨西哥没有武装侵略的历史，因此与美墨安全合作相比，加墨禁毒合作显然能够更加容易让墨西哥人接受。因此，美国公开鼓励、委托和资助加拿大对墨西哥禁毒做出贡献。

在北美安全与繁荣伙伴协定的框架下，加拿大和墨西哥加强了执法合作。加拿大皇家骑警（RCMP）与墨西哥的联邦警察和州警察合作，共享执法敏感信息。[②] 在北美安全与繁荣伙伴协定中止之后，三方继续开展禁毒合作。2006年，加拿大—墨西哥年度政治军事峰会首次举行，加拿大和墨西哥的军队之间建立起交流与合作。2009年在墨西哥瓜达拉哈拉举行的北美领导人峰会上，加拿大总理哈珀宣布将实施"反犯罪能力建设计划"（Anti-crime Capacity Building Program），每年投入1500万美元，解决墨西哥的犯罪问题，包括将加拿大皇家骑警派往墨西哥，为墨西哥官员提供培训以及邀请墨西哥中层官员前往加拿大进行培训。"反犯罪能力建设计划"是加拿大安全系统向墨西哥提供支持的主要渠道。自2009年以来，"反犯罪能力建设计划"已为墨西哥安全能力建设资助了超过870万美元，主要用于墨西哥刑事司法改革、警察专业化以及边境安全和管理领域。[③]

在2016年北美领导人峰会上，美加墨三国政府承诺建立一个三方论坛——"北美年度毒品对话"，以应对北美区域当前的毒品威胁。之后，美加墨政府每年举行一次"北美年度毒品对话"，在技术专家级别上开展

---

① Robert A. Pastor, *The North American Idea: A Vision of a Continental Future*, Oxford: Oxford University Press, 2012, p.179.

② Jeff Sallot, "RCMP to Join Investigation, Mexico Says," *The Globe and Mail*, March 4, 2006, http://www.theglobeandmail.com/news/national/rcmp-to-join-investigation-mexico-says/article18157565/，访问日期：2019年5月1日。

③ Embassy of Canada in Mexico, Canada-Mexico Cooperation in the Areas of Security and Justice, 22 April 2015, http://www.canadainternational.gc.ca/mexico-mexique/bilat/sjcoopcoopsj.aspx?lang=eng，访问日期：2019年6月1日。

三边培训、调查和信息交流，通过三个国家的执法人员、公共卫生官员的沟通和交流来解决跨国贩毒问题。在 2019 年举行的第四届"北美年度毒品对话"中，美国国务院公开表示，加拿大实行了强有力的反腐败措施，使其官员和执法人员保持较高的行为标准。这些宝贵的专业知识可以在墨西哥警察部队的培训和墨西哥机构的改革中得到很好的利用。为了鼓励加拿大参与美墨禁毒事务，在加墨禁毒的一些合作中，美国起到了资助人的作用。比如，2010 年，墨西哥法官前往加拿大学习加拿大的对抗式刑事审判（adversarial trial）体系①，费用由美国国际发展署资助。②

（二）国际多边毒品管制框架

墨西哥虽然加强了与加拿大在北美区域合作制度中的禁毒执法合作，但是墨西哥还致力于在国际组织和国际机制的框架下与美国开展多边禁毒合作，希望联合其他国家的力量，改革全球毒品管制体系，使得多边机制能够为美墨禁毒双边关系设定一个更平衡的制度和规范框架，从而约束美国单边主义行动，并敦促作为毒品消费国的美国承担起禁毒责任，减少不对称性带来的双边紧张局势。

当前全球毒品管控体系是以美国的禁止主义理念为主导的，由联合国三大公约构建而成——1961 年《麻醉品单一公约》（1972 年修订）、1971 年《精神药物公约》；1988 年《反非法走私麻醉性毒品及精神药物公约》。包括美国、墨西哥在内的超过 95% 的联合国会员国都是这三个公约的缔约国。③ 负责联合国毒品治理体系主要是以下三个机构：联合国麻醉品委员会（CND），负责监测全球毒品趋势，制定国际药物管制战略，并负责全球毒品政策的多边谈判，提出应对世界毒品问题的措施；联合国毒品和犯罪问题办公室（UNODC），负责开展技术援助项目，并对当前毒品市场趋势进行研究和分析；国际麻醉品管制局（INCB），负责实施国际毒

---

① 对抗式刑事审判是英美法系审判制度最主要的特点。这个制度有两个基本要素：其一是由诉讼双方提出其主张和证据；其二是由中立的法官和陪审团依据双方的主张和证据来认定案件事实和适用法律。而墨西哥主要沿袭欧洲大陆法系的法律建设传统。关于墨西哥的法律体系，可参见韩晗《墨西哥公众参与的法律保障机制研究》，载《西南科技大学学报》（哲学社会科学版），2016 年第 3 期。

② Isidro Morales, *National Solutions to Trans-Border Problems? The Governance of Security and Risk in a Post-NAFTA North America*, London: Routledge, 2011, p. 227.

③ International Narcotics Control Board, *Annual Report* 2012, Vienna: International Narcotics Control Board, 2013.

品管制政策。

在不全盘推翻上述国际条约的前提下，墨西哥政府利用联合国的毒品管控机制，以达成共识为目标，召集世界各国，辩论当前毒品政策给毒品生产国带来的危害和替代性治理方案。自 1990 年第十七届联合国特别大会以来，联合国分别召开了 1998 年第二十届联合国特别大会和 2016 年第三十届联合国特别大会，就世界毒品问题专门召开会议。在后两次联合国毒品问题特别大会上，墨西哥都扮演了召集人、议程设置人的角色，积极表达自己的立场，旨在影响世界毒品政策的走向，寻求全球毒品管制制度的调整和变革，从而为美墨禁毒关系设定新的原则性参考标准。

1996 年 3 月，墨西哥代表团在联合国麻醉品委员会内提出召开联合国毒品问题特别大会的议案，力图强调毒品消费国在毒品问题上的作用。大会接受了墨西哥的建议，决定召开一次"世界毒品峰会"，这是对墨西哥召集与毒品相关国际议程能力的认可。第二次联合国毒品特别大会于 1998 年 6 月 8 日至 10 日在纽约联合国总部举行。40 多位国家首脑参加了这次会议。首脑会议的主要成果是《政治宣言》《减少毒品需求指导原则宣言》和《加强国际合作以处理世界性毒品问题的措施》三个成果文件，这三个文件重申国际禁毒合作的责任共享和尊重主权的基本原则。其中，《减少毒品需求指导原则宣言》的通过，表明国际社会认同墨西哥的立场，即，非法毒品需求是引发毒品犯罪的驱动力之一，减少毒品需求才是毒品问题治理的治本之策。首脑会议确定了各国在减少非法毒品供求方面取得具体成果的最后期限，提出"一个无毒品的世界—我们可以做到"（A drug free world-We can do it！）的口号，目标是到 2008 年消除或大大减少古柯树、大麻植物和罂粟的非法种植，并且大幅减少毒品需求、合成药物和制毒物品。[①] 还承诺在 2003 年召开一次特别会议，以审查取得的进展。[②] 虽然，1998 年的联合国毒品问题特别大会议程中删除了减少危害、毒品去罪化等争议问题，但是强调了毒品消费国在减少毒品需求方面的国际责任，墨西哥达成了其最大的外交目标。

2012 年，墨西哥再次联合哥伦比亚和危地马拉政府，提议召开新一

[①] 在 2008 年最后期限到来时，1998 年的《政治宣言》中商定的目标并没有实现，尽管毒品和犯罪问题办公室声称毒品问题在过去 10 年中取得了重大进展。

[②] Miguel Ruíz-Cabañas Izquierdo, "El Combate contra el Narcotráfico," *Revista Mexicana de Política Exterior*, No. 61, 2000, p. 240.

届联合国毒品问题特别大会，对当前全球禁毒形势进行审查。2016 年 4 月，第三次联合国毒品问题特别大会召开。墨西哥不仅是 2016 年联合国毒品问题特别大会的召集国之一，还参与了成果文件谈判，是寻求搭建桥梁以达成峰会共识的主要国家。[①] 这次联合国毒品问题特别大会通过了《共同致力于有效解决世界毒品问题的共同承诺》决议。该文件虽然没有完全断定目前毒品政策的失败，也没有为毒品管制政策转型提供解决方法，但指出必须制定更全面的毒品政策，以更加平衡的方式应对这一复杂的全球现象。2016 年的联合国毒品问题特别大会承认，惩罚性禁毒方法不足以解决毒品问题，打击跨国贩毒集团的政策本身并没有错，但是需要根据每个国家不同的历史和经济社会条件制定更为全面和平衡的禁毒政策。国际毒品治理体系应该具有更大的灵活性，不同国家可以根据自身情况选择合适的禁毒政策。

鉴于美国政府不可能完全放弃供给端执法禁毒的策略，推翻当前世界毒品管制制度，墨西哥并没有完全反对美国的禁止主义执法战略，2009 年，玻利维亚提出修正 1961 年《麻醉产品单一公约》（简称《单一公约》），美国召集了一个非正式的"公约之友小组"来捍卫《单一公约》的"完整性"。2011 年，共有 18 个国家[②]与美国合作，有效地阻止了玻利维亚提出的修正案，在此过程中，墨西哥对美国表示了支持。相反，墨西哥在禁止主义执法战略基础上，提出更平衡的禁毒策略的理念，开展更广泛和有效的国际合作。一方面，墨西哥强调毒品消费国在跨国毒品犯罪问题中的责任，因为毒品消费是毒品生产和贩运的动力，从长远来看，减少需求是一个根本的解决方案。另一方面，墨西哥强调了解决与非法毒品市场有关的社会危害问题，为受有组织犯罪影响的社区创造就业和生产机会，将毒品使用作为一种公共卫生问题来解决，要通过预防机制和综合治疗方案来解决，而不要把毒品使用者定为犯罪。总之，墨西哥采取的是折中的方式，既表现了对美国政策的"遵从"，又提出了自己的立场，使得

[①] G. Isaac Morales Tenorio, "Estrategia Multilateral de México frente al Problema de las Drogas: del Diagnóstico a la Acción," *Revista Mexicana de Política Exterior*, No. 110, 2017, pp. 147–148.

[②] 这 18 个国家是美国、英国、法国、意大利、德国、俄罗斯、日本、加拿大、瑞典、丹麦、新加坡、斯洛伐克、爱沙尼亚、保加利亚、拉脱维亚、马来西亚、墨西哥和乌克兰。见"Objections and Support for Bolivia's Coca Amendment," TNI, http://www.druglawreform.info/en/issues/unscheduling-the-coca-leaf/item/1184-objections-and-supportfor-bolivias-coca-amendment，访问日期：2020 年 6 月 1 日。

美墨禁毒合作可以更加立体、有效。

面对耗费巨额资金但是成果不容乐观的"毒品战争"，美国国内大麻合法化趋势，加上全球毒品管制共识的转变，美国逐渐接受了国际禁毒管制对控制毒品需求提出的要求以及向更平衡的禁毒战略的转变，从而对墨西哥毒品立场差异的容忍度提高。具体来说，表现在以下方面。

其一，美国对毒品减少需求以及减害的重视上升。美国是联合国毒品和犯罪问题办公室的最大捐助方之一，美国对于联合国毒品和犯罪问题办公室的预算如何使用有很大的影响力。美国曾严厉反对将毒品问题的成因与毒品需求挂钩。21世纪的头几年，美国对毒品政策改革，特别是在毒品政策中加入"减害"表现出强烈的抵触。2004年11月，时任毒品和犯罪问题办公室执行主任科斯塔（Antonio Maria Costa）会见美国国际麻醉品和执法局局长查尔斯（Robert Charles）时，查尔斯先生扬言要削减美国对毒品和犯罪问题办公室的资金支持，除非科斯塔向他保证会放弃参与或不支持关于减少毒品需求的措施。[1] 毒品和犯罪问题办公室当时高度依赖美国的资金，不得不屈服于美国的压力，从其出版物和网站上删除关于毒品减害的内容。[2]

这种情况自从小布什第二任期开始发生了转变。小布什力图在打击毒品供给和减少需求之间找到一个平衡点，统筹社会各界的力量，充分发挥宗教、社区和学校在吸毒预防宣传教育方面的作用，加大联邦政府在成瘾治疗方面的财政投入，改善毒品成瘾者的治疗条件和环境，毒品控制的重点向吸毒预防和成瘾治疗方面倾斜。美国国家毒品管制政策办公室（ONDCP）在2009年首次不再提及"毒品战争"这个词。[3] 奥巴马政府则进一步平衡和完善控毒政策，坚持"打击""治疗"两手抓，一方面加强国际禁毒合作，严厉打击毒品生产、走私活动，继续从源头上拦截毒品入境；另一方面大力发展公共卫生事业，注重毒品减害和预防吸毒的教育

---

[1] David R. Bewley-Taylor, "Emerging Policy Contradictions between the United Nations Drug Control System and the Core Values of the United Nations," *International Journal of Drug Policy*, No. 16, 2005, p. 429.

[2] TNI, The United Nations and Harm Reduction, Drug Policy Briefing, No. 12, Amsterdam: TNI, 2005, http://www.undrugcontrol.info/images/stories/brief12.pdf, 访问日期：2020年6月1日。

[3] Lisa N. Sacco, Kristin Finklea, *The Role of the Office of National Drug Control Policy (ONDCP)*, CRS Insight, IN10912, Washington, D.C.: Congressional Research Service, 2018, p. 1.

工作，进一步提高成瘾者的医治。2011 年，奥巴马政府为"支持无毒品社区计划"拨款超过 8800 万美元，在美国 1750 多个社区中开展的预防毒品的工作。2011 年 6 月，奥巴马政府启动了美国历史上首个"国家预防战略"，并在国家禁毒政策白宫办公室中设立了康复办公室，已帮助数百万美国人成功戒毒。① 奥巴马任命的美国国家毒品管制政策办公室主任吉尔·克里科夫（Gil Kerlikowske）也避免使用"毒品战争"的辞令，而将重点更多地放在了美国对非法毒品的需求问题上，并公开承认美国对毒品的需求刺激了非法毒品的贩运。在美国的联邦毒品预算中，通过预防治疗来降低对毒品需求的预算逐年增高（见表 4-4）。这在一定程度上表明了美国政府对毒品控需的重视。

表 4-4　　美国国内毒品管制战略预算

年份	用于减少需求预算金额（亿美元）	减少需求预算占总预算的比例（%）	用于减少毒品供给占总预算的比例（%）
2006	49.48	37.6	62.4
2007	49.03	35.4	64.6
2008	50.05	37.7	62.3
2009	54.17	35.5	64.5
2010	52.6	35	65
2011	56	36	64
2012	—	—	—
2013	91.64	38.5	61.5
2014	101.03	42	58
2015	109.32	42.1	57.9
2016	110.33	42.2	57.8
2017	120.88	44	56
2018	—	—	—

---

① Política de los Estados Unidos sobre Droga https://obamawhitehouse. archives. gov/ondcp/ondcp-fact-sheets/pol%C3%ADtica-de-los-estados-unidos-sobre-drogas，访问日期：2020 年 6 月 1 日。

续表

年份	用于减少需求预算金额（亿美元）	减少需求预算占总预算的比例（%）	用于减少毒品供给占总预算的比例（%）
2019	175.76	47.7	52.3
2020 申请预算	181.73	51	49

资料来源：Office of National Drug Control Policy, *National Drug Control Budget FY* 2011, 2017, 2020 *Funding Highlights*, Washington, D.C.: Office of National Drug Control Policy, 2011, 2017, 2020.

其二，美国逐渐接受"禁毒政策灵活化"的立场，全球毒品政策逐渐从执法优先，转向基于健康、人权和发展原则。20世纪90年代初，美国推动惩罚性国际毒品管控战略的实施，联合国的毒品政策是适用于全球所有国家的禁毒统一政策。然而，由于每个国家国情不同，全球统一的禁毒政策在不同国家导致了截然不同的结果。越来越多的国家在制定毒品政策和探索替代方案时正摆脱"司法惩治"这一原则，特别是大多数欧洲国家都与美国倡导的"毒品战争"保持一定距离，转向公共卫生、减少危害和人权原则为主的禁毒政策。正如大卫·贝雷—泰勒（David Bewley-Taylor）所说，越来越多的国家不认同《单一公约》所倡导的惩罚性禁毒方法，大量成员国都参与了对《单一公约》的"软叛变"（Soft Defections）：这些国家虽然没有退出现有的国际毒品多边管制机制，但是在实践中逐渐偏离了禁止主义的规范。他们利用《单一公约》中条款的可塑性和灵活性，使得从技术上来看依旧保持在《单一公约》的法律范围内。[①]

从美国国内形势看，越来越多的年轻人支持大麻合法化。截至2019年底，全美50个州中，共有33个州和华盛顿哥伦比亚特区通过了医用大麻合法化法案，共有11个州和华盛顿哥伦比亚特区通过了娱乐大麻合法化议案。美国州一级的大麻合法化举措与联邦立法及美国在多边毒品管制制度中的立场相矛盾。州一级的大麻监管产生多米诺骨牌效应，使得美国

[①] David Bewley-Taylor, "The Contemporary International Drug Control System: A History of the UNGASS Decade," in John Collins and Nicholas Kitchen, ed., *Governing The Global Drug Wars*, LSE Special Report SR014, London: LSE IDEAS, London School of Economics and Political Science, 2012, p. 51.

对谴责其他国家不严格遵守"零容忍禁毒政策"的信心有所下降。多年以来,美国一直批评别的国家不遵守条约,但由于自身不遵守条约,美国发现自己处在矛盾的位置。① 大麻合法化举措破坏了美国继续捍卫联合国三大公约的信誉,美国很难继续担任全球毒品管制制度的"最高执行者"。在 2016 年联合国毒品特别大会召开之前,美国国务院公开改变了其对于全球毒品管制系统的立场的叙述。负责毒品和执法事务的助理国务卿威廉·布朗菲尔德(William Brownfield)表示,美国将一如既往地捍卫"三大公约的完整性",但是容忍更灵活的条约解释,并容忍不同国家的毒品政策。②

由于目前国际社会的毒品零容忍国家与将大麻合法化国家之间呈现两极分化趋势,近期不可能对改革国际多边禁毒制度达成任何共识,美国无疑依然会利用其霸权地位来捍卫自己努力构建起来的全球禁毒制度,捍卫三大公约的"完整性"。而且应该看到,打击毒品政策是一个全方位的政策。除了控制毒品需求和"因地制宜"的灵活政策之外,还需要在非法武器管制、可持续和全面替代生计选择方面多管齐下。当前的国际多边毒品管制机制仍然存在很多不足,特别是对于弱国关注的非法武器管制、可持续和全面替代生计选择方面并没有明确的规定。正如本章第二节所述,在目前美墨禁毒合作中,美国对墨西哥的援助和禁毒合作仅仅局限于各个方面的犯罪行为者和组织的打击以及为了更好打击毒贩所进行的执法培训和机构能力建设援助。墨西哥签署了大多数与毒品犯罪相关的打击跨国有组织犯罪的公约和议定书,包括《维也纳公约》《巴勒莫公约》《联合国武器贸易条约》等,但是美国至今尚未批准《打击跨国有组织犯罪公约》的补充协定——《联合国打击制造和非法贩运枪支及其零部件和弹药补充议定书》。

综上所述,在禁毒的多边机制协调问题上,在具体的技术合作领域,在北美区域制度的框架内,加拿大作为善意的第三方,在一定程度上与美

---

① Wells Bennett, John Walsh, *Marijuana Legalization is an Opportunity to Modernize International Drug Treaties*, Washington, DC: Brookings Institution, 2014, http://www.brookings.edu/~/media/research/files/reports/2014/10/15-marijuana-legalization-modernize-drug-treaties-bennettwalsh/cepmmjlegalizationv4.pdf, 访问日期: 2020 年 5 月 8 日。

② Martin Jelsma, UNGASS 2016: Prospects for Treaty Reform and UN System-Wide Coherence on Drug Policy, Transnational Institute, p.18. https://www.tni.org/files/download/treaty_reform_drug_policy_ungass2016.pdf, 访问日期: 2020 年 5 月 9 日。

国协调，帮助墨西哥提高了禁毒执法能力。在禁毒的规范性问题上，近年来，随着国际毒品管制政策更加注重"控需"禁毒，美国在减少毒品需求方面加大了投入，通过针对吸毒者的治疗、康复和社会融合来减少毒品需求，在这方面有效协调了美墨禁毒关系。同时，从2016年联合国毒品特别大会召开以来，美国在禁毒政策的"因地制宜"灵活性问题上开始松口。国际多边毒品管制政策的变化会影响美国的一系列外交政策，包括对外援助改革、国内和国际毒品管制资金的分配以及禁毒执法中的军事角色等。这也将为墨西哥与美国未来的禁毒谈判创造更多的空间。国际多边禁毒制度为协调美墨禁毒合作提供了契机，但是还需在非法武器、经济社会替代发展问题上的多边机制进行配合。至于国际制度如何对未来美墨禁毒合作造成影响，还有待观察。

第三节　美墨禁毒合作的绩效

自"梅里达倡议"签署以来，美国向墨西哥提供了30亿美元的禁毒援助，支持购买军事装备、培训司法人员和改善司法基础设施以及实施预防犯罪方案。两国禁毒机构定期举行会晤，商讨禁毒举措，交换情报信息，开展联合缉毒行动，消灭了数十万公顷的毒品作物，缴获并销毁大量毒品，摧毁了数以万计的毒品加工实验室。到2012年卡尔德龙任期结束时，"梅里达倡议"的第一支柱"铲除犯罪集团"已基本完成目标，因为已经成功瓦解了最大的犯罪集团的组织能力。在最高价值的罪犯名单37人中，有25人被捕或击毙。[①] 到2018年8月，122名大毒枭中的110名已抓捕或击毙。[②] 尽管取得了这些成功，但是墨西哥国内毒品暴力行为并没有被根除。墨西哥仍然是美国市场上海洛因、大麻、甲基苯丙胺和芬太尼等毒品的最大供应商，美国市场上的95%可卡因仍是通过墨西哥转运的。[③]

[①] Felipe Calderón Hinojosa, "El Presidente Calderón en la Inauguración del Centro Federal de Readaptación Social No. 12 Guanajuato," October 9, 2012, http://calderon.presidencia.gob.mx/2012/10/el-presidente-calderon-en-la-inauguracion-del-centro-federalde-readaptacion-social-no-12-guanajuato，访问日期：2020年5月8日。

[②] 成银枚：《墨西哥禁毒政策的流变》，《中国禁毒报》2020年7月31日第7版。

[③] U. S. Role at a Crossroads in Mexico's Intelligence War on the Cartels, https://www.washingtonpost.com/investigations/us-role-at-a-crossroads-in-mexicos-intelligence-war-on-the-cartels/2013/04/27/b578b3ba-a3b3-11e2-be47-b44febada3a8_story.html，访问日期：2020年3月5日。

根据美国《2018年国家毒品威胁评估》，墨西哥贩毒组织依然是美国最大的犯罪威胁。墨西哥卡特尔依然主导了美国的毒品市场。[1] 本节分别分析美墨两国在禁毒合作中的利益平衡。

一 美国合作利益的部分实现

如上所述，墨西哥毒品依然源源不断地进入美国，美国实现"无毒世界"的目标没有实现。但是正如本章第一节所述，对于美国来说，"梅里达倡议"的目标远远不止于禁毒。"梅里达倡议"彻底改变了美墨在安全问题上的关系。从美国的角度看，"梅里达倡议"最重要的成就在于墨西哥的国防系统发生了彻底转变——从自给自足转变为对美国的依赖，实现了对美国的"遵从"。同时，在"梅里达倡议"的"保护伞"下，美国的人权理念也实现了向墨西哥的渗透。因此，可以说，美国在美墨禁毒合作中并不是一无所获，而是达成了部分目标。正如布朗大学的彼得·安德烈亚斯（Peter Andreas）将美国的禁毒政策称为"愚蠢但精明的政治"，尽管无法实现禁毒的目标，但它确实会带来政治和选举收益。[2] 因此，美国各界政府均延续了为墨西哥提供禁毒援助的政策。

（一）墨西哥加深了对美国毒品情报和设备的依赖

墨西哥在传统的地缘战略安全问题上是"搭便车者"。[3] 背靠美国这个超级大国，在美国的保护伞下，墨西哥无需担心入侵问题，它既不必维持庞大而昂贵的军队，也不必维持军事同盟体系。[4] 因此，墨西哥的军备技术非常落后。由于美国掌握着丰富的情报资源、尖端信息通信技术以及先进装备，大多数在打击有组织犯罪中的重要情报均由美国缉毒局、中央情报局或者其他美国执法机构提供，墨西哥在安全系统、情报供给方面高度依赖美国的资金和技术。墨西哥时任总统卡尔德龙的安全顾问阿尔资（Sigrid Arzt）指出："梅里达倡议"已经成为加强情报信息共享、数据互

---

[1] DEA, *2018 National Drug Threat Assessment*, Arlington: DEA, 2018, p. vi.
[2] Peter Andreas, *Border Games: Policing the U.S.-Mexico Divide*, Cornell University Press, p. 2.
[3] John Bailey, Nontraditional Security Threats in the U.S.-Mexico Bilateral Relationship: Overview and Recommendations, Washington D.C.: Woodrow Wilson International Center for Scholars, 2005, pp. 2-3.
[4] Jorge Chabat, "Mexico: The Security Challenge," *Documentos de Trabajo del CIDE*, No. 140, p. 4.

操作性和使用共享系统的保护伞。① 美国的情报援助提高了墨西哥军队打击贩毒集团的能力，军事培训也对墨西哥警察和军队的禁毒能力产生了积极影响。使用可互操作的设备可使两国提高融合程度，这反过来又带来了多个部门合作的机会，从联合培训、设备维护、经验教训共享以到最终的联合部署。美国正是通过"梅里达倡议"的多方位的合作，捆绑了墨西哥，加深了墨西哥对美国的依赖，同时也赋予了美国前所未有的干预墨西哥内政的能力。正如墨西哥学者布鲁诺·阿勇（Bruno Ayllon）认为，援助从本质上讲，正是一种统治的工具。② 美国对墨西哥的禁毒援助加强了美国在墨西哥政治、军事和警察部门的渗透。2012年涅托总统上台后，墨西哥政府开始逐步转向毒品去罪化、合法化的禁毒策略，2019年，墨西哥左翼总统奥布拉多尔政府在上台之初也表示要取消"梅里达倡议"。但是在国内治安每况愈下的情况下，都无法逆转与美国合作的趋势，只能求助于美国的援助。③

（二）墨西哥军队成为美国在地区安全事务中的盟友

"二战"结束以来，美国一直通过执行统一的标准和程序，分享技术、进行联合或者混合演习，同时广泛交流指导军事思想、训练、联合计划到军事行动理念等方面的军事信息，从而追求美军及其盟军之间的交互指挥性。④ 墨西哥和美国并不是严格意义上的盟国，墨西哥与美国不管在军事装备的硬件上，还是在指导思想和技术兼容性这些软件上，都与美国缺乏协同性和互通性。但是通过禁毒这条纽带，美国成功将"不愿意与美国成为同盟"的墨西哥捆绑在一起。由于墨西哥内政部、总检察长办公室、国防和情报机构获得了"梅里达倡议"的大量援助，他们赞成与美国建立更紧密的关系，成为毒品问题中的"亲美"集团。⑤《2001年国

---

① David A. Shirk, *The Anatomy of a Relationship: A Collection of Essays on the Evolution of U. S. -Mexico Cooperation on Border Management*, Washington, D. C.: Woodrow Wilson International Center for Scholars, 2016, p. 10.

② Bruno Ayllón, La Cooperación Internacional para el Desarrollo: Fundamentos y Justificaciones en la Perspectiva de la Teoría de las Relaciones Internacionales? *Carta Internacional*, Vol. 2, No. 2, 2007, p. 35.

③ 2019年秋季墨西哥发生多起大屠杀事件。墨西哥不得不求助于美国，提出与美国建立"安全高级别工作小组"，由墨西哥国防部牵头，作为制定双边禁毒合作行动的渠道。这说明墨西哥在毒品问题上处于骑虎难下的境地。美墨禁毒关系将呈现更复杂的局面。

④ 费昭珣：《大盟友与小伙伴：美菲与美泰同盟研究》，世界知识出版社2014年版，第147页。

⑤ Raúl Benítez Manaut, Carlos Rodríguez Ulloa, "Seguridad y Fronteras en Norteamérica: del TLCAN al ASPAN," *Frontera Norte*, No. 35, 2006, pp. 7–28.

际麻醉品管制策略报告》指出,墨西哥军队"比历史上任何时候都更加开放,支持在陆上拦截和禁毒训练方面扩大与美国合作"①。正是由于美国的培训计划以及其他形式的安全援助,使美国国防部在墨西哥军队中保持强大而持久的影响力,墨西哥成为美国在地区安全和防务事务中的盟友,主要表现在以下方面:

制度化的联合军事演习。截至2013年底,美加墨已参加了30多次联合海军演习。② 2014年9月,墨西哥总统宣布,墨西哥军队将开始参与国际维和行动,此后加强了国际军事演习的参与,特别是与美国军事演习的协调和合作。说明墨西哥已经接受了北美区域的安全与稳定是加拿大、美国和墨西哥共同责任的理念。

频繁的军事人员交流和合作。美国与墨西哥通过禁毒合作为纽带,开放了更多沟通渠道,建立了非常深入和广泛的关系。尤其是"梅里达倡议"实施的十年以来,以反毒为契机,美墨各级政府和军队都建立起了制度化的联系。墨西哥积极融入位于华盛顿的军事机构,如美洲国防委员会和泛美国防大学,任命高级参谋长担任位于华盛顿特区的多边组织的美洲国防委员会和美洲国防学院的领导职务。2017年6月至2019年5月,墨西哥少将当选为美洲国防委员会主席,2017年7月,还派遣墨西哥陆军少将路易斯·罗德里格斯·布西奥(Luis Rodriguez Bucio)担任位于华盛顿的泛美国防大学的主席。③ 这些外交职位旨在增加墨西哥军方在西半球范围内的影响力。

墨西哥作为合作伙伴积极参与美国主导的区域防务组织和安全会议。自2012年北美三方国防部长会议成立以来,墨西哥军方就积极参与其中。墨西哥于2013年加入了美国空军合作体系(SICOFAA)。2014年以观察员身份加入了中美洲武装部队会议(CFAC)。2017年,墨西哥成为美洲多边国防部会议主席国。2017年4月,墨西哥与美国的北方司令部和南

---

① Victor J. Hinojosa, Domestic Politics and International Narcotics Control: U. S. Relations with Mexico and Colombia, 1989 – 2000, New York: Routledge, 2007, p. 67.

② Raúl Benítez Manaut, "Mexico and Its Role in North America's Security: Between Terrorism and Organized Crime," in Marcial A. G. Suarez, Rafael Duarte Villa, Brigitte Weiffen, eds., *Power Dynamics and Regional Security in Latin America*, New York: Palgrave, 2017, p. 332.

③ Evan Ellis, Mexico's Fight against Transnational Organized Crime, https://www.armyupress.army.mil/Journals/Military-Review/Online-Exclusive/2018-OLE/May/Transnational-Organized-Crime/,访问日期:2020年5月5日。

方司令部共同主持了中美洲安全会议（CENTSEC）。2018年，墨西哥主办第十三届美洲国防部长会议。这些墨西哥积极参与的国防安全多边军事机构都得益于美国的支持，可以说，墨西哥更多地参与多边安全事务，成为美国的安全事务盟友。这是对美国政府将墨西哥视为军事伙伴的信心的表现。美国官员在各种场合赞扬了墨西哥对美墨合作做出的贡献，特别是在有组织犯罪领域。美国前国土安全部部长尼尔森（Kirstjen Nielsen）曾表示，美国很自豪地将墨西哥称为其合作伙伴，双方可以携手成为整个地区的领导人，来对抗威胁。[①]

（三）美国对墨西哥的禁毒援助促进了美国利益集团的利益

美国的外交政策总体受到工业军事综合体的推动。军工业企业形成了一个强大的利益集团，推动美国向外输出战争。"梅里达倡议"为美国军工业企业开辟了新市场。正是因为签订了"梅里达倡议"，墨西哥军队选择了大多数美国或至少与北约兼容的系统来装备军队，武装部队进一步"北美化"。2007年2月，墨西哥海军宣布放弃先前从俄罗斯采购Sukhoi Su27 Flanker战斗机的计划。墨西哥国防部选择美国的UH60M直升机机队，替换俄罗斯Mi-17直升机机队。[②] 在高端安全产品领域，墨西哥几乎用的都是美国的安全产品。[③] 虽然美国对墨西哥进行了援助，表面上似乎美国付出了代价，但是墨西哥通过"梅里达倡议"获得的外国援助是以购买美国设备、培训和能力建设计划的形式进行，美国政府并没有向墨西哥政府直接转移资金。[④] 根据经济合作与发展组织有关对欠发达国家的附带援助的报告，美国在采用捆绑援助的国家中名列前茅。每1美元的援助中，有84美分以购买商品和服务的形式返回到美国。[⑤] 随着打击毒品贩运的军事化趋势的加深，美国对墨西哥的"捆绑援助"对美国军事、

---

① Mexico and USA: Shared Responsibility and Trust in Dealing with Transnational Criminal Organizations, https://www.gob.mx/sre/prensa/mexico-and-usa-shared-responsibility-and-trust-in-dealing-with-transnational-criminal-organizations, 访问日期：2020年5月5日。

② Iñigo Guevara, *A Bond Worth Strengthening Understanding the Mexican Military and U.S.-Mexican Military Cooperation*, Washington, D.C.: Woodrow Wilson Center, October 2016, p. 47.

③ 基于对在拉美从事海外监控设备的海康威视公司员工的访谈。

④ Five Key Points to Understanding the Merida, Initiative https://mx.usembassy.gov/our-relationship/policy-history/the-merida-initiative/five-key-points-to-understanding-the-merida-initiative/, 访问日期：2020年5月5日。

⑤ Development Assistance Committee (DAC), *Organization for Economic Cooperation and Development (OECD), the United States: DAC Peer Review*, Paris: OECD, 2006, p. 32.

国防和武器工业及其相关部门非常有利。武器制造商从非法和合法渠道向墨西哥出售武器的交易中盈利颇丰。政府官僚机构以国家或边境安全或所谓的边境安全工业复合体的名义维护或扩大其管辖权，预算和人员，具有重大利益。政客、官僚机构和私营企业承包商之间的合作，他们为政客的竞选活动捐赠了大量资金，强大的势力联合起来维持现状。

（四）美国向墨西哥传播"法治""人权"理念

自2008年"梅里达倡议"通过以来，人权报告是美国向墨西哥提供援助的基本条件之一。然而，为了维系美墨禁毒关系，美国并没有因为大量记者遭受谋杀、失踪等人权事件停止对墨援助，只有2014年43名学生失踪事件[①]之后，美国国会于2015年10月做出了一项象征性的决定，扣下"梅里达倡议"的500万美元的禁毒援助，转而投向秘鲁。美国采取的是"亲力亲为"地提高墨西哥官员的人权意识和知识，比如，由美国国际开发署在墨西哥实施一项人权计划——聚焦人权（Enfoque DH）项目，计划在五年内促进墨西哥将人权理念纳入联邦和州的立法框架和体制流程内。且不论墨西哥目前人权质量如何，但是美国借助"梅里达倡议"宣传人权概念，使人权概念逐渐在墨西哥深入人心，墨西哥积极在国内推动捍卫人权，在国际上也宣传人权政策，巩固保护人权的国际体制框架。

二　美墨禁毒合作对墨西哥的负面影响

相比之下，毒品战争给墨西哥造成的却是非常严重的负面影响。作为脆弱国家，尤其是弱政府，维护国内社会秩序稳定并保护其政权的稳定性是当务之急。然而，自从2006年起，墨西哥政府向毒品宣战，墨西哥"遵从"了美国的禁毒政策，却陷入越禁越毒、越反越恐的困局，墨西哥不安全和有组织犯罪现象没有好转，相反，毒品卡特尔暴力犯罪大量增加，犯罪集团从卡尔德隆时期的8个主要卡特尔增加到2018年涅托政府结束时的300多个卡特尔。在"梅里达倡议"实施期间，在2007年至2014年，犯罪团伙共杀害了墨西哥82位市长、64位政府官员、13位州长和市长候选人和39位政治领袖和政治活动家。[②] 在2007年至2018年期

---

① 2014年9月26日，墨西哥伊瓜拉市的43名学生在一次抗议中被捕，随后失踪，至今仍未破案。

② 丁波文：《墨西哥禁毒政策及其对中国的启示》，《中国人民公安大学学报》（社会科学版），2016年第6期。

间，每 10 万居民的凶杀率增加了两倍：2007 年为 9 个；在 2018 年达到 22 个。① 而且有组织的犯罪行为进一步多样化，从毒品贩运扩展到绑架、抢劫、人口贩运等，更直接地影响普通民众的生活，墨西哥为"毒品战争"付出了巨大的成本。

除了没有解决毒品问题之外，根据弱国对与强国合作的诉求——自主性和经济援助，墨西哥也远远没有达成其利益目标。

1. 政策自主性：从墨西哥与美国合作的目的是抵制美国的单边主义，让美国承担起禁毒的责任。然而，禁毒合作加剧了美国对其主权的干涉，扩大了墨西哥在不对称关系中的脆弱性。有墨西哥学者认为，向毒品宣战符合美国的利益，并非基于墨西哥利益的考量。② 由美国推动的"司法惩治"禁毒政策并没有考虑每个国家不同的国情，对于毒品问题并没有制定符合弱国国情的替代发展政策。作为毒品生产国的弱国是全球毒品管制政策的接受者，他们只能接受国际协定，遵守国际规则，不然可能面临美国的制裁。而墨西哥对美国提出武器管制的要求，美国却可以无视国际条约，选择不加入联合国武器管制条约。尽管最近的国际毒品管制规范的调整，给了墨西哥更大的政策灵活性，但是墨西哥究竟在何种程度上能够享有政策自主性还有待观察。

2. 经济援助：对于墨西哥来说，墨西哥面临的最大非传统安全"威胁"是国内经济的稳定性以及巨大的贫富不均现象。正是庞大基数的贫困农民以及城市贫困阶层的存在使得贩毒集团有了源源不断的后备人员供给与生存土壤。要彻底解决毒品贩运问题，必须首先解决经济和社会问题。然而，由于墨西哥采取军事禁毒策略，政府将大部分财政收入都投入到打击毒贩工作中，国防开支大幅增长，导致社会基础设施发展滞后，科技、卫生和教育支出大幅削减，社会福利下降，贫困人口增加。因为没有受教育的机会，经济窘迫使得穷人铤而走险去贩毒，陷入恶性循环。美国为墨西哥提供的禁毒援助大多用于执法措施，不重视替代发展计划和经济援助。因为禁毒效果不明显，美国对墨西哥的援助一直在下降。在涅托任

---

① Raúl Benítez Manaut, "México 2012 – 2018: Las Fuerzas Armadas y el Combate al Crimen Organizado," en Alda, Sonia. Sampó, Carolina, eds., *La Transformación de las Fuerzas Armadas en América Latina ante el Crimen Organizado*, Madrid: Real Instituto Elcano, 2019, p. 197.

② Anna Grace, "10 Years of the Mérida Initiative: Violence and Corruption," December 26, 2018. https://www.insightcrime.org/news/analysis，访问日期：2020 年 5 月 5 日。

期（2012—2018），墨西哥仅通过"梅里达倡议"获得美国6.72亿美元。而在前任卡尔德龙执政时期，美国对墨西哥的援助达到近20亿美元。特朗普更是提出2020年的梅里达倡议援助申请款仅为7630万美元，比2018年下降35%。[1] 强国的注意力往往在与自己实力匹敌的国家和地区中。对于无法在全球蓝图中助其一臂之力的墨西哥，美国往往不愿意建立长期性、系统性地帮助墨西哥发展的援助政策。墨西哥面临禁毒资金短缺，处于骑虎难下的境地。

本章小结

根据管理非对称关系的框架，要有效地管理美墨边境的毒品问题，降低双方的错误知觉，美墨双方必须构建制度化的互信机制、采用包容性的话语。美国则必须进行自我约束，并给予墨西哥一定的援助。而作为弱国的墨西哥必须强有力地在国内开展反毒，并对美国有所约束。多边机制协调和干预则可以在冲突时成为双方的沟通搭建空间，缓解双边冲突的烈度。然而，通过对美墨禁毒合作的案例分析，本书发现，在美墨边境禁毒合作的案例中，美墨自20世纪90年代中期开始，将禁毒磋商机制化。毒品管制高级别联络小组和美墨双边工作组实现了美墨之间定期的禁毒磋商，美墨签署了一系列正式的合作条约，旨在建立起两国禁毒合作的战略框架。自从2006年起，卡尔德龙政府向毒品宣战，墨西哥加大了与美国在禁毒领域的合作，表现了弱国对强国所关切议题的"服从"和"尊重"，同时，美国在辞令上承认了对墨西哥负有责任，并公开表示尊重墨西哥主权有助于两国建立起较为制度化的磋商机制。然而，因为美国在与墨西哥磋商的同时，并没有放弃单边行动，"梅里达倡议"更是成为美国在墨西哥开展情报活动的保护伞，无法与墨西哥建立真正的信任关系。同时，美国虽然在辞令上承认了对墨西哥的非法枪支问题负有责任，并对墨西哥进行了援助，但是并没有落实到具体的政策，美国根据自己的偏好，决定援助资金的使用方式，墨西哥并没有如何使用援助资金的决策权。墨西哥则无法根除腐败行为和贫困等结构性缺陷，自身体制依然存在严重缺

---

[1] Clare Ribando Seelke, *Mexico: Background and U. S. Relations*, CRS Report R42917, Washington, D. C.: Congressional Research Service, 2019, p. 1.

陷，面对美国对主权的干涉无能为力，导致在猜忌中约束美国无果，大大降低了合作的友好氛围。

在上述因素的影响下，美墨禁毒合作虽然取得了一定进展，但是毒品依然源源不断地通过美墨边境进入美国。禁毒战争给墨西哥政府带来了沉重的执法负担和财政负担，甚至是血的代价。同时，墨西哥加大了对美国情报和军事设备的依赖，难以实现其政策自主性原则。美国与墨西哥之间的禁毒合作关系难以摆脱帝国霸权的阴影。面对双边禁毒成效的不尽如人意，美国为了降低敏感度，委托加拿大在北美区域合作制度的框架下对墨西哥提供一定的技术援助，提高墨西哥的执法能力。同时，墨西哥致力于在联合国多边毒品管制的框架下积极推动改善国际禁毒规范，为美墨关系设定较为公正的全球禁毒共识，这些努力取得了一定的成效。联合国毒品问题特别大会的成果文件反映了国际毒品管制政策正在从严厉的司法惩治导向逐渐向公共卫生导向迈进，不断强调减少毒品需求和降低毒品危害策略的重要性。美国政策内容也由"打击供给为主"逐渐向"预防、打击、减害三者并重"过渡，为美墨合作创造了较为宽松的规范空间。多边机制协调在一定程度上缓解和美墨不对称禁毒关系，为美墨禁毒合作政策的调整提供了空间。但是，应该看到，目前的多边毒品管制依旧存在诸多不完善之处，对于禁毒产生的社会和经济根源并没有给予重视，未来美墨禁毒关系在全球毒品制度的协调下如何演进还需进一步观察。

第五章

美墨非法移民管理合作

非法移民问题是非对称国家之间关系的一个重要议题。墨西哥政府认为移民问题是一个自然的经济现象,因此,长期以来,对于非法移民问题实行"无政策的政策",即自由放任是墨西哥移民政策的最大特征,在20世纪的大部分时间里,除了第二次世界大战期间和之后的几年,在短暂的谈判和合作外,墨西哥在移民问题上实行"故意不接触"(deliberate non-engagement)政策。① 而美国则将移民问题"安全化",非法移民问题成为美墨关系中最大的冲突。本章对美墨边境非法移民管理合作进行分析,试图在管理非对称关系的条件中,找到美墨非法移民问题无法解决的原因。

第一节 美墨非法移民管理合作的意愿和困境

非法移民问题是一个复杂的跨国问题。美墨边境是成千上万墨西哥非法移民的主要入口,成为美国的非传统安全问题。21世纪以来,墨西哥还成为大量中美洲非法移民前往美国的过境国,对墨西哥的国家安全也造成一定的影响。

一 共同利益

(一)打击跨国人口贩运

冷战后,随着美国边境控制人力物力的增加以及监控技术的发展,美

---

① Jorge I. Domínguez and Rafael Fernández de Castro, *The United States and Mexico: Between Partnership and Conflict*, New York: Routledge, 2001, p. 12.

墨边境非法偷渡的难度越来越高。只有犯罪网络才能通过地下情报网络找到边境地区的监管薄弱环节，帮助非法移民能够越过边界。因此，非法移民问题从个人问题上升为人口贩运的违法犯罪问题。在"边境守卫行动"出台之前，美国在圣迭戈与墨西哥的边境是成千上万非法移民的主要入口之一。随着"边境守卫行动"实施，人们被迫从圣迭戈以东更加危险的山脉和沙漠非法越境，后发现3000多具遗骸。[①] 大规模的非法移民死亡事件引起了国际社会舆论的人道主义谴责。因此，打击跨国人口贩运组织成为美墨合作共同目标。

（二）合作管理从墨西哥过境的中美洲非法移民

2007年以来，经墨西哥前往美国的中美洲非法移民日益增多，墨西哥的非法移民过境国角色日益突出。2014年，中美洲非法移民大篷车浩浩荡荡地抵达蒂华纳—圣迭戈边境，还有大量无陪伴的中美洲儿童聚集到美墨边境，企图非法越境。2012年前，在美墨边境被逮捕的无陪伴儿童大多是墨西哥儿童，但是2014年，聚集到美墨边境、企图非法越境的7.3万无陪伴的儿童中，有四分之三来自萨尔瓦多、洪都拉斯和危地马拉这三个中美洲国家。[②] 2017年，估计有330万中美洲移民居住在美国，其中包括130万萨尔瓦多人；92.4万危地马拉人；60.3万洪都拉斯人和25.2万尼加拉瓜人。其中，近190万（约58%）是非法移民。[③] 中美洲非法移民不仅成为美国的移民问题，也对墨西哥治安造成了影响。墨西哥移民和庇护服务资源不足，无法应对如此多的中美洲移民涌入造成的社会冲击。由于这部分负担是由于与美国为邻造成的，中美洲非法移民需要美墨两国共同管理。

二 利益分歧

在非法移民问题上，美国与墨西哥在利益取向上是一对矛盾关系。美

[①] Salvador A. Cicero-Domínguez, "Assessing the U. S. -Mexico Fight Against Human Trafficking and Smuggling: Unintended Results of U. S. Immigration Policy," *Journal of Humam Rights*, Vol. 4, No. 2, 2005, pp. 316 – 317.

[②] General Accounting Office (GAO), *Central America: USAID Assists Migrants Returning to Their Home Countries, But Effective*, GAO – 19 – 62, Washington, D. C.: General Accounting Office (GAO), 2018, p. 4.

[③] Jeffrey S. Passel and D. , Vera Cohn, *Mexicans Decline to Less than Half the U. S. Unauthorized Immigration Population for the First Time*, Washington: Pew Research Center, 2019.

国期望控制并减少非法移民流入量,并且驱逐境内的非法移民。而墨西哥则希望美国能够进行全面的移民改革,包括将已经在美国居住多年的非法移民合法化、提供季节农业工人计划,增加合法移民签证等,给予更多合法进入美国的机会,从而减少非法移民的数量。

(一)美国的合作目标:需要墨西哥政府配合拦截和遣返非法移民

美国认为其移民政策是单方面的国内政策。美国社会对于治理非法移民问题已基本形成共识,即应当加紧控制非法移民,限制净移民数量。从地理位置上来说,控制美墨边界对于治理非法移民至关重要,因此,边界控制成为美国移民治理的核心要素,即通过威慑、执法来拦截和遣返非法移民。美国出台了庞杂的联邦和州移民法律法规,建立了一系列拦截非法移民措施,包括通过建设边境墙、增加特工数量和边境技术的应用逮捕非法移民,打击移民贩运行为和伪造证件的犯罪行为,限制雇主雇用非法移民,取缔非法移民的福利等。1990年,美国国会通过了《移民和国家法》的修正案,1996年的《非法移民改革和移民责任法》,均授权雇用更多边境巡逻人员,为边境巡逻队提供了更多资金。在1992年,边境巡逻队还只是一支小型警察部队,在整个西南边境只驻扎了3555名人员,而在1993年至2000年,美国边境巡逻队的规模从4000名增加到9000名以上。[1] 移民和归化局的预算几乎增加了两倍。[2] "9·11"事件之后,美国政府更是进一步增加了边境巡逻队的人员数量和预算,《爱国法案》为移民和归化局增加3亿美元预算,2010年的《边境安全法》则批准继续招募3000名边境巡逻人员,增加了2.44亿美元预算。[3] 为了达到拦截、遣返移民,加强边界控制的目的,美国认为,墨西哥政府应该在以下方面与美国合作:一方面,教育墨西哥公民遵守美国国内移民法规,在墨西哥边界一侧大规模部署巡逻人员,部署精密的检测设备,进行严格的出国管制,来控制非法移民越界。另一方面,在通过美墨边境遣返非法移民时,墨西哥应该配合美国做好交接工作。

---

[1] Peter Andreas, *Border Games: Policing the U. S. -Mexico Divide*, New York: Cornell University Press, 2000, p. 51.

[2] Peter Andreas, Ethan Nadelmann, *Policing the Globe*, Oxford: Oxford University Press. 2006, p. 166.

[3] Massey Douglas S., Pren Karen A., "Unintended Consequences of US Immigration Policy: Explaining the Post-1965 Surge from Latin America," *Population and Development Review*. No. 38, 2012, pp. 1 – 29.

（二）墨西哥的合作目标：与美国签订全面移民合作协议，保护移民人权，实现移民有序流动，作为减少非法移民的前提条件

墨西哥政府认为，移民问题是一个跨国界的问题，不应单方面决定和考虑。墨西哥政府在2001年发布的《2001—2006年墨西哥国家发展计划》中明确指出，移民问题的原则是美墨责任共担。同时，移民问题是美墨经济结构相互依存导致的必然现象。它是建立在现实因素之上的，这些因素包括地理的相邻性、经济不平等以及两国一体化带来的紧密关系。向美移民在一定程度上减轻了墨西哥国内的就业压力，移民的侨汇是墨西哥第二大外汇收入，仅次于石油出口，甚至超过外国直接投资或旅游业，对于墨西哥经济稳定起到不可或缺的作用。墨西哥政府将本国在美国的移民视为重要的国家发展的经济资源。与美国将墨西哥非法移民视为罪犯相反，墨西哥的福克斯、卡尔德龙、涅托和奥夫拉多尔总统都称在美移民为墨西哥的"民族英雄"。墨西哥公众不支持墨西哥政府控制从墨西哥到美国的非法移民。2006年只有22%，2008年只有27%支持墨西哥政府加强边境管制，以避免非法移民前往美国。[1] 大多数墨西哥人（2004年为70%，2006年为71%）同意墨西哥政府就非法移民问题与美国进行谈判和合作，前提是美国提供更多在美国合法工作或生活机会。[2] 总之，如果美国试图限制在美国工作的墨西哥人向墨西哥寄侨汇，加上大规模的回国移民的重新就业问题，那么墨西哥国内经济将承受更大压力，社会将面临更大的动荡。因此，墨西哥民众和政府在非法移民问题上，对美国合作的诉求有两个方面：一是与美国达成全面移民合作协议，为墨西哥人提供合法进入美国的途径，捍卫墨西哥移民的权利，在此基础上，墨西哥与美国合作打击非法移民，保护美墨边界人员流动的有序性。二是获得美国的援助，促进墨西哥的经济和社会发展，减少非法移民迁徙的根本动力。

---

[1] Guadalupe González González, Susan Minushkin, eds., *México y el Mundo: Visiones Globales 2006. Opinión Pública y Política Exterior en México*, Mexico: CIDE-COMEXI, 2006, p. 39; González González, Ferran Martínez Coma and Schiavon, eds., *México, las Aé ricas y el Mundo: Política Exterior: Opinión Pública y Líderes 2008*, Mexico, CIDE, 2008, p. 49.

[2] Guadalupe González González, Susan Minushkin, Robert Y. Shapiro, eds., *México y el Mundo: Visiones Globales 2004. Opinión Pública y Política Exterior en México*, Mexico: CIDE-COMEXI, 2004, p. 20. Guadalupe González González, Susan Minushkin, eds., *México y el Mundo: Visiones Globales 2006. Opinión Pú blica y Política Exterior en México*, Mexico: CIDE-COMEXI, 2006, p. 39.

第二节 管理美墨非法移民合作的条件

一 不稳定的移民磋商机制

以"9·11"事件为分水岭,美墨移民合作和谈判可以分为两个阶段。冷战结束之后,到"9·11"事件之前,美墨政府短暂地建构起移民问题的互信磋商机制。在这段时期,正是得益于制度化的磋商,美墨政府暂时将移民问题"去政治化""去安全化",建立起较为有效的非法移民技术性合作。"9·11"事件之前,美国时任布什总统和塞迪略总统任期内,与墨西哥建立起边境非法移民合作,解决了技术性问题。

(一)"9·11"事件之前,初建互信磋商机制

卡特总统和洛佩兹·波蒂略总统于1977年成立美墨双边委员会,但该委员会在20世纪80年代处于休眠状态。[1] 然而,20世纪90年代的北美自由贸易协定谈判在美墨之间建构起"伙伴关系"包容性话语,为两国就非法移民问题对话提供了短暂的机遇期。"伙伴关系"话语的一个重要行为功能(performative power)就是可以促进移民议题的去安全化、去政治化。[2] 1994年5月举行的美墨双边委员会会议闭幕式上,美国时任国务卿沃伦·克里斯托弗(Warren Christopher)在讲话中第一次使用"伙伴关系"形容两国的关系:"我们的谈话是积极和建设性的。美国和墨西哥是日渐重要和活跃的关系中的朋友、邻居和伙伴。"时任墨西哥总统塞迪略表示,墨西哥愿意通过对话和双边机制与美国合作,以解决非法移民问题,前提是美国不干预墨西哥的主权。[3]

1995年,美墨政府成立迁徙和领事问题工作组(Working Group on Migration and Consular Issues),目的是交流双方在移民问题上的两国国内政策最新进展,并开展对话,建立信任。在移民和领事问题工作组的指示

---

[1] Marc R. Rosenblum, "Moving beyond the Policy of No Policy: Emigration from Mexico and Central America," *Latin American Politics and Society*, Vol. 46, No. 4, 2004, p. 109.

[2] Rahel Kunz, "Depoliticization through Partnership in the Field of Migration, the Mexico-US Case," in Rahel Kunz, Sandra Lavenex and Marion Panizzon, eds, *Multilayered Migration Governance: The Promise of Partnership*, New York: Routledge, 2011, p. 286.

[3] Rahel Kunz, "Depoliticization through Partnership in the Field of Migration, The Mexico-US Case," in Rahel Kunz, Sandra Lavenex and Marion Panizzon, eds., *Multilayered Migration Governance: The Promise of Partnership*, New York: Routledge, 2011, p. 291.

下，美墨学者开展了多项双边联合研究项目，最突出的一项研究是由移民和领事问题工作组委托美墨两国 20 名移民领域的学者共同撰写了一份《双边迁徙研究》报告，目的是在深入科学研究的基础上，推进对在美墨西哥非法移民多方面的客观评价。① 该研究于 1997 年发表，涵盖了墨西哥在美国移民的许多方面，包括在美国出生的墨西哥人口的特征、非法移民的成因和后果以及美墨两国对非法移民的政策。② 在此之前，美墨对移民的数量、特征和动机均存在分歧。借助撰写报告的契机，美墨双方将美国人口普查和行政数据与墨西哥人口普查和行政数据进行了核对，得到双方都认可的结论。正因为此次合作研究的成功，现在美国定期进行美墨移民人口普查，已经制度化，美墨双方共享数据。③ 这项研究有助于美墨两国达成共识并建立信任。它将非法移民问题变成双方都可以识别并通过合作解决的具体技术问题，化解了双边对话中的紧张局势。

在高层磋商的推动下，美墨政府建立了非正式的边境地方双边协调机制——"边境联络人机制"（Border Liaison Mechanism）。④ 边境联络人机制是一个解决较小争议以及双方交换信息的机制。该机制以解决问题为导向，其重点是与非法移民遣返以及领事保护程序相关的特定"技术"问题。⑤ 在建立"边境联络人机制"之前，美墨边界上出现的问题通常需要通过外交途径，传送到各自首都，才能得到回应，紧急的问题通常不能得到有效响应。因此，相对较小的边境冲突有可能被扩大，成为双边关系的冲突点。1993 年，边境联络人机制正式在蒂华纳—圣迭戈落地，到 20 世纪 90 年代末，美墨政府共在主要边境城市建立了 8 个边境联络人机制，应对与移民、犯罪和司法案件有关的边境事件。边境联络人机制允许在地

---

① 1992 年美国国家数据委员会和国家研究院人口委员会就已经认识到在墨西哥移民研究中墨西哥学者参与的重要性，他们建议美国联邦统计局与墨西哥同人建立双边移民研究。见钱皓《美国西裔史学研究》，《史学理论研究》2001 年第 3 期。

② Binational Study on Migration, "Migration between Mexico and the United States," http://www.utexas.edu/lbj/uscir/binational.html，访问日期：2018 年 5 月 5 日。

③ Rahel Kunz, "Depoliticization through Partnership in the Field of Migration, the Mexico-US Case," in Rahel Kunz, Sandra Lavenex and Marion Panizzon, eds., *Multilayered Migration Governance: The Promise of Partnership*, New York: Routledge, 2011, p. 298.

④ Robert L. Bach, "Campaigning for Change: Reinventing NAFTA to Serve Migrant Communities," *Latin American Program Working Paper Series*, No. 248, 2001, p. 11.

⑤ Robert L. Bach, "Campaigning for Change: Reinventing NAFTA to Serve Migrant Communities," *Latin American Program Working Paper Series*, No. 248, 2001, p. 14.

方一级进行双边机构协调,而无须通过首都进行沟通。各个地区的边境联络人机制会议每季度举行一次,由位于边境城市的美墨领事主持,成员包括美墨边境州和地方政府机构的代表以及公民利益相关者,有效地帮助不同级别的边境州政府建立持续的对话和合作。这些机制将边界两侧的官员聚集在一起,讨论因为移民等问题带来的冲突,在地方而非中央层面上,制定解决边境区域内出现的问题的技术方案。

经过5年初步的移民技术合作,2000年,墨西哥国家行动党福克斯总统上台之后,墨西哥政府决定采取攻势,主动促成与美国达成双边移民协议。这代表了墨西哥对不对称关系所施加的局限性的一个重要转变:既然美国必然会要求墨西哥解决非法移民问题,从美国的利益出发要求墨西哥进行整改,那么,墨西哥何不先发制人,先提出自己的立场以及合作倡议呢?

因此,在福克斯总统的倡议下,移民和领事问题工作组于2001年2月开始正式谈判全面移民协议。移民和领事问题工作组基于1997年的报告的调查结果,撰写了《墨西哥—美国移民:共同的责任》报告,撰写报告的成员包括美墨政府官员、学者、企业代表、卡内基国际和平基金会、工会代表,美国商会以及专门研究移民问题的非营利组织。该报告指出,自20世纪90年代美墨开展移民对话以来,成立的双边移民管理机构,特别是信息交流和边境管制合作,包括双边工作组、边境联络机制、协商机制,双边研究和遣返协议为扩大美墨移民合作提供了必要的要素。现在应该超越这个框架,建立一个有序的移民流动机制,以最大限度地将这些流动对每个伙伴和参与该过程的参与者的积极影响,同时将其负面影响降至最低。[①] 如果两国精心制定和实施,两国政府将能够从执行具有争议的单方面移民政策,转变为执行协议条款,从秉持绝对主权概念转变为执行双方互利的协议条款。[②]

谈判小组的第一次会议于2001年4月在华盛顿举行。当时,墨西哥代表团概述了墨西哥的立场并提出了合作提案。墨西哥的提案围绕以下五个要素:第一,移民发起地共同努力以促进发展,减小与移民目的地之间

[①] US-Mexico Migration Panel, *Mexico-US Migration: A Shared Responsibility*, Washington, D. C.: Carnegie Endowment for International Peace, 2001, p. 12.

[②] US-Mexico Migration Panel, *Mexico-US Migration: A Shared Responsibility*, Washington, D. C.: Carnegie Endowment for International Peace, 2001, p. 1.

的经济鸿沟；第二，为季节性工人提供专门签证计划；第三，增加永久居留签证的数量，使其更接近移民现象的现实；第四，将居住在美国的非法墨西哥移民合法化；第五，合作打击边界地区的跨国犯罪行为。美国听取了墨西哥的提案，在国内开展了几场辩论，但是直到"9·11"事件之前，美墨谈判人员虽然进行了几次磋商，但是尚未涉及确定双边协议的具体细节。墨西哥—美国边境事务主任的埃内斯托·鲁福·阿佩尔（Ernesto Ruffo Appel）遗憾地表示："墨方已尽一切可能使移民问题成为双边议程的重中之重。但我们尚未从美方发现同样的回应。"①

总之，在"9·11"事件之前，美墨政府通过双边磋商机制加强了信息交流，墨西哥对于美国关心的非法移民问题给予了积极的回应，两国在边境地区的领事保护以及打击人口贩运的技术合作取得重大进展。但是对于墨西哥政府提出的签订全面移民协议的诉求，美国并没有给予积极回应。甚至有学者认为，在"9·11"事件之前，美墨虽然建立了一系列移民磋商机制，但是不能叫作谈判（negotiation），而只是对话（conversation）。② 此外，在美墨磋商的同时，美国并没有停止针对非法越境的移民的单边主义行动，如1994年11月加利福尼亚州的圣迭戈地区展开的"守门员行动"（Operation Gatekeeper），1997年8月得克萨斯州的南部展开的"格兰德河行动"（Operation Rio Grande）等阻止非法移民通过。因此，美墨双边移民磋商取得的积极成效有限。

（二）"9·11"事件之后，美国非法移民问题安全化，美墨非法移民问题的沟通渠道中断

"9·11"事件打断了美墨移民谈判进程。美国作为世界大国，关注点完全转向中东地区。同时，美国国内种族主义卷土重来，"执法优先"成为美国对非法移民的唯一回应。美国国会颁布了多项法律，如2002年

---

① LADB Staff, "Mexico Pushing for U. S. to Resume Negotiations on Immigration Agreement," 2002. https://digitalrepository.unm.edu/cgi/viewcontent.cgi?article=5580&context=sourcemex, 访问日期：2019年12月3日。

② LADB Staff, "Mexico Pushing for U. S. to Resume Negotiations on Immigration Agreement," https://digitalrepository.unm.edu/cgi/viewcontent.cgi?article=5580&context=sourcemex, 访问日期：2019年12月3日。此外，美国驻墨西哥大使杰弗里·达维多（Jeffrey Davidow）（任期为1998—2002）也承认，墨西哥坚持称为"谈判"，但是实际上这并不是谈判，因为墨西哥并没有可以与美国交换的东西。Dolia Estévez, *U. S. Ambassadors to Mexico the Relationship through Their Eyes*, Washington, D. C. : Woodrow Wilson International Center for Scholars, 2012, p. 113.

的《爱国法案》《国土安全法案》、2004 年的《情报改革和恐怖主义预防法案》、2006 年的《安全围墙法案》来建立和扩展非法移民执法计划,考虑到"9·11"事件之后美国的议程集中在安全问题上,墨西哥政府修改了有关移民协议提案的叙述,提出通过正式合作机制对非法移民进行共同管理,通过"将他们带出阴影"有助于实现美国国家安全。然而,在这段时期,美国与墨西哥进行移民谈判的内容仅局限于美国需要墨西哥配合在美墨边境拦截非法移民以及遣返非法移民。2002 年,福克斯希望重启移民对话,但是布什并没有理会福克斯的倡议,而是将美国的安全议程"施加"于墨西哥。美墨签署了《智能边界协定》,该协定的重点升级边界管控技术,拘留潜在的恐怖分子。2004 年 2 月 20 日,墨西哥时任内政部长克里尔与到访的美国国土安全部长里奇签署了《以安全的、有序的、人性的方式遣返墨西哥非法移民谅解备忘录》和《边境安全合作共同行动计划》,进一步确立了美国以执法和遣返为主要特征的非法移民政策。

鉴于美国的移民执法优先的政策,美墨双边移民小组丧失了可以政策对话的空间。在福克斯卸任之后,墨西哥卡尔德龙总统在一定程度上将美墨双边议程"去移民化"[①]。2012 年涅托任期内,墨西哥移民政策则被称为"不产生言语冲突的政策"。卡尔德隆总统和涅托总统都故意放弃与美国谈判非法移民问题。奥巴马于 2013 年 5 月 2 日访问墨西哥期间,涅托表示,移民被美国视为内部事务,墨西哥尊重这一观点。[②] 两国在移民方面的合作程度非常低。双方都没有在移民问题上建立制度化磋商机制的意愿。美国执法优先的移民政策不仅导致美墨高层移民磋商机制停滞,也导致地方上的磋商机制中断。比如,2010 年,亚利桑那州通过 SB1070 法案之后,墨西哥边境州州长强烈抗议,取消了每年一届的美墨边境州长会议。

总之,即使在"9·11"事件之前,美墨虽然开展了移民对话,建

---

① Jorge Durand, "La Desmigratización de la Relación Bilateral: Balance del Sexenio de Felipe Calderón," *Foro Internacional*, Vol. LIII, No. 3 – 4, 2013, pp. 343 – 364.

② Presidencia de la Republica, "Sesión de Preguntas y Respuestas al Término del Mensaje a Medios de Comunicación del Presidente de los Estados Unidos Mexicanos, Licenciado Enrique Peña Nieto, y el Presidente de los Estados Unidos de América, Excelentísimo Señor Barack Obama, Comunicado de Prensa," May 2, 2013.

立了非正式的双边协调机制，但是美国并没有积极回应墨西哥对于签署移民合作协议以减少非法移民的诉求。"9·11"事件之后，美墨两国关于移民问题的制度化互信磋商机制中断。墨西哥和美国目前在移民问题上的对话非常有限。[1] 因为利益分歧和关注点分歧，美墨政府无法形成连续、稳定的磋商机制来解决边境管控和非法移民治理问题上的冲突。

二 美国移民立法改革和对墨西哥有条件的援助

（一）美国领导人无法调和国内压力集团的利益，无法出台全面移民改革法案

正如中国学者梁茂信所说，美国的政治体制既具有组织缜密、决策科学的优越性，但是政府权力的制衡性和分散性以及利益集团的多元性等等常使联邦政策步履维艰、事倍功半。[2] 在非法移民问题上，美国移民体系改革是一个复杂的系统工程，同时又是个涉及利益面极为广泛的政治性问题。自20世纪90年代初以来，美国一直没能根据变化的局势，更新其移民管理体系，实现全面移民立法改革。美国在移民治理上面临的难题，既反映了白宫与国会、国会内部、共和党与民主党等不同政治团体的利益斗争，也凸显出工商业团体、社会精英、一般民众以及工会、宗教团体等不同群体在价值观取向及利益上的巨大分歧，使得非法移民问题一而再、再而三地成为美墨关系中的一大顽症。总的来说，美国国内对于移民法改革存在以下难以调和的利益。

1. 州政府的非法移民政策极化。尽管美国移民政策的主导权掌握在联邦政府手中。但是，美国的宪政体系赋予了美国各州政府很大的自主权，特别是边境州，如加州和亚利桑那州在联邦政府无法出台有效移民改革的背景下，纷纷出台州的移民法律。1994年的加州187号提案、2009年亚利桑那州的HB2162号提案虽然被拒，但是反映了州政府反非法移民的立场。2010年SB1070法律在亚利桑那州获得通过并实施，

---

[1] Rafael Fernández de Castro and Roberta Clariond Rangel, "Immigration Reform in the United States," in Agustín Escobar Latapí and Susan F. Martin, eds., *Mexico-U. S. Migration Management: a Binational Approach*, Lexington Books, 2008, p.171.

[2] 梁茂信：《略论美国政府解决城市社会问题的效用有限性》，《美国研究》2002年第4期。

2017年得州通过SB4法律,将非法移民行为认定为犯罪,授权州警察检查任何嫌疑人在美国的移民身份,并限制非法移民使用公共设施的权利。这些法律确定了对非法移民的严苛执法政策。同时,也有一些美国州政府支持移民,如伊利诺伊州和威斯康星州等一些州对移民的立场更为宽松。

2. 美国民众和舆论对非法移民立场两极分化。美国历史上长期存在着两种对立的社会思潮——排外主义思潮与自由移民思潮。[①] 每年不同机构所做的对非法移民的态度的民意测试结果均呈现两极分化现象。比如,2001年8月,民意测验发现,虽然59%的美国人赞成减少合法移民,但62%的美国人也赞成将纳税的非法移民合法化。[②] 根据皮尤西班牙裔中心2011年的数据,有42%的受访者表示,应该加强边境安全和实施更严格的移民法,同时赞成对非法移民宽容以待的人也占50%。[③] 总而言之,美国公众对非法移民的认知呈现两极分化,无论是反移民或者亲移民的立场,都无法在全面移民法案辩论中胜出。

3. 美国国会中共和党和民主党相互制衡。在先严苛执法加强边界安全还是先移民改革,给非法移民提供合法身份的优先次序上,共和党和民主党各执一词。共和党认为应该先加强边界安全,只有严格实行边界执法,才能有效限制非法移民进入美国。民主党则认为,解决非法移民的身份问题应该得到优先处理。[④] 非法移民合法化涉及美国国家主权、法律尊严,同时又涉及美国一贯倡导的人道主义原则,在这个问题上表现得太过仁慈或太过严厉,都会遭到另一方的激烈反对,导致移民问题在美国国会的辩论经常陷入僵局。

总之,是否可以开展美国移民体系改革,解决非法移民问题取决于领导人调和各方利益的能力和权衡经济、安全和人道主义关切的能力。然而,至今没有任何一位美国总统有能力做到这一点,也没有任何一个权威机构可以对移民问题作出决策。小布什和奥巴马总统虽然都承诺以及提出

[①] 钱皓:《美国移民大辩论历史透视》,《世界历史》2001年第1期。

[②] Daniel Tichenor, "The Great Divide: The Politics of Illegal Immigration in America," in Kavita R. Khory, eds., *Global Migration*, New York: Palgrave Macmillan, 2012. p. 168.

[③] Pew Hispanic Center, "Public Favors Tougher Border Controls and Path to Citizenship. Most Oppose Ending Birthright Citizenship," http://pewresearchorg/pubs/1904/poll-illegal-immigration-border-security-path-to-citizen-ship-birthright-citizenship-arizona-law, 访问时间:2019年1月1日。

[④] 黄放:《美国移民问题与奥巴马政府的移民改革》,《国际研究参考》2015年第10期。

全面移民改革提案，旨在解决多个问题，包括将部分非法移民的合法化、签证制度的改革，以扩大合法移民流入、规范边境地区的移民控制措施等，但是没有一项签署成为法律，未能调和国内不同团体在移民问题上极化的利益和立场。

以奥巴马政府为例，奥巴马总统上台以来高度重视非法移民问题，并将拉美裔非法移民视为工作的重点。奥巴马在竞选中许诺他将在任职的第一年改革移民法，正是移民改革的竞选承诺使他在2008年获得了拉美裔的投票。奥巴马上任之后，于2011年4月召集了商人、工会代表、州长、国会议员和民间组织成员，请求他们提供支持，以促进全面移民改革。然而，由于反对美国移民政策改变的国会和其他保守派的阻力，加上2008年爆发的经济危机和医疗体系改革等其他国内政策优先事项，奥巴马的移民改革议案未能通过。在没有通过全面的移民政策改革的情况下，奥巴马只能一方面使用行政权力来实施一些"零敲碎打"的改革——通过较小的法案进行不同领域的改革，给拉丁裔社区一些"实惠"，平复他们的期望，借助软力量重建美国的道德权威。在奥巴马任期，他利用行政权力，在2012年宣布实施《童年抵美者暂缓遣返》（DACA），为达到一定条件的16岁以前就定居美国的非法移民提供保护，防止他们被驱逐出国，并保障他们获得在美国工作的权利。[①] 奥巴马政府继续允许非法移民可享受临时保护身份（TPS），允许已经在该国居住的国家的非法移民由于原籍国不利的条件暂居在美国，另一方面，奥巴马安抚国会中的保守势力和反移民团体，出台严厉的非法移民遣返措施。奥巴马延续了布什的"安全社区"计划，加强了非法移民遣返政策的实施。在2012年至2013年奥巴马执政期间，被遣返回国的墨西哥人口达到顶峰，甚至多于小布什政府（见表5-1）。

---

① 2014年，奥巴马提议出台《美国公民或永久居民父母暂缓遣返（DAPA）》，将福利扩展至非法移民的父母，约500万非法移民可通过该项目申请暂缓遣返，获得工作许可证。但是，这很快受到州政府的反对。2016年，26州联合上诉最高法院，称《美国公民或永久居民父母暂缓遣返（DAPA）》违反了联邦移民法和美国宪法，最终该项目被搁浅。可见，出于美国传统的理想主义精神，美国政府愿意给予非法移民一定程度上的人道主义政策，但是超过一定限度便会遭到美国社会的拒绝。

表 5-1　　　　　2009—2017 年，被美国强制遣返回国的
　　　　　　　　　墨西哥非法移民人数　　　　　　　　　单位：万人

年份	2009	2010	2011	2012	2013	2014	2015	2016	2017
被美国强制遣返回国的墨西哥非法移民人数	37.98	38.25	39.05	41.57	43.24	40.56	32.64	33.36	29.54

资料来源：CONAPO, BBVA, *Anuario de Migración y Remesas México*, Mexico：CONAPO, 2019, p.66.

（二）美国为墨西哥提供执法援助而非经济援助

贫穷和缺乏经济机会一直是墨西哥人向美国移民的主要推力。长期以来，墨西哥政府和学者一直表示，只有帮助墨西哥发展经济，创造体面的就业机会，才可以有效减少非法移民潮。但是美国对于为墨西哥政府提供援助、帮助其经济发展，从而阻止移民的做法并没有很大的积极性。按照世界银行的标准，墨西哥是中等偏上收入发展中国家，墨西哥在历史上未获得美国的大量发展援助。[1]

2002 年，美墨签署"繁荣伙伴倡议"（U.S.-Mexico Partnership for Prosperity），提出要创造墨西哥人最需要的工作，确保没有墨西哥人因为缺乏工作或机会而被迫离开家园的目标，但是"繁荣伙伴倡议"促进墨西哥经济发展的策略几乎完全集中在将美式金融产品和市场扩展到整个墨西哥上，以向墨西哥官员和金融和投资经理传授美国金融驱动的经济增长的方式，使墨西哥能够更好地通过金融市场来利用移民寄回国的侨汇。[2] 这种通过借贷来实现增长策略固有的危险和局限性，因为 2008 年美国的次贷危机引发了全球金融危机。因此，可以说，"繁荣伙伴倡议"几乎没有采取任何促进实体经济发展、创造就业的具体政策，不可能通过提高墨西哥人的生活水平来减轻移民的压力。

美国给予墨西哥一定的拦截非法移民的资金支持，但是仅仅局限于执法设备援助。美国对墨西哥的移民执法援助包含在"梅里达倡议"的预

---

[1] Peter J. Meyer, *U.S. Foreign Assistance to Latin America and the Caribbean：FY2018 Appropriations*, *CRS Report*, R45089, Washington, D.C.：Congressional Research Service, 2018, p.7.

[2] Matt Bakker, "From 'The Whole Enchilada' to Financialization：Shifting Discourses of Migration Management in North America," in Martin Geiger, Antoine Pécoud, ed., *The Politics of International Migration Management*, Palgrave Macmillan, 2010, pp.284-285.

算中。从2014—2019年，美国通过"梅里达倡议"，提供给墨西哥2亿美元的移民管控和边境安全设备，包括非侵入式检查设备、流动执法站、警犬和车辆，为墨西哥的移民执法人员提供培训，帮助墨西哥收集与美国数据库对接的生物识别信息。[1] 2020年，美国将对墨西哥用于拦截中美洲非法移民的援助提高到1.268亿美元，同样包括在"梅里达倡议"预算中。[2] 然而，根据本书第四章所述，"梅里达倡议"是2006年卡尔德龙政府向美国提出的禁毒援助，这体现了美国执法问题上将墨西哥移民问题视为等同于毒品犯罪问题，并无意愿和政策资助墨西哥改善国内经济状况，从而解决非法移民问题。

正如普林斯顿大学的移民政策专家道格拉斯·梅西（Douglas S. Massey）所说，自1986年以来，美国在美墨边境执法上花费了350亿美元。北美自由贸易协定在货物、资本、商品、信息和服务的自由流动方面与欧盟的功能并无很大差异，但是，与欧盟不同的是，北美自由贸易协定没有任何关于劳动力自由流动的规定。尽管墨西哥人均GDP远低于美国，但差距并不大于波兰加入欧盟时波兰与西欧之间的差距。如果美国将边境执法的350亿美元用于对墨西哥经济的结构性调整援助，而不是用于边境执法，并且为移民跨界流动创造合法途径，那么非法移民会少得多。从长远来看，更少的移民限制以及更多的移民流动管理，才能控制住非法移民浪潮。[3]

三 墨西哥非法移民管控与对美国移民改革的有限影响

墨西哥在1994年之前在移民问题上的立场一直是"没有政策的政策"，即实行以放任不管为特征的"脱钩"战略。但是在1994年之后，借着北美自由贸易协定的"东风"，美墨双方移民问题列为双边议程的优先事项，支持建立管理移民流动的非正式双边协调机制。2000年，相对亲美的国家行动党福克斯总统上台，墨西哥更是决定采取攻势，希望与美

---

[1] Clare Ribando Seelke, *Mexico's Immigration Control Efforts*, CRS Report, IF10215, Washington, D.C.: Congressional Research Service, 2019. p. 2.
[2] Clare Ribando Seelke, *Mexico's Immigration Control Efforts*, CRS Report, IF10215, Washington, D.C.: Congressional Research Service, 2019, p. 2.
[3] Douglas S. Massey, From Migration Restriction to Migration Management, https://www.un.org/en/chronicle/article/migration-restriction-migration-management, 访问日期：2019年1月10日。

国签订全面移民协议。这种态度代表了墨西哥对非对称关系所施加的局限性及其"听天由命"的消极认识的一个重要转变。墨西哥政府在以下方面实施了政策调整，以展现良好形象，试图影响美国的移民政策，促使美国进行全面移民改革。

（一）完善国内立法和移民管理机构设施，尊重移民人权

自 2000 年以来，为了应对不断变化的移民潮和来自美国的压力，墨西哥的移民体系逐步发展。在 2010 年之前，墨西哥对移民的规定包含在 1974 年生效的《人口法》中。2010 年卡尔德龙政府着手编撰《移民法》，2011 年墨西哥颁布《移民法》，并于 2012 年生效。之后墨西哥政府陆续出台《移民条例》（2013）、《2014—2018 移民特别计划》《难民和庇护法》（2014），通过立法，取消了对墨西哥非法移民的刑事处罚，承认移民的受教育权、紧急医疗服务权，民事登记权和司法行政权，无论他们是合法移民还是非法移民。这意味着墨西哥移民法将人权置于政治辩论的中心。随着《移民法》的生效，2012 年，墨政府对内政部进行了改革，划定了国家移民局的职能，成立了移民政策处，移民政策处负责协调制定移民政策的战略，项目和行动所需的规划，并根据支持该领域决策的统计数据和专门研究分析。通过此举，墨西哥希望自己加强对移民的研究，出台更理性、连贯的移民政策，在对待非法移民和难民方面树立良好的国际形象，并期望在美国的墨西哥人也可以受到同样的待遇。

（二）墨西哥和美国执法机构合作，展现出打击人口贩运行为的意愿

自"9·11"事件以来，面对美国安全政策的收紧，墨西哥不得不支持美国大部分执法工作。墨西哥政府与美国执法部门合作打击人口贩运行为，并承诺加强移民管理，增加其北部和南部边界的安全。墨西哥国家移民局从移民那里收集生物特征数据，与美国国土安全部共享。墨西哥执法机构与美国海关边境保护局的国际联络部保持定期联系，以共享有关边境犯罪的信息，并在特工面对边境暴力时协调应对措施。美国边境巡逻队负责人和墨西哥内政部官员共同主持边境执法机构之间的每月会议。2002年，墨西哥与美国签订《智慧边境》协议，2003 年 6 月 3 日，美国和墨西哥官员宣布启动"沙漠保障行动"，以通过在亚利桑那州诺加莱斯市西部部署更多，装备更完善的边境巡逻队特工，以挽救移民的生命，同时增加了危险警告语，采取更加有力的措施打击人口贩运者。2006 年起，美国和墨西哥的执法机构建立边境执法安全工作队（BEST），合作打击人口

贩运。美国移民海关执法局在墨西哥城的跨国犯罪调查科与墨西哥联邦警察和海关官员合作，打击毒品和人口走私。美国和墨西哥执法机构还通过"打击人口贩运行动的安全倡议"（OASISS）共同打击跨国贩运网络。2007年末，卡尔德龙政府对《联邦刑事诉讼法》进行了改革，将人口贩运定为刑事犯罪。自2007年以来，美国国务院将墨西哥列为《人口贩运报告》（TIP）中的"第2级"国家。[①] 可以说，墨西哥在打击人口贩运的行动中，与美国进行了通力合作。

（三）接受美国的非法移民遣返政策，通过积极发展经济、改善社会福利，帮助遣返回国的墨西哥非法移民融入社会，激励在美墨西哥移民回乡工作和投资

墨西哥接受了美国的非法移民遣返政策。与美国在遣返过程中密切合作，在墨西哥北部边境城市蒂华纳、墨西卡利等地设有九个遣返接待点，为被美国政府遣返的墨西哥移民提供免费服务。[②] 20世纪90年代起，墨西哥开始实施"3×1"基金计划，即墨西哥返乡移民在为墨西哥社区的生产性公共项目中投入每1美元，墨西哥联邦政府投入1美元，州政府也投入1美元，作为配套资金。墨西哥科学技术委员会（CONACYT）制订了"示范遣返计划"，以激励侨民中的科学人才返回墨西哥的大学和研究机构，包括薪金增值、搬家费用以及对已发表研究的奖励。1991年至2000年，墨西哥科学技术委员会资助了将近3000名研究人员的遣返，总资助5700万美元。2013年，墨政府更是制订了《2014—2018年特别移民计划》，在联邦层面，制定了全面的帮助回国移民融入当地社会的政策和行动，包括获得国民身份、民事登记、获得教育和保健服务、获得职业培训的机会、推荐就业、获得住房贷款以及为生产性项目提供融资等。同时，在州政府层面，各个州政府也出台了如《移民的综合发展和重新融入社会计划》等计划，也更新了返乡移民的管理形式，比如，墨西哥边境州奇瓦瓦州专门设立一个独立机构，专门负责协调和管理对被美国遣返的移民的保护和照料。

[①] 美国的《人口贩运报告（TIP Report）》将世界国家按照其人口贩卖状况分为4级。第1级的国家完全遵守2000年通过的《人口贩运受害者保护法》中规定的最低标准。第2级的国家在人口贩运执法方面取得重大进展，但仍有空间改善。

[②] 袁艳：《墨西哥政府海外移民政策述评》，《拉丁美洲研究》2016年第1期。

（四）墨西政府哥游说美国移民立法改革

为了影响美国的移民政策，墨西哥政府从正式和非正式两条路径与美国接触。与美国政府进行双边移民磋商是正式路径。然而，正如本节第一部分所述，通过正式的磋商途径，美国政府并没有给予全面移民协议的需求积极的回应。鉴于美国依然把移民问题作为国内问题，墨西哥政府不得不转而进行非正式地宣传和游说。随着美国在移民问题上的日益加剧的极化立场，保持完全的客观性变得非常困难，因此，墨西哥政府决定利用美国政治的多元化特点，聘请公共关系专家做说客，产生及时和有针对性的信息，最大限度地使墨西哥的移民问题立场为美国公众所了解和接受，影响公众舆论，以此影响美国政策导向，促成未来达成美墨移民协定。

其一，墨政府公开宣传墨移民良好形象以及墨政府与美国在移民问题上合作的意愿。"9·11"事件之后，墨西哥并没有放弃与美国的政策沟通。2002年10月，墨西哥政府宣布聘请位于纽约的高价咨询公司ZEMI Communications游说民主和共和党立法者、工会、商业领袖以及州和地方政府，就移民等双边关系中的关键问题进行积极的辩论。美国的外国代理人注册系统（Foreign Agent Registration）显示，2002年，福克斯加大了与移民相关的游说活动，游说总支出接近1100万美元。2003年游说支出达到880万美元。[①] 2005年12月，墨西哥外交部还宣布聘用达拉斯的顾问罗博（Rob Allyn），以改善墨西哥移民在美国的形象。

2006年2月，在美墨移民小组报告的基础上，墨西哥参议院和众议院一致通过了《墨西哥面对移民现象》决议，该报告的要点是，当前的移民形势需要墨西哥政府采取新的方法，承担起发送国、接收国和过境国的责任。移民现象是墨西哥和美国共同的责任，因此，两国都应该成为解决方案的一部分。这份文件成为墨西哥在移民问题上立场的基础。墨政府将《墨西哥面对移民现象》这一文件发送给墨西哥驻美国的所有领事馆，让各个领事馆将文件发给美国国会议员、智库和学者广泛传播这份文件。鉴于墨西哥政府的这些努力，美国众议院国际关系委员会于2006年3月8日发出了一封名为《亲爱的同事》的信，让所有国会议员注意阅读《墨西哥面对移民现象》，认为该文件是墨西哥首次公开承认其对解决非

[①] Liliana Ferrer Silva, "Cabildeo en Estados Unidos: Retos y Oportunidades para México," *Revista Mexicana de Política Exterior*, No. 84, 2008, p. 26.

法移民问题承担责任,愿意为两国的移民辩论做出重要贡献。2006年3月20日,在华盛顿举行的第22届美墨双边委员会之前几天,福克斯政府花重金买下了三份美国最重要报纸——《纽约时报》《华盛顿邮报》和《洛杉矶时报》的头版,发布《来自墨西哥的移民讯息》,总结了《墨西哥和移民现象报告》要点,指出墨西哥政府"不促进非法移民,并渴望参与寻找可帮助应对移民现象的解决方案",并强调墨西哥政府会促进墨西哥的经济发展以减轻移民压力,并承诺保护美墨边境安全和打击犯罪组织和走私者,同时希望美国承担起共享责任。[①]

其二,墨政府与墨裔美国人建立起友好联系,期望争取他们及后代的支持。从20世纪90年代开始,墨西哥政府致力于建立坚实的机构网络,以支持居住在美国的墨裔美国人的需求。1990年,墨西哥政府创建了"海外墨西哥人项目"(PCME),由墨西哥驻美国领事馆实施。正如一位参与"海外墨西哥人项目"的墨西哥官员所解释的,"海外墨西哥人项目"是一个政治组织,我们的基本目标是追求政治议程。[②] 该计划包括四个方面:(1)积极塑造墨西哥人努力工作、对美国发展做出巨大贡献的形象;(2)维护墨西哥国民与其居住在国外的后代之间的文化联系;(3)促进移民回故乡投资;(4)保护海外移民在美国的权利,帮助墨西哥在美国组成有影响力的社团,并帮助墨裔发展,向美国上层社会流动。之后,1993年,隶属于墨西哥外交部的海外墨西哥人办公室在"海外墨西哥人项目"的基础上成立。2001年,福克斯总统成立海外墨西哥人总统办公室,由墨西哥总统直接监督对海外墨西哥人的支持政策的落实情况。2003年,海外墨西哥人总统办公室和"海外墨西哥人项目"进行了合并,成立了海外墨西哥人研究所(IME)。2007年,卡尔德隆总统在《2007—2012年国家发展计划》中明确提及海外墨西哥人研究所作为与海外墨西哥社区扩大交流渠道,捍卫移民权利的重要性。2014年6月28日,墨西哥驻华盛顿大使爱德华多·麦地那·莫拉(Eduardo Medina Mora)宣布墨政府针对移民的政策的主要目标是:帮助在美国的墨西哥人充分融入当地社会、帮助他们在所居住的社区中繁荣发展,帮助他们获

---

① Alexandra Délano, *Mexico and Its Diaspora in the United States: Policies of Emigration since 1848*, New York: Cambridge University Press, 2011, p.194.

② Marc R. Rosenblum, "Moving beyond the Policy of No Policy: Emigration from Mexico and Central America," *Latin American Politics and Society*, Vol.46, No.4, 2004, p.111.

得公民、社会、经济和政治权利。墨西哥驻美国领事馆是"真正的融合中心",墨裔移民可以享用墨政府提供的各种各样的服务和计划。①

墨政府尤其注重与在美国的墨裔政界、学术界和商界领袖保持系统性联系。墨政府收集整理了《墨西哥研究人员海外目录》(Catálogode Investigadores Mexicanos en el Exterior)、全球高技术墨西哥人网络(Global Network of Skilled Mexicans),将海外墨裔移民与墨西哥国家科学技术委员会(CONACYT)、墨西哥的国际化,学术与科学流动网络(RIMAC)等联系起来,开展双边学术和智库合作。② 海外墨西哥人研究所则致力于将有影响力的海外移民及其后代纳入墨西哥移民政策决策过程。为此,海外墨西哥人研究所设立了一个咨询理事会,由在美国和加拿大的125位墨裔领袖组成,在2009—2011年,有57%的咨询理事会成员在美国或加拿大拥有政治职务。③ 咨询理事会促进墨西哥政府和墨裔美国领导人之间坦率和建设性的对话,其目的如下:第一,有助于墨政府了解海外墨裔移民和非法移民社区的优先需求,纳入墨政府的公共政策中。第二,向墨裔领导人传播有关墨西哥政府的最新政策和规划,加强他们与母国的联系和情感上的认同。第三,墨政府致力于帮助墨裔领导人发挥自己的潜力,如果在美国已经有一定影响力的墨裔美国人从与墨西哥政府的合作中汲取有效资源,发挥协同作用,那么,墨西哥政府的资源能够有效地支持他们在美国的发展,墨西哥政府将被视为他们的盟友。通过这种方式,墨西哥政府希望在墨裔移民团体能像犹太人那样形成利益游说集团,特别是加强与墨裔政客和具有政策影响力的学者建立起联系,以使这些政客和学者在参与美国的移民政策辩论时发出有利于墨西哥的声音。

然而,虽然墨裔美国领导人在边境两边的社会和政治行为者中享受相当的知名度和认可度,成为美墨移民问题的重要对话者,但应该看到,在美国的墨西哥人是具有不同社会、经济和文化背景的多元化集团。第一代

---

① Carlos Bravo Regidor, Alexandra Délano Alonso, De Muros y Caravanas: el Nuevo Panorama Migratorio, https://www.letraslibres.com/mexico/revista/muros-y-caravanas-el-nuevo-panorama-migratorio, 访问日期:2018年10月2日。

② Carlos González Gutiérrez. "Del Acercamiento a la Inclusión Institucional: La Experiencia del Instituto de los Mexicanos en el Exterior," en Carlos González Gutiérrez, ed., *Relaciones Estado Diáspora: Aproximaciones Desde Cuatro Continentes*, México: Porrúa, 2006, pp. 181 – 220.

③ Alexandra Délano, *Mexico and Its Diaspora in the United States: Policies of Emigration since 1848*, New York: Cambridge University Press. 2011, p. 215.

墨西哥移民属于非熟练劳动力群体，受教育程度低，收入低，他们居住和生活的地点分散、孤立，绝大多数人不会说英语，这阻碍了他们参与政治体系。"经济移民"的定位也使他们很少介入高政治领域的事务，几乎不参与政治类诉求。第二代和第三代墨裔美国人虽然对参与美国政治进程感兴趣，但是对于母国墨西哥的情感并不强。由于这种异质性，在美墨西哥移民没有统一的利益和议程，无法形成一个具有影响力的民族游说团体。墨西哥政府试图依托墨裔来产生重要的政策影响力还需时日。

综上所述，墨政府在非法移民问题上，部分回应了美国的需求，也积极通过游说和宣传，表明自己的立场，希望影响美国的移民政策，以达成美墨双边移民协议。然而，墨西哥的积极表态至今未得到美国的政策回应。在涅托执政的最后几个月中，特朗普甚至威胁增加关税来向墨政府施压，迫使墨西哥与美国签订《移民保护协议》，成为事实上的"安全第三国"。这充分体现了弱国在不对称关系中的脆弱性。

四　国际多边移民治理机制的协调

由于美墨双边移民合作的利益和关注点无法调和，为了继续在非法移民治理问题上进行对话，美国寻求在国际组织的框架下与墨西哥合作，特别是国际移民组织和联合国难民署，降低墨西哥对美国干涉内政的敏感度。而墨西哥则致力于在联合国框架下，达成多边移民治理规范，为美墨移民关系设定一个更平衡的制度框架，从而约束美国单边主义行动，减少非对称性带来的双边紧张局势。

（一）美国寻求联合国难民署和国际移民组织的技术支持，协调美墨移民冲突

美国与国际移民组织和联合国难民署的合作模式是"我出现，你干活"的模式。美国与联合国难民署和国际移民组织的合作，旨在避免与墨西哥产生直接冲突，同时，利用联合国难民署和国际移民组织在处理移民和难民问题上的专业性和国际声誉，提高执行力和有效性。

国际移民组织。国际移民组织是一个不以国际公约为基础的政府间组织。它为政府提供"移民管理服务"，功能有些像"私营公司"。[1] 自

---

[1] Antoine Pécoud, "What Do We Know about the International Organization for Migration?" *Journal of Ethnic and Migration Studies*, Vol. 44, No. 10, 2018, p. 1622.

2010 年以来，美国国务院通过人口、难民和移民局资助"国际移民组织的中美洲计划"，帮助墨西哥、哥斯达黎加、萨尔瓦多、危地马拉、洪都拉斯、尼加拉瓜和巴拿马政府加强可持续的管理移民的能力和保护弱势移民能力。国际移民组织的中美洲计划的支柱包括政府机构能力建设、对脆弱移民的直接援助、开展区域移民对话、与国际移民组织和联合国难民署的协调、紧急移民危机管理。其中，2015 财年和 2016 财年的预算合计为 4465000 美元。[①] 然而，从 2015—2017 年的预算执行情况来看，大部分预算（47%）被用于国际移民组织内部的人员和设施费用（见表 5－2），只有一半的费用用于为移民提供服务。对此，美国直言不讳：国际移民组织的中美洲计划是对墨西哥和中美洲国家政府能力的补充，而不是取代墨西哥和中美洲国家政府对自己应该负责的事情承担责任。[②]

表 5－2　　　　　　　国际移民组织的中美洲计划　　　　　　　单位：美元

分配领域	2015—2016 年	2016—2017 年	总计	占总预算的比例（%）
国际移民组织的人员费用	878256	994608	1872864	42
国际移民组织的设施采购	81962	163496	245458	5
能力建设	399538	412779	812317	18
增强意识	123026	252520	375546	8
直接援助和自愿回国计划	32100	42800	74900	2
庇护所支持	95765	93090	18855	4
区域对话	380278	381803	762081	17
应急移民危机管理	—	96300	96300	2
监测和评估	24075	12605	36680	1

资料来源：Steven Zyck Loretta Peschi Natalia Alvarez Nancy Landa, *Regional Summary Report*：*Mesoamerica*, Washington, D. C.：U. S. Department of State Bureau of Population, Refugees, and Migration, 2017, p. 7.

[①] Steven Zyck, Loretta Peschi, *Evaluating the Effectiveness of Regional Migration Program Models on Providing Assistance to Vulnerable Migrants*, Washington, D. C.：U. S. Department of State Bureau of Population, Refugees, and Migration, 2017, p. 16.

[②] Steven Zyck Loretta Peschi Natalia Alvarez Nancy Landa, *Regional Summary Report*：*Mesoamerica*, Washington, D. C.：U. S. Department of State Bureau of Population, Refugees, and Migration, 2017, p. 18.

自 2018 年 11 月以来，美国国务院人口、难民和移民局通过国际移民组织在墨西哥边境城市蒂华纳和华雷斯城实施自愿回国计划，支持希望回国的移民，向其提供回程交通费用。美国国务院人口、难民和移民局还向国际移民组织提供了 1190 万美元，向那些主动寻求搬离庇护所、放弃移民自愿回国的人发放现金。① 2019 年 9 月，美国国务院人口、难民和移民局向国际移民组织提供 550 万美元，用于为墨西哥北部边境城市大约 8000 名第三国寻求庇护者提供庇护所。同时，此外，国际移民组织还与墨西哥边境州（包括南部和北部边境州）政府协调，出台并实施了《移徙儿童和青少年权利综合照料计划》。② 该计划在国际移民组织，联合国儿童基金会和难民署的支持下，由墨西哥联邦政府具体设计和实施。在遣返最多的华雷斯市，国际移民组织与市政府合作，向华雷斯城的移民提供服务，包括就业培训，就业推荐和微型企业贷款，帮助被遣返的非法移民重新融入社会，减少犯罪的可能性，资金由移民遣返国（美国）提供。③

联合国难民署。美国是联合国难民署的最大捐助国。④ 联合国难民署一直是美国国务院人口、难民和移民局最大的多边合作伙伴。美国国务院人口、难民和移民局和联合国难民署每两年更新一次双边合作框架，以推进共同目标。

对于美国来说，美国通过难民署难民保护行动提升国家声誉。《美国与难民署的合作协议框架（2018—2019）》指出，联合国难民署将加倍努力，以提高美国作为捐助者的形象和知名度。⑤ 同时，联合国难民署在保护难民方面的官方地位和丰富经验，是国际难民问题领域的专家和权威，

---

① DHS, "Assessment of the Migrant Protection Protocols (MPP)," Washington, D. C: DHS, 2019, p. 4.

② International Organization for Migration (IOM), "Ciudad Juárez Municipality and IOM Sign Agreement for Migrant Assistance Program," April 2, 2011, http://iom. int/jahia/Jahia/media/press-briefing-notes/pbnAM/cache/ offonce/lang/en? entryId = 29142，访问日期：2019 年 1 月 10 日。

③ IOM, "Assisted Voluntary Return and Reintegration: Annual Report of Activities 2010," http://www. iom. no/files/AVRR-Annual-Report-2010. pdf，访问日期：2019 年 1 月 10 日。

④ 2012—2018 年难民署的捐助国及捐款情况，见 UNHCR, "Donor Profiles," http://reporting. unhcr. org/donor-profiles，访问日期：2019 年 1 月 10 日。

⑤ United States Department of State, *Framework For Cooperation Between the United States Department of State, Bureau of Population, Refugees and Migration and The Office of the United Nations High Commissioner for Refugees* 2018 – 2019, Washington, D. C.: United States Department of State, 2018, pp. 1 – 8.

能够帮助美国实现其目标。

对于联合国难民署来说,联合国难民署的行动空间受主要捐助国利益影响。难民署向捐助国递交的"基于需求"的预算(needs-based),而不是"基于收入"(projected income based)的预算。因此,主要捐助国在哪些难民得到保护及得到何种程度的保护上具有重要影响。[①] 美国国务院通过移民和难民援助账户为联合国难民署在 2018 年提供了 700 万美元,在 2019 年度提供了 3200 万美元,以改善在墨西哥的移民庇护状况,为寻求庇护者提供法律援助和拘留替代方法,并提高墨西哥难民援助委员会的庇护处理能力。[②] 总的来说,联合国难民署是按照捐助者美国的需求,与美国国务院人口、难民和移民局工作人员以及美国大使馆负责难民问题的政治官员密切合作,来帮助中美洲和墨西哥寻求前往美国避难的难民。

在美国的资助下,联合国难民署在墨西哥的工作主要分为两部分:(1)信息公开和提供。联合国难民署、墨西哥难民援助委员会和墨西哥国家人权委员会在脸书上建立了一个"信任美洲虎"账号(Confiar en el Jaguar),为中美洲难民提供有关原籍国、过境国和目的地国的庇护系统的信息。他们还通过脸书的信息功能直接回答难民的提问。(2)帮助提高墨西哥庇护系统的能力和效率,加强对中美洲难民的救助工作。在墨西哥,联合国难民署与墨西哥难民援助委员会和国家移民局合作,帮助墨西哥难民援助委员会在边境城市蒂华纳和华雷斯城以及南部帕伦克建立新的办公室,雇用服务提供商,加强难民注册效率。还与联合国儿童基金会密切合作,支持墨西哥新成立的儿童保护局,帮助墨西哥政府执行无人陪伴的、寻求庇护难民儿童问题。联合国难民署在穿越墨西哥到达美国的移民路线沿线建有 32 个庇护所,与红十字国际委员会和国际移民组织密切合作,为逃离中美洲北三角形国家的人们提供安全、有尊严的庇护所住宿条件。[③] 难民署以多用途现金赠款的形式提供人道主义援助,旨在满足难民对食品、对住房、公用事业等基本需求。此外,难民署还提供工作信息、奖学金计划等,帮助中美洲难民的子女接受高等教育,尽快融入墨西哥

[①] 吴昊昙:《主要捐助国利益与国际组织的行动空间——基于联合国难民署 20 世纪 90 年代难民保护行动的考察》,《国际政治研究》2019 年第 5 期。

[②] Clare Ribando Seelke, *Mexico's Immigration Control Efforts*, CRS Report, IF10215, Washington, D. C.: Congressional Research Service, 2019, p. 2.

[③] UNUCR, *Mexico Fact sheet*, Geneva: UNUCR, 2016, p. 1.

社会。

应该说，在美国的支持下，联合国难民署和国际移民组织与墨西哥地方和联邦政府以及民间社会合作，为墨西哥的难民机构和过境移民提供了即时和长期的支持，但是这些支持主要是技术援助。与具有规范性任务的国际组织不同，国际移民组织的工作是技术性质的。国际移民组织的职能主要集中运营层面，而不是对移民治理规范的指导。有学者认为，国际移民组织更像是"私营企业""分包商"。① 它以控制移民流动和安全为导向，职能更多的是为捐赠国服务，帮助捐赠国实现移民管制，包括进行能力建设和培训活动。实现了西方发达国家的利益。国际移民组织的现场办公室网络甚至可以被视为能够监视全球人员流动的"全球迁移预警系统"。② 联合国难民署虽然促成了国际法《难民法》，但是主要捐助国对难民署行动空间有重大影响。实际上，联合国难民署在减少在墨西哥境内和在美国南部边界上侵犯难民人权的问题方面，并没有发挥应有的作用。当下的国际难民治理体系的缺陷之一就是缺乏机构监督机构来监督各国根据关于《难民法》的履行义务的情况。

（二）墨西哥寻求联合国达成多边移民治理规范，协调美墨非法移民冲突

墨西哥一直强调非法移民问题是一个国际性的多边问题，拒绝任何单边措施，需要各国合作解决非法移民问题。因此，墨西哥政府强调联合国在移民问题上的必须发挥举足轻重的作用，墨西哥是促进移民问题多边合作的最活跃的国家之一。在20世纪80年代，墨西哥政府就提出，移民问题是一个全球问题，应该由联合国大会来审议并制定规则。墨西哥政府支持全球性移民问题磋商机制，如移民与发展全球论坛、全球移民小组等，在国际层面，墨西哥成为全球移民治理的发起者、倡导者，促进各国在多边移民合作机制中达成共识，以期达成移民治理的框架协议。

墨西哥是大多数国际和区域移民条约的缔约国。墨西哥签署并批准了《联合国打击跨国有组织犯罪公约关于预防、禁止和惩治贩运人口特别是妇女和儿童行为的补充议定书》《联合国打击跨国有组织犯罪公约关于打

---

① Alexander Betts, "Global Migration Governance," *GEG Working Paper* No. 43, 2008.

② Antoine Pécoud, "What Do We Know about the International Organization for Migration?" *Journal of Ethnic and Migration Studies*, Vol. 44, No. 10, 2018, pp. 1622 – 1629.

击陆、海、空偷运移民的补充议定书》《禁止酷刑和其他残忍、不人道或有辱人格的待遇或处罚公约任择议定书》《残疾人权利公约》《保护所有人免遭强迫失踪国际公约》等。1990 年,墨西哥推动联合国出台了《保护所有移徙工人及其家庭成员权利国际公约》。然而,该公约侧重于给移民目的国施加相应义务,从而引起目的地国的普遍排斥与抵触。① 至今只有 38 个移民来源国签署了该公约,没有移民接受国签署。② 美国也未签署该公约。

  20 世纪 90 年代开始,随着国际移民问题的政治化日益加剧,引发了在国际移民领域需要加强多边合作的辩论。90 年代,联合国一再呼吁召开关于移民与发展的会议,但是移民目的国多次拒绝召开。③ 在墨西哥政府的发起下,1997 年联合国人权委员会成立了移民与人权问题专家工作组,杰出的墨西哥移民研究领域的专家豪尔赫·布斯塔曼特(Jorge Bustamante)④ 主持了第一届会议。联合国于 1999 年通过决议设立了移民人权问题特别报告员一职,豪尔赫·布斯塔曼特于 2005—2011 年担任移民人权问题特别报告员。2002 年,时任联合国秘书长安南在其改革联合国的提案中呼吁国际社会更全面地审视移民问题。他委任助理秘书长迈克尔·道伊尔(Michael Doyle)组成移民工作组。随后,迈克尔·道伊尔向安南秘书长提交报告,建议召集国际移徙全球委员会(GCIM)来促进全球移民治理辩论。2003 年,建立了由 19 名委员组成的国际移徙全球委员会。作为一个独立委员会,国际移民全球委员会的任务是将国际移徙问题列为全球议程,分析当前政策制定中的差距,并就如何加强移民治理提出

---

  ① 郝鲁怡:《全球移民治理的人权方法——从碎片化到整合的艰难进程》,《深圳大学学报》(人文社会科学版)2017 年第 4 期。
  ② Jorge Durand, "La Desmigratización de la Relación Bilateral: Balance del Sexenio de Felipe Calderón," *Foro Internacional*, Vol. LIII, No. 3 - 4, 2013, p. 756.
  ③ Kathleen Newland, "The Governance of International Migration: Mechanisms, Processes and Institutions, A paper prepared for the Policy Analysis and Research Programme of the Global Commission on International Migration," *GCIM: Thematic Studies*, 2005, p. 1.
  ④ 豪尔赫·布斯塔曼特(Jorge Bustamante)是墨西哥的美墨边境问题专家。从墨西哥北部边境学院 1982 年创立到 1998 年 1 月期间担任北部边境学院的校长。布斯塔曼特领导了墨西哥边境调查(EMIF),在该调查的基础上,撰写了墨西哥北部边境的非法移民第一个科学估计报告。他曾担任美墨边境环境合作委员会(BECC)主席、墨西哥外交部移民和人口政策顾问、墨西哥国家人权委员会主任顾问。2005 他被任命为联合国移民人权问题特别报告员。2006 年墨西哥提议豪尔赫·布斯塔曼特博士为诺贝尔和平奖候选人。

建议。

2007年，移民与发展全球论坛取代了国际移徙全球委员会，成为最重要的国际性的移民治理机制。移民与发展全球论坛拒绝将移民与安全联系起来。取而代之的是讨论共同发展问题，也就是说，移民对派遣国和目的地国都有助于发展和增长，以期达到双赢的结果。

墨西哥是在比利时举行的第一届移民与发展全球论坛（Foro Mundial sobre Migración y Desarrollo）的主要参与国。2010年，墨西哥成为第四届移民与发展全球论坛的主席国。[①] 墨西哥提出的会议主题是"移民与人类发展联盟：共享责任与繁荣"。此外，墨西哥还专门开设了一场关于非法移民的讨论会。在作为主席国期间，墨西哥政府产生了较大的影响力，逐渐将移民治理的辩论重心转向移民人权保护和发展问题上，而不是执法问题。[②] 此外，墨西哥还提出的"共享责任"和人类发展理念，以便能够与移民接受国达成共识。之后，人的权利一直是该论坛最强调的字眼。该论坛倡导，无论移民的居留身份如何，都应该尊重人的尊严和基本权利。这与墨西哥非法移民治理的理念相一致。

2016年9月，由墨西哥和瑞士推动下，联合国难民和移民问题峰会在纽约举行，会议通过了《关于难民和移民问题的纽约宣言》。在这一倡议的基础上，联合国制定了两个全球契约：《安全、有序和正常移民全球契约》和《全球难民契约》。其中，《安全、有序和正常移民全球契约》提出要以人为本，无论其移民身份为何，都尊重、保护和落实所有移民的人权。同时，建立双边，区域和多边劳动力流动的协议，充分发挥劳动力流动带来的经济和社会效益，同时加强边境管理能力，以减少非法移民的数量，从而化解来源国、过境国和目的国所面临的风险和挑战。[③] 2018年12月，《安全、有序和正常移民全球契约》在联合国通过。2019年5月，联合国启动了移民伙伴信托基金（MPTF），为会员国提供财政支持，以执行《安全、有序和正常移民全球契约》中制定的承诺。

---

① Jorge Durand, "La Desmigratización de la Relación Bilateral: Balance del Sexenio de Felipe Calderón," *Foro Internacional*, Vol. LIII, No. 3-4, 2013, p. 756.

② Jorge Durand, "La Desmigratización de la Relación Bilateral: Balance del Sexenio de Felipe Calderón," *Foro Internacional*, Vol. LIII, No. 3-4, 2013, pp. 756-757.

③ 《安全、有序和正常移民全球契约》, https://www.un.org/zh/documents/treaty/files/A-RES-73-195.shtml, 访问日期：2020年1月30日。

墨西哥政府从积极提出尊重移民人权的治理理念、派出专业人员组织磋商会议、负责会议的后勤工作以及在学术上为移民治理提供翔实论据几个方面参与甚至领导了《安全、有序和正常移民全球契约》的整个磋商过程。第一，墨西哥常驻联合国代表戈麦斯·卡马乔（Gómez Camacho）和瑞士大使于尔格·劳伯（Jürg Lauber）共同主持和领导全球契约的筹备和磋商工作。他们的工作受到了国际移民组织总干事威廉·莱西·斯温的特别嘉奖。第二，国际移民组织提议移民问题研究领域最顶尖的学者组成联盟。墨西哥学者罗多尔夫·卡斯亚斯（Rodolfo Casillas）积极参与了该学者联盟，他是移民研究领域的专家，其著作被认为是移民研究领域的权威文献。[①] 第三，墨西哥政府于2017年12月在墨西哥的瓦拉塔港组织了磋商会议的之后的评估会议。会议审查了在第一阶段（咨询）中收集到的信息，并进行全面分析以计划下一个流程，即政府间磋商。

总之，墨西哥政府的立场是希望各国采取人性化的方法，承认移民活动是繁荣、创新和可持续发展的源泉，希望美国能够以《安全、有序和正常移民全球契约》为双边非法移民管理合作的基本架构，推动达成劳动力流动的协议，消除对非法移民的歧视、不平等和不人道的待遇。奥巴马政府参与了该契约的谈判。但2017年特朗普上台之后，他以该契约侵犯美国主权、与美国的移民和难民政策不符为由，认为美国必须享有完全自由来控制其边界，宣布退出该契约的谈判。

应该看到，多边移民治理机制在治理非法移民方面的作用空间非常有限。联合国通过开展移民研究、举办培训班、召开国际会议甚至达成全球移民公约等行动只是在一定程度上塑造了对于移民治理的共有知识，但却无法强制每个国家接受这些共有知识，更无法强迫各国将其转变为实际行为。国际组织框架下的全球移民治理只能是作为国家治理的一种补充。[②] 移民与发展全球论坛的缺陷是明显的：它不是一个正式的国际组织，没有常设秘书处；它也不是最终决策者，只是为各国移民政策的决策者提供了一个平台，以分享有关移民和发展的良好做法和政策信息。移民与

[①] Gobernanza de la Migración desde un Enfoque de Derechos Humanos：el Importante Papel de México, https://www.gob.mx/cms/uploads/attachment/file/254259/GOMEZ_VALDES_MARCELA_ID_53_ensayo.pdf.

[②] 陈积敏：《国际移民的非传统安全挑战与全球移民治理——以国际组织为例》，《中共中央党校（国家行政学院）学报》2020年第2期。

发展全球论坛明确否认任何出台具有法律约束力的全球性移民规范的意图。在《安全、有序和正常移民全球契约》谈判过程中，不同国家同样就该契约是否应该包含强制执行机制产生了分歧。最后作为折中方案，各国同意于2022年开始每四年举行一次国际移民审查论坛，来讨论各国实施《安全、有序和正常移民全球契约》的状况和改进策略。[①]缺乏强制执行机制依然是国际移民治理机制面临的最大困境。同时，《安全、有序和正常移民全球契约》也未充分考虑世界劳动力市场、全球资本等造成移民现象额更深层次原因。因此，目前移民治理的机制依旧是不全面和完善的。

综上所述，在技术问题上，美国委托联合国难民署、国际移民组织等帮助墨西哥治理非法移民问题，取得了一定的成效。但是联合国难民署、国际移民组织是为捐助国服务的，其大部分工作是帮助美国管理被美国遣返的非法移民。而墨西哥希望在联合国框架下达成全球移民治理的统一规范，促进与美国在移民治理的原则问题的对话与合作，没有获得预期的效果。目前，国际层面的移民治理机制都是非约束性的。即便出台了正式的国际协议，如《保护所有移徙工人及其家庭成员权利国际公约》、国际劳工组织《关于劳务移民问题的多边框架》《安全、有序和正常移民全球契约》等，这些公约和协议也没有约束力，无法成功调解美墨在非法移民问题上的矛盾。美国还退出了《安全、有序和正常移民全球契约》。美墨在国际组织框架下对于非法移民问题的对话并没有转换为有效的双边合作。目前，国际移民治理制度非常薄弱，没有统一的规范，也几乎没有监管能力。缺乏全面的多边移民治理框架意味着强国不必受到任何明确的制度框架的约束，而是可以根据自己的"国家利益"定义其移民政策，最大化自己的利益。在这种情况下，强国掌握全球移民治理的主动权，特别是美国坚持认为，接纳移民工人的成本超过收益，因此，与长期、多边战略相比，美国更倾向于单边行动或侧重于以执法为首选手段的非法移民管控政策，而墨西哥作为移民发出国，只能是美国移民监管框架的被动接受者。

[①] Rhoda Margesson, *The Global Compact on Migration (GCM) and U.S. Policy*, CRS in Focus *IF*11003, Washington, D.C.: Congressional Research Service, 2020, p. 2.

第三节 美墨非法移民管理合作的绩效

美墨非法移民管理合作存在的最大挑战是美墨双方合作需求和目标不匹配。美国对非法移民治理的目标是拦截墨西哥非法移民进入美国。然而墨西哥与美国合作的目标是为其国民提供安全，有尊严，合法和有序的流动。墨西哥希望美国进行全面移民改革。由于美墨不对称关系，墨西哥政府必须先做出妥协，释放出愿意与美国进行合作的信号，以交换美国进行移民改革。因此，从20世纪90年代开始，墨西哥政府放弃在移民问题上的"没有政策的政策"，转变成"伙伴关系"话语，一方面开展高层对话，增进与美国的相互了解；另一方面致力于从技术角度出发，在一些可操作性比较强的领域与美国开展边境执法合作，这有助于美墨培养起在移民问题上的相互信任。这种去政治化进程使美墨在"9·11"事件之前在特定的技术问题上建立了移民问题的对话与合作。

然而，由于"9·11"事件之后，美国的注意力转向反恐战争，墨西哥不在美国的优先议程中，加上"9·11"事件使得美国的排外主义进一步抬头，全面移民改革被搁浅。随着中美洲国家暴力情况日益严峻，大量中美洲非法移民穿越墨西哥前往美墨边境。墨西哥非法移民现象开始呈现出多维复杂性，墨西哥即是非法移民原籍国、过境国又是目的地国。而这三个角色都与美国相关。美国要求墨西哥对中美洲非法移民进行拦截，墨西哥则强调在中美洲非法移民问题上应与美国责任共享。很明显，美墨非法移民管理合作的成本和收益的分配是不对称的，美国的利益占主导地位。对于墨西哥而言，墨西哥未能说服美国尊重非法移民人权，进行全面移民改革，却额外承担了治理中美洲非法移民的成本。

一 美国合作利益的部分实现

美国认为，单方面移民执法以及遣返非法移民比与墨西哥开展移民管理合作，制定移民合作协议或者进行全面移民改革法案更有效。这种"通过威慑来控制非法移民"——通过围墙建设、增加特工数量和边境技术的应用等单方面严厉执法措施的方式，来围堵非法移民的非法移民管理方式无疑对非法移民产生了很大影响。此外，墨西哥对控制非法移民方面与美国的协调和合作，在短期内，一定程度上遏制住了试图穿越美墨边境前往美国的非法移民数量。由于美国在美墨边境执法日益严格，根据美国国土安全部估计，非法移民的偷渡失败概率从2006年的63%上升到2017年的89%。[1] 2006年，成功的非法越境者估计有120万人，而到2017年，只有5.7万人成功越境。[2] 此外，国内执法手段的运用，如身份查验、驱逐非法移民等，对于减少已经身居美国的非法移民也起到一定的效果。除了被美国政府驱逐出境之外，不少非法移民也自愿回国。因此，从总体趋势上看，目前离开美国的墨西哥移民人数，多于前往美国的墨西哥移民人数。在美国生活的墨西哥非法移民在2007年达到最高点690万之后，呈下降趋势（见表5-4），而移民总数在2010年达到了最高峰，之后也开始下降。2010—2017年，墨西哥向美国的移民平均每年减少13.5万人。首次前往美国的墨西哥移民从2004年到2016年起一直呈现下降趋势，从2004年的37.91万人下降到2016年的13.55万人（见表5-3）。目前，在美国的1220万非法移民中，57%是墨西哥人。之后在美非法移民数量一直下降。到2017年，只有47%的非法移民是墨西哥人。[3]

表5-3　首次前往美国的墨西哥移民人数大幅下降（2002—2016）　单位：万人

年份	2002	2004	2006	2008	2010	2012	2014	2016
前往美国的墨西哥移民人数	33.8	37.91	33.16	23.65	14.58	12.48	12.5	13.55

资料来源：CONAPO, BBVA, *Anuario de Migración y Remesas México*, Mexico: CONAPO, 2018, p.41.

表5-4　在美墨西哥非法移民数量从2007年开始下降　单位：万人

年份	2005	2006	2007	2008	2009	2010	2011	2012	2013	2014	2015
墨西哥非法移民数量	630	660	700	660	640	620	590	590	590	590	560

资料来源：CONAPO, BBVA, *Anuario de Migración y Remesas México*, Mexico: CONAPO, 2018, p.41.

---

[1] DHS, *DHS Border Security Metrics Report*, February 26, 2019, p.20.
[2] DHS, *DHS Border Security Metrics Report*, February 26, 2019, p.14.
[3] CONAPO, BBVA, *Anuario de Migración y Remesas México*, 2018, Mexico: CONAPO, 2018, p.41.

然而，前往美墨边境的中美洲非法移民数量并没有减少，美国对中美洲以移民执法为条件的援助并没有起到预期效果，在美墨边境被逮捕的非法移民甚至经历了爆发式增长（见表5-5），中美洲非法移民依然源源不断地穿越墨西哥，试图从美国边境前往美国。这充分证明，美国的执法威慑移民政策具有一定的限度。如果国内暴力和缺乏经济机会达到了一定程度，就算边境执法再严格，非法移民还是会铤而走险，选择前往美墨边境。

表5-5　在美墨边境逮捕的中美洲非法移民（2012—2019）　　单位：人

	萨尔瓦多	危地马拉	洪都拉斯	总计
2012	21903	34453	30349	88717
2013	36957	54143	46448	139561
2014	66419	80473	90968	239874
2015	43392	56691	33445	135543
2016	71848	74601	52952	201417
2017	49760	65871	47260	164908
2018	31369	115722	76513	225622
2019	89811	264168	253795	609793

资料来源：U. S. Border Patrol Nationwide Apprehensions by Citizenship and Sector in FY2007-FY2019 https://www.cbp.gov/sites/default/files/assets/documents/2020-Jan/U. S. %20Border%20Patrol%20Nationwide%20Apprehensions%20by%20Citizenship%20and%20Sector%20%28FY2007%20-%20FY%202019%29_1.pdf.

美国在解决墨西哥和中美洲非法移民问题上具有决定性的作用。美国可以在塑造和领导墨西哥和中美洲移民问题方面发挥积极的战略优势，但是美国选择了排他主义、孤立主义移民政策，无法解决美墨边境地区由于移民问题，反而导致人道主义危机日益加剧，使得美国在世界上宣扬的"民主"和"自由"形象大打折扣，削弱了美国在世界上的道德权威性。软实力是对别国的吸引力而非强制力，美国对移民和难民相对宽容和慷慨地接纳曾构成美国软实力和国际吸引力的重要方面。然而，美国非法移民执法优先的政策损害了美国的软实力和国际声誉，让美国自私、狭隘的一面呈现在世界面前。

因此，美国的移民政策只能在短期内实现一定的控制非法移民人数的目标，但是从长期看，无法解决非法移民产生的根本原因，无法遏制非法移民势头，还冲击了美墨关系，影响了美国的国际形象。

二 美墨非法移民管理对墨西哥的负面影响

"共享责任"是墨西哥对于非法移民问题的一贯立场。墨西哥的目标是与美国达成全面移民合作协议，美墨双方都做出妥协和让步，力求实现有序、有尊严的移民进程，从而制止非法移民浪潮。墨西哥配合美国的移民执法工作，对中美洲非法移民进行治理，但是没能够让美国也承担起"共同责任"。除了未能解决非法移民问题之外，根据弱国对与强国合作的诉求框架，墨西哥也远远没有达成其利益目标。

（一）政策自主性

从本章第三节的叙述中，可以看到，墨西哥对美国的政策进行了回应，墨西哥配合美国的移民执法工作，对中美洲移民进行严格的治理。然而，并没有换来与美国签订双边移民协议或者美国移民改革。特别是在特朗普上任之后，特朗普还以重新谈判北美自由贸易协定作为要挟，让非法移民"留在墨西哥"，墨西哥由于依赖于与美国的贸易，不得不屈服于美国的政策，丧失了政策自主性，陷入被美国支配的风险。

（二）经济援助

一方面，墨西哥作为移民输出国，期望美国通过增加外国援助，或者提供投资机会，来帮助墨西哥解决国内的结构性挑战，解决发展问题。美墨两国巨大的经济鸿沟和具有互补性的经济结构是美墨非法移民产生的根本原因。因此，只要美墨存在巨大的经济发展差距，墨西哥一直保持较高的人口增长率、劳动力充足且成本低廉，那么贫困或失业的墨西哥人就不会停止铤而走险"北上"寻找生机。只有当经济推拉力减弱时，非法移民问题才能被彻底解决。但是发展援助是一项长期工程。虽然援助有可能产生积极的长期影响，但是美国并没有等待长期变化的耐心。美国对于墨西哥的援助仅限于提供移民执法设备，并不愿意提供在经济和社会发展政策上援助。

另一方面，拦截中美洲非法移民给墨西哥带来了重大的财政和人力负担。其中最明显的是部署国民警卫队和其他军事部队的费用，这些费用由墨西哥的安全预算支付。同时，墨西哥难民援助委员会不得不增加预算和人力。在历史上，墨西哥并不需要应对大量的难民申请案件。因此，墨西哥的难民庇护系统只是一个小部门。然而，随着大量的中美洲难民滞留墨西哥，墨西哥难民援助委员会（COMAR）资金严重不足，预算微薄。2014 年，墨西哥共收到 2137 份庇护申请。2017 年，这一数字激增至 14596 份。2018 年增加至 29693 份。[①] 墨西哥难民援助委员会在 2017 年的总预算只有 110 万比索（相当于 33 万美元），员工只有 28 名。[②] 随着申请数量的增加，墨西哥难民援助委员会的预算并没有保持同步增加。尽管最近联合国难民署增加了对墨西哥援助，帮助墨西哥难民援助委员会雇用更多的工作人员，在美墨边境蒂华纳和蒙特雷建立两个新办事处，在墨西哥南部边境建立一个新办事处，但墨西哥难民援助委员会仍然缺乏解决这一问题的资金。同样，国家移民局的运作也已超出其能力范围。由于墨西哥加大了对中美洲非法移民的逮捕力度，墨西哥国家移民局人满为患，非法移民面临不人道的拘留条件，导致各种骚乱。与此同时，驱逐出境和拘留在移民站的费用占据了分配给墨西哥国家移民局的大部分预算，这使得墨西哥国家移民局几乎没有预算来执行保护移民和对移民的人道主义援助等其他职能。虽然墨西哥承诺赋予中美洲难民基本权利和服务，但墨西哥始终是一个经济条件和体制能力较弱的弱国，制约了墨西哥兑现这些保证的能力，还导致各种动乱的发生，恶化了墨西哥治安状况，增加了墨西哥社会成本。美国采取的将非法移民视为威胁的"安全化"行动不仅无助于移民危机的消解，反而加速了危机的升级，成为地区稳定的重大挑战。

本章小结

根据管理非对称关系的框架，要有效地管理美墨移民问题，降低双

---

① National Immigration Forum, Analysis: Mexico's Asylum System Is Inadequate, https://immigrationforum.org/article/mexicos-asylum-system-is-inadequate/，访问日期：2019 年 1 月 10 日。

② 与美国和加拿大相比，美国国土安全部（DHS）负责移民和庇护申请的机构——美国公民及移民服务局（USCIS）2018 年的预算为 3.45 亿美元，2019 年的预算为 3.375 亿美元。加拿大在 2017 年收到了 50420 份庇护申请，是墨西哥的三倍，但是预算约为墨西哥难民援助委员会的预算的 24 倍。见 National Immigration Forum, Analysis: Mexico's Asylum System Is Inadequate, https://immigrationforum.org/article/mexicos-asylum-system-is-inadequate/，访问日期：2019 年 1 月 10 日。

方的错误知觉，美墨双方必须构建制度化的互信机制、采用包容性的话语。美国则必须进行自我约束，并给予墨西哥一定的政策优惠和援助。而作为弱国的墨西哥必须展开移民改革，并对美国有所约束。多边机制协调和干预则可以在冲突时为双方的沟通搭建空间。然而，通过对美墨移民合作的分析发现，墨西哥和美国政府在移民问题上进行的对话非常有限。在"9·11"事件之前，福克斯和布什做了较大的政策调整，在移民问题上使用了较为包容的话语，积极建构起互信磋商机制，加强了移民对话，在技术层面开展了移民合作。然而美国并没有对墨西哥关注的非法移民合法化、潜在的客工计划，保障移民权利保障等给予回应，而是依旧强调边境执法。而在"9·11"事件之后，美墨移民互信对话机制陷入停滞，移民问题被安全化，美墨对话的唯一维度局限于移民执法，对于非法移民治理的其他维度进一步丧失了对话的空间。墨西哥卡尔德龙和涅托总统不得不将双边议程中"去移民化"。美墨缺乏稳定的、制度化的互信移民问题磋商机制。同时，由于美国各政治派别、各利益集团存在着诸多分歧，出台移民法律的政治意愿大大削弱，这是非法移民问题一而再、再而三地成为美国社会一大"顽症"，难以得到有效缓解的重要原因。美国对墨西哥在非法移民问题上的援助以移民执法为先决条件，在发展经济、减少贫困方面投入不够，无法在国内留住其国民。墨西哥对美国表现出遵从，参与到治理非法移民的进程中，尤其是与美国合作治理人口贩运，积极鼓励墨裔移民回墨西哥创业、与美国配合治理中美洲移民，但是墨西哥的移民改革举措并没有"感化"美国放弃单边主义行为。同时，墨西哥试图通过游说、拉拢墨裔美国人的方式，对美国移民改革法案的辩论施加影响力，但是至今未有成功迹象，体现了弱国在非对称关系中的脆弱性。在多边机制协调方面，美国使用"我出钱，你出力"的方式，与联合国难民事务高级专员合作，向墨西哥提供技术支持，增强墨西哥为中美洲非法移民提供难民庇护和保护的能力。墨西哥则致力于在联合国的框架内联合其他移民发出国和过境国的力量，发挥联合国作为组织沟通者和政策指引者的功能，期望出台全球移民治理的普遍适用的指导性原则来约束美国的行为。国际多边移民治理机制强调非法移民产生的原因、治理非法移民的长期措施、国家主权与人权之间的平衡、政府间合作，这与墨西哥政府的非法移民治理理念吻合。[1] 但是美国拒绝被新出台的国际移民多边制度约束，国际移民多边制度未有效调解美墨移民关系。

正如沃马克所说，由于强国拥有权力，它可能用各种途径欺侮弱国，强迫其服从自己的意愿。然而无论强国对实力优势的炫耀多么自我感觉良好，结果都可能适得其反，强国的施压可能加剧而不是消除危机。[2] 在美墨非法移民治理问题上，呈现美国坚持单边行动、墨西哥欲拒还迎的被动态势，如此不平等的合作势必削弱双方的合作意愿和力度。正是缺乏有效合作，使得美墨在非法移民问题上的利益分歧继续扩大，美墨非法移民问题将继续呈现倚强凌弱的无序混乱状况。这无助于解决非法移民问题，反而激化了美墨之间的矛盾，进一步疏远了墨西哥与美国的关系，导致双方形成一种在地缘上紧密相连但在情感上"貌合神离"的局面。

---

[1] 墨西哥政府2014年发布的移民特别政策提出，必须改变关于移民现象的管理范式，移民政策必须具有全面性、长期性，强调共同责任，保证尊重移民权利、促进性别平等和人身安全。见 Programa Especial de Migración, *Diario Oficial de la Federación*, 30 de abril de 2014, http://www.dof.gob.mx/nota_detalle.php?codigo=5343074&fecha=30/04/2014，访问日期：2019年1月10日。

[2] ［美］布兰特利·沃马克：《非对称与国际关系》，李晓燕、薛晓芃译，上海人民出版社2020年版，第79页。

结　　论

一　研究总结

在非对称关系中，强弱两国必然有着价值观和利益冲突。正如沃马克所说，对非对称关系的管理是以错误知觉不可避免和冲突可能出现为前提的。[①] 因此，国家之间要通过策略互动和相互调整，使双方的利益偏好都可以在一定程度上得以实现。如果强弱国家可以形成一个管理非对称关系的框架，强国对弱国施加影响，而弱国也能够影响强国的行为，约束强国的单边施压行为，从而使双方各自利益得到实现的空间增大，强国和弱国的非对称关系可以保持稳定发展。

强国是国际环境的主要构建者。与强国发生冲突，最终将对弱国自主性构成巨大挑战，而从强国那里寻求庇护也意味着丧失自主性。因此，弱国的对外政策目标就是避免这两种情况，在"冲突"和"庇护"这两个方向上寻求平衡。[②] 面对美国这个强大的邻国，美国对墨西哥的影响力是不可忽视的，墨西哥不可能独善其身。美国的强制性能力和权威对美墨关系的结构和发展方向至关重要。冷战后的五任墨西哥总统均对美国各届政府提出的合作议程进行了回应，推动与美国在各方面的合作，而不是正面对抗。然而，墨西哥也并不是逆来顺受的角色。墨西哥一直寻求制约美国单边主义行为，期望能够在其能力范围之内影响美国的政策，使得墨西哥的利益和原则可以在美墨合作中得到体现，达成与美国之间的利益平衡。

本书对美墨边境非传统安全合作进行分析，具体来说，通过对跨国水

---

① ［美］布兰特利·沃马克：《非对称与国际关系》，李晓燕、薛晓芃译，上海人民出版社2020年版，第226页。

② 韦民：《小国与国际关系》，北京大学出版社2014年版，第289页。

资源治理、打击毒品贩运和非法移民管理三个领域的合作的分析，可以发现美墨之间的合作更多地体现出一种相互影响和制约的非对称关系。美国和墨西哥在边境跨国水资源治理上维持了稳定的关系，各自的利益都得到了实现。而在非法移民和禁毒问题上，美墨关系充满冲突。那么是什么因素导致两国在不同议题上的关系呈现这么大的差异？本书根据沃马克提出的管理不对称关系的框架，并辅以其他中外学者对非对称关系的延伸解读，对美国和墨西哥的互动进行了比较，发现长期稳定的互信磋商机制、美国自我约束和基于墨西哥需求的援助、墨西哥的改革意愿和对美国的适度约束策略和能力是维持非对称合作必要条件，第三方协调则是重要的补充条件。

长期稳定的互信磋商机制。制度合作是合作的最高阶段。如果双方能够签订正式的合作协议，明确规定双方的权利和义务，使各方行为达成具有约束力的协议的束缚，同时组建定期谈判的双边委员会，审查协议的执行过程以及解决潜在的冲突，就可以最大限度地降低合作中的不确定性。然而，强国和弱国由于对对方的猜忌以及对各自利益的测算，很难达成全面合作协议。在无法达成正式的合作协议的情况下，为了减缓强国与弱国之间的结构性错误知觉，频繁、稳定的信息交换和磋商机制就成为建立互信的核心条件。正如沃马克指出的：最好的外交态度是确保对方受到尊重，尽管不能放弃自己的合理诉求，也愿意最大限度地控制与对方的争端。[①] 互信磋商机制能够促进两国之间的信任的条件在于以下两点。

一方面，两国的磋商机制必须是以扩大公共利益，达成共识为目标。对强国来说，强国需要在磋商过程中，承诺放弃单边主义政策，倾听弱国的立场。如果双边磋商与单边主义行动交错进行，那么刚刚建立起来的磋商机制很可能无法继续进行。如果强国在双边磋商机制中只是提出自己的要求，只关心其自身的利益，对弱国的愿望和利益视而不见、听而不闻，那么双边沟通机制也不会发挥作用，只会恶化与弱国的关系。对于弱国来说，由于不对称性的影响，弱国难以将对强国关注的问题排除在议程之外，弱国要在不利于自身的不对称环境中达成合作并取得收益，妥协是不

[①] ［美］布兰特利·沃马克：《非对称与国际关系》，李晓燕、薛晓芃译，上海人民出版社 2020 年版，第 233 页。

可避免的。① 但是弱国如果较少采取民族主义封闭立场，依然有能力通过讨价还价，积极提出解决方案，说服强国政府改变不合理的政策。

另一方面，稳定性、长期性对于强国和弱国的互信磋商机制至关重要。正如罗伯特·基欧汉和约瑟夫·奈所说：由于相互依赖引致的诸多问题，难以通过一次国际会议或短期内的系列谈判得到解决，因此，政策协调应具有长远眼光。② 信任是一个不断建构的过程而不是一个结果，需要国家在持续互动过程中不断培育和维持。只有相对固定的对话空间、较为稳定的沟通人员、长期而有效的集体决策形式，才有利于冲突的解决和合作的顺利进行。

通过对比美墨在跨界水资源治理、禁毒合作和非法移民管理合作这三个领域的案例，可以看到，在水资源治理的案例中，双方通过 IBWC 这个由两国工程师专家组成的委员会，定期就边境水资源问题进行坦诚、建设性的磋商，通过公平的谈判，将两国的诉求都纳入了磋商议程，阻止了两国错误知觉的加剧。IBWC 至今续存了 79 年（截至 2023 年），人员稳定，持续的、友好的人际关系，使得美墨可以在长期互动过程中相互学习，制定共同目标。同时，IBWC 定期开展边境水资源联合调查，发布共同报告，这种牢固的机构关系充分体现了双方的信任。在北美自由贸易协定签署之后，美墨还成立了边境合作委员会和北美开发银行，这两个机制均使用跨国委员会管理的方式，对水域环境领域基础设施的融资进行公平的讨论并决策，使得美国和墨西哥对水资源基础设施的融资需求都能够得到满足。从 1994 年至今，边境合作委员会和北美开发银行也运行了 26 年，即使是 2018 年美加墨重新对北美自由贸易协定进行谈判，这两个机制也保留了下来。可以说，这两个机制有效地促进了美墨之间的相互信任，是美墨边境水资源问题得以顺利解决的重要因素。

在美墨禁毒合作的案例中，美墨互信磋商机制并没有有效阻止美国的单边主义行动，导致美墨制度化的磋商机制没能营造出互信的氛围，因此，美墨禁毒合作依然在相互防范的前提下开展，大大影响了在磋商制度中形成的双边协议的执行效果。2006 年美墨达成"梅里达倡议"以来，

---

① 孙杰：《合作与不对称合作：理解国际经济与国际关系》，中国社会科学出版社 2016 年版，第 139 页。
② ［美］罗伯特·基欧汉、约瑟夫·奈：《权力与相互依赖》，门洪华译，北京大学出版社 2012 年版，第 227 页。

美国承认了其对墨西哥毒品问题负有责任,这是美墨开展禁毒合作的基本前提条件。美墨通过成立了专门的联系机构,通过建立定期会晤制度等途径,及时沟通信息,制定双方认可的禁毒政策,这是"梅里达倡议"得以开展的重要基础。然而,"梅里达倡议"成为美国在墨西哥开展情报活动的"保护伞",墨西哥无法信任美国。

在非法移民合作的案例中,只有在"9·11"事件之前,美墨双方通过定期举行总统会议,成立双边委员会及双边移民问题工作组和联合研究机构,对非法移民问题进行了建设性的研究和讨论,美墨相应出台了众多边境地区非法移民管理协调机制,包括针对遣返移民的人道主义的合作机制、边境非法移民冲突的解决机制等,为美墨进一步达成移民合作协议奠定了基础。然而,"9·11"事件之后,美墨移民合作陷入停滞,美国并没有认真理会墨西哥提出的签订全面移民合作协议的提议,美墨两国关于移民问题的制度化互信磋商机制中断。墨西哥和美国目前在移民问题上进行的对话非常有限。美国在推动与墨西哥的非法移民合作治理过程中缺乏意愿与耐心,对移民合作的优先性排序常常因为换届而发生变化,导致美墨非法移民合作管理呈现明显的阶段性、间歇性特点,难以与墨西哥形成长期的、机制化的合作模式。而墨西哥因为移民合作协议的流产,也缺乏与美国定期交流移民问题的意愿。移民问题成为美墨关系出现波动的重要因素。

综上所述,频繁、稳定的信息交换和磋商机制是强弱两国不对称合作的核心条件。双边磋商机制良好运行时是美墨非对称合作取得成就最多的时期。如果双边磋商机制中止,那么非对称合作就无法展开。

强国有效的自我约束和基于弱国需求的援助。正如沃马克所说,假如美国能够学会自我克制,仅追求维持秩序的共同利益,那么,美国的政治领导地位将得到更多的认可。但是,如果美国依靠实力优势来向其他国家施压,就可能招致孤立。[1] 不可否认,相对于弱国,强国具有更大的政策自由空间,也拥有更多政策工具,但是弱国担心强国滥用相对实力所做出的针对它们的单边行为,增加它们的脆弱性,很可能选择不与强国合作。为此,强国的政治领导人以及决策机构更要有政治才能,调和国内不同压

---

[1] [美]布兰德利·沃马克:《美国实力的现实与局限》,李巍译,《吉林大学社会科学学报》2004年第1期。

力集团的利益，不应该把自身利益看作最高目标，而是应该最大限度地减少误解，更多地参与到与弱国的关系中，从而扩大与弱国的共同利益，出台对弱国较为友好的政策，以促进弱国的合作而不是抵抗。如果强国作为公正和包容性秩序的倡导者是可信的，这将鼓励弱国与之合作。这样，强国中心的位置是基于有质量的领导和合作。[1]

强国应当给与弱国一定的援助。这是广泛意义上的援助，包括了由援助国提供给受援国的所有资源——实物、技能与技术、债务减免和优惠等等。正如沃马克所说，在平等的状态下，公平性是互动最重要的美德，但是在非对称关系中，关于公平的估算不是简单的平等交易。[2] 在非对称关系中，由于强国与弱国存在实力上的差距，强国与弱国承担的责任比例必然应该不同。强国不能将弱国的"服从"和"尊重"视为理所当然，而是应经常通过经济援助、改善贸易条件等来表明对弱国的扶持，培育弱国保持对强国的信赖和友谊。即使在跨界污染、非法移民、毒品等由于弱国国内治理水平而造成的危机中，把罪恶根源都归咎到弱国身上，单方面向弱国施压，让弱国承担起所有责任，很难取得预期效果。

需要强调的是，强国给予弱国的援助必须是基于弱国需求的援助，否则很可能适得其反，无助于冲突的解决。美国的对外援助已经受到许多学者的批判。美国援助的目的更多是强调透明、多元参与的国家治理模式，以推行美国"自由""民主"的政治理念和价值观在世界范围内的传播。美国援助的模式是价值观先行——首先要求受援国进行政治改革、推行民主化、实行法治、与腐败做斗争、尊重人权，在此基础上换取援助，而不是无条件给受援国提供经济机会。在这种自上而下的方式背后，隐含着某种随意的假设，即首先必须完成制度的构架并建立起高度的法治，经济发展和社会的进步才能接踵而至。正如原阿尔巴尼亚外交部副部长阿伯特·拉基皮从脆弱国家的角度出发认为，投资与私营部门需待法治和以市场为导向的政治制度全面建立之后方可介入，这实际上是有争议的。[3] 对许多

---

[1] Brantly Womack, *China among Unequals: Asymmetric Foreign Relationships in Asia*, Singapore: World Scientific Publishing Co Pte Ltd., 2010, p.55.

[2] [美] 布兰特利·沃马克:《非对称与国际关系》，李晓燕、薛晓芃译，上海人民出版社2020年版，第212页。

[3] [阿尔巴尼亚] 阿伯特·拉基皮、孔源:《构成安全威胁的脆弱国家——经济学和外部干预层面的反思》，《国际政治研究》2010年第4期。

发展程度落后的弱国来说，生存权和经济、社会发展权却是面临的最紧迫问题。正如马斯洛"需求层次理论"所言：当生存需求尚未满足，自我实现只能是空中楼阁。同时，由于历史的原因，每个国家和民族在文化、社会和政治体系等方面都存在差异。如果简单地将人权、民主等与援助挂钩，用西方的制度和思想来改造受援国，强迫受援国进行政治体制改革，往往难以实现美国预期的目标。迄今为止，世界上尚未出现将第三世界的经济与第一世界的制度完美结合的范例出现。① 对此，摩根索也曾指出，要成为一种更有力的政治工具，对外援助必须考虑受援国的政治理念及其对援助国的看法。② 威亚尔达也曾一针见血地指出，如果美国过于强势地推动反腐政策、自由市场、司法改革（在缺乏对拉美大陆体系了解的情况下）、公民社会改革（如果目标是不受约束的美式多元主义）、分权改革和一种甚至美国本身都无法达标的纯粹的、原初的民主和人权模式，那么就不可能奏效。如果推得过猛过快，就会导致拉美社会的碎裂化和不稳定。③ 美国可在全世界倡导民主并成为民主的灯塔，但是必须细致、全面地了解所试图帮助的国家并对这些国家抱持同理心。美国的政策如果缺乏这种对他国动态和信仰体系的理解，其结果可能是徒劳的，甚至百害而无一利：既伤害美国政策的对象国，又伤害美国政策本身。④

从美墨非传统安全合作的过程可以看出，美墨合作的成效非常取决于美国的自我约束以及美国对墨西哥援助是否基于墨西哥的需求。美国外交政策管理具有复杂结构，不仅总统、国务院等行政部门是外交政策的决策者，而且国会、州政府和私人公司都参与其中，叠加自己的利益。美国两党政治极化逐渐成为美国政治的一个突出现象。两党间意识形态差异日益扩大，执政理念分歧不断加剧，党派斗争激化，站在中间立场的温和议员越来越少，缺乏妥协空间，难以实现跨党派合作，这种"极化"既出现在精英阶层，也出现在美国普通民众中，导致很多问题因为美国国内复杂

---

① ［阿尔巴尼亚］阿伯特·拉基皮、孔源：《构成安全威胁的脆弱国家——经济学和外部干预层面的反思》，《国际政治研究》2010年第4期。

② Hans Morgenthau, "A Political Theory of Foreign Aid," *American Political Science Review*, Vol. 56, No. 2, 1962, pp. 307–309.

③ ［美］霍华德·J. 威亚尔达：《拉丁美洲的精神：文化和政治传统》，郭存海、邓与评、叶健辉译，浙江大学出版社2019年版，第422页。

④ ［美］霍华德·J. 威亚尔达：《拉丁美洲的精神：文化和政治传统》，郭存海、邓与评、叶健辉译，浙江大学出版社2019年版，第423页。

的政治局面而未实行有效的自我约束，从而使得美墨冲突也无法得到合理的解决。此外，美国虽然为墨西哥提供了不少援助，但是由于援助的形式不同，援助效果也参差不齐。

通过对比美墨跨界水资源治理合作、禁毒合作和非法移民治理合作这三个领域中的美国的自我约束和对弱国的援助可以发现，只有在边境水资源治理合作中，美国进行了有效的自我约束，表现在边境水资源合作的权威机构IBWC始终坚定地以科学为指导，积极调和州政府、国内不同压力集团的利益，制定和实施创新的解决方案，确保了长期持久的稳定性和信誉权威。同时，美国给予墨西哥的有限援助主要是基于墨西哥提出的要求，并不是由美国单方面决定援助的领域，此外美国也没有对援助附加强制性的条件。同时，美国向墨西哥提供边境水资源调查和科学研究方面的资助，彰显了美国的软实力。虽然美国对墨西哥援助规模不大，但是这些援助真正帮助了墨西哥对跨界水资源问题展开研究以及兴建水利基础设施，惠及边境地区的底层民众。

在禁毒合作中，美国的自我约束因为无法调和国内压力集团的利益而无法实现。虽然在奥巴马执政期间，美国在控制毒品需求以及非法武器走私管控方面出台了不少行动方案，但是由于枪支利益集团的阻挠，奥巴马无法推动国会立法改革，无法真正解决非法武器走私管控问题。在美国对墨西哥的援助方面，虽然美国给予墨西哥政府大规模的禁毒援助，但是墨西哥对于援助资金的用途没有发言权，墨西哥期望美国提供的公共产品是经济援助、投资、开放的市场以及对基础设施项目的直接援助，然而经济维度并不是"梅里达倡议"的重点资助领域。同时，美国的援助推动墨西哥司法制度改革。简而言之，美国提供的援助与弱国寻求的公共物品之间存在差异。虽然美墨禁毒合作抓捕了多名大毒枭，取得了阶段性禁毒成果，但是来自墨西哥的毒品却依然源源不断地通过美墨边境到达美国。美国要想从根本上维护地区稳定与安全，就必须真正着眼于墨西哥当地的发展问题，立足长远利益，而不是简单短视地"以暴制暴"。

在非法移民管理合作中，美国各届领导人同样无法调和国内压力集团的利益，无法出台对墨西哥和美国都有利的全面的移民合作协议。在援助方面，美国仅从"堵截"上下功夫，对于墨西哥的援助从本国利益出发，以移民执法为前提条件，对中美洲国家的援助则加以执法优先、"民主""善政"等众多条件，对受援国现实状况及受援需求考量较少，导致援助成效不明显，反而丧失了援助的道义性。非法移民产生的根源是南北国家的不平等关系，只有当目标转向减少不平等现象时，非法移民治理才能成功。

弱国的自我改革意愿与约束强国的策略和能力。弱国普遍面临经济波动性和脆弱性，国家治理体系羸弱的困境。国内贫富差距悬殊，政府腐败严重，政权内斗激烈，犯罪率居高不下，社会分化等治理性问题，导致民众对政府不信任，政府治理能力弱。随着全球化进程，一些弱国实现一定程度的经济增长，却没有实现包容性增长，社会矛盾依然突出、贫困和社会不平等固化以及社会排斥现象比较严重。一些弱国因为国家治理失败，从而陷入社会动荡，引发严重的人道主义危机，使得穷人成为跨国犯罪团体成员，影响周边国家的安全，对地区秩序构成严峻挑战。

从根本上说，弱国的治理问题是内部治理不善的问题，内因是造成国家脆弱乃至失败的根本原因。非洲国家的族际冲突、拉美国家的殖民地政治遗产——寡头政治体制、天主教的封建约束[1]等是制约非洲和拉美弱国政治和经济发展的重要内因。由于国家的巩固和法律的良性运行对经济发展具有至关重要的意义，弱国必须有改革的意愿，进一步消除体制缺陷，提高制度和司法体系的执行力和效率，控制腐败，实行带有自身特色的民主政治实践，维护政治和社会稳定大局。

当然，内因并不是造成国家脆弱或失败的唯一原因。全球化在带来发展的同时，也带来了危机、灾难，大大侵蚀了弱国的主权和控制能力。全球化要求国家具备更强的治理能力，这对本就治理不善或缺乏强有力治理能力和经验的弱国来说是难上加难。一些西方强国借全球化之名大力推行西方的民主、自由市场标准，更使一些原已虚弱不堪的国家难以有效地履行其国际义务与国内职能，直至走向崩溃。[2] 因此，弱国也必须需要在与强国的合作中借用规则、标准、协定条款等约束强国的行为，影响强国的外交政策。尽管在非对称关系中强国有压倒性的优势，但这并不意味着弱国外交是可以忽略不计的。从墨西哥与美国的关系中可以看出，墨西哥在

---

[1] 关于拉美落后的原因，见刘文龙、朱鸿博《西半球的裂变——近代拉美与美国发展模式比较研究》，上海辞书出版社 2005 年版。

[2] 韦宗友：《"失败国家"问题与国际秩序》，《现代国际关系》2005 年第 3 期。

各种场合都采取了主动行动，而不仅仅是接受美国的指示。①

从本书研究的跨界水资源治理、禁毒合作问题和非法移民管理问题来看，作为弱国的墨西哥，在水资源问题上，墨西哥政府努力根据《水条约》的规定，履行输水义务。在遇到极度干旱，无法完成输水义务的时候，也努力寻找解决问题的途径。虽然墨西哥政府缺乏更新和升级水资源基础设施的资金和技术，但是墨西哥积极与美国进行协商，得到了合作方的肯定和信任。因此，墨西哥在边境水资源问题上具有相当的自主决策空间。同时，为了与美国签署《北美自由贸易协定》，墨政府对国内环境立法进行改革，并且积极游说美国，使得边境环境问题从《北美自由贸易协定》签署的阻碍性因素变成了两国共同管理、责任共享的可协调的问题。因此，可以说，墨西哥通过自我改革努力，并通过游说和宣传，促使美国一以贯之地执行双边合作，对美国可能的施压行为进行了较为成功的约束。

在禁毒合作上，虽然墨西哥对于打击毒品表现出积极的意愿，从立法、制度改革、机构改革等方面采取了一系列措施，但是毒品是一个多维度的社会问题，要根除毒品问题，除了打击毒贩之外，还必须综合出台腐败治理、社会治理等全方位的政策。一国无法依赖外国援助对本国的结构性问题进行改革，美国对墨西哥的司法改革援助局限于提供必要设备、培训等，要真正落实和实施还必须依靠墨西哥本国的力量。然而，社会政策、政治体制改革是一项长期工程，需要领导人有巨大的政治勇气和执行力来推进。从目前来看，墨西哥腐败痼疾仍难以根除，贫富差距过于悬殊，数百万边缘化的穷人还在源源不断地走上犯罪道路，甚至形成一种"毒品文化"，导致墨西哥在国际上的形象一落千丈。正是因为禁毒绩效不理想，美国对墨西哥的干涉程度加深，美国从情报的共享者身份转换为直接收集者，墨西哥对此很难进行有效约束。

在非法移民问题上，墨西哥政府对美国表现出一定的"遵从"，参与治理非法移民的进程，尤其是与美国合作治理人口贩运，积极鼓励墨裔移民回墨西哥创业和工作、与美国配合拦截中美洲移民，展现负责的国家形

---

① Tanya Harmer, "Commonality, Specificity, and Difference: Histories and Historiography of the Americas," in Juan Pablo Scarfi, Andrew R. Tillman, eds., *Cooperation and Hegemony in US-Latin American Relations: Revisiting the Western Hemisphere Idea*, New York: Palgrave Macmillan, 2016, p. 79.

象。同时，为了能够影响美国国内的移民政策辩论，墨西哥通过宣传以及游说等非正式途径，为墨裔美国人群体提供和改善服务，来施加更大的影响力。尽管墨政府积极参与和塑造美国的移民政策，但是至今未有成功迹象，体现了弱国在非对称关系中影响强国政策的困难程度。加上美国在移民问题上不愿意让步，且偏好单边行动，这在墨西哥政府及人民看来，美国是"恃强凌弱"。墨西哥自然不愿意在"高压"下配合美国的政策。美墨边境非法移民问题将一直呈现混乱局面。

多边机制协调的作用和限度。从国际关系的一般规律看，强国更倾向于凭借其权力通过双边渠道解决强弱国家合作问题，以便将外部干扰因素降到最低。但是当摩擦和冲突无法避免和调和的时候，强国希望有善意的第三方或者盟国参与的多边机制进行非正式协调，帮助摆脱潜在的僵局，避免直接对抗。强国一般委托与强国在意识形态和立场主张方面一致的盟友，缓冲与弱国的潜在冲突。强国也愿意利用国际组织的知识和技术权威，通过指定用途的供资方式，实现与国际组织之间的"我出钱，你干活"的关系，既能够消除弱国对强国"干涉主权"的不信任感，又有助于强国在国际组织中树立良好形象，提升其在国际事务中的威望。

对于弱国来说，在基于实力的竞争和对抗中，弱国在与强国的双边谈判中处于弱势地位。大多数弱国没有能力与强国直接抗衡，除非采取"极端手段"来达到高烈度冲突，因此，弱国倾向于多边主义。弱国依靠多边场合来缓冲本国在双边关系中受到强国的影响，并不意味着弱国有抗衡或者匹及强国实力优势的企图，相反，只是为了缓解弱国单独面对强国的双边差距。[①] 多边主义安排之所以对弱国有吸引力，重要的原因就是多边主义具有一定的政治中立性、权力分散性和多边制衡功能，弱国在一定程度上能够争取潜在的国际同情和舆论支持，利用集体力量或少数服从多数原则，化解大国强大的权力优势。在理想情况下，联合国可以为各成员国展开各种层次的对话提供场所，各成员国讨论共同关心的国际问题，提出表达本国利益的立场观点，协调成员国的政策，以形成共同的解决方案。弱国希望利用国际机制的规范性功能，发挥国际机制决策程序的非歧视性原则、透明性原则和共识决策原则，在特定问题上倾听世界各国的声

---

① ［美］布兰特利·沃马克：《非对称与国际关系》，李晓燕、薛晓芃译，上海人民出版社2020年版，第60页。

音，出台兼顾各国利益的原则和规范性文件，保证分配结果相对公正性，以此作为约束强国单边行为的缓冲器。

因此，对于强国和弱国来说，在冲突难以在双边关系的框架内解决的时候，都可能诉诸国际多边机制的协调，来降低潜在冲突烈度。然而，强国和弱国对于多边机制协调不对称关系的考量存在明显的分歧。可以说，不涉及改变国家行为规范的技术性和操作性多边合作通常容易实现。但一旦涉及改变国家的行为规范，特别是弱国希望更新国际规范来约束强国行为，国际机制是否可以有效约束强国的行为，既取决于国际机制是够完善且具有足够的执行力，也取决于强国是否愿意让渡部分权力和行动自由，以此来换取非对称合作的顺利进行。事实上，强国为了不受国际机制的约束而"退群"的行为屡见不鲜。这导致多边机制对非对称关系的协调是有局限的。

在本书研究的三个领域的案例中，在美墨跨界水资源问题上，美国和墨西哥同时认可北美环境委员会对边境水资源环境可能出现的冲突进行协调、调查和仲裁。北美环境委员会为美墨边境基础设施建设提供建设资金、为墨西哥提供培训和机构能力建设、帮助墨西哥适应公众咨询机制以及非强制性地要求墨西哥政府加强环境执法，对于美墨边境可能发生的水资源冲突提供了多边解决的途径。因为不涉及改变美国的行为规范，也不影响墨西哥的自主性，只局限于技术培训，因此北美环境委员会对于巩固美墨边境水资源环境合作起到了补充性的作用。在边境禁毒合作和边境非法移民管理合作中，在北美区域合作制度的框架内，加拿大作为善意第三方，对墨西哥警察的缉毒执法能力进行培训，有助于降低墨西哥对美国的敌对性和敏感性。在边境问题上，美国委托联合国难民署和国际移民组织的介入，为墨西哥接纳从美国被遣返的非法移民提供庇护设施以及提高墨西哥难民治理的能力，联合国难民署和国际移民组织在操作层面也缓解了美墨非法移民治理过程中的冲突。

然而在涉及改变国家行为规范的时候，多边机制协调呈现出明显的局限性。墨西哥求助于国际多边机制对美墨非对称关系的介入，通过多边协商，形成更能反映弱国立场的关于全球毒品管制和移民治理的规范性文件，从而约束美国的单边行为。在禁毒合作案例中，联合国毒品问题特别大会议题和成果文件反映了国际毒品管制政策正在从严厉的司法惩治导向逐渐向公共卫生导向迈进，反映了减少毒品需求和降低毒品危害策略的重要性。虽然美国不愿改变国际禁毒的法律公约基础，但是由于国内多个州出台了大麻合法化法案，美国政府的禁毒立场发生了松动，而且墨西哥并没有直接"颠覆"美国的毒品管制，而是在承认禁毒执法的重要性的基础上，寻求更灵活、全面的禁毒方案。因此，多边毒品管控机制的改革为美墨毒品对话提供了一定的空间，缓和了美墨紧张的禁毒关系。但是目前的国际毒品管制制度并不完善，毒品引发的社会问题、发展援助议题等均未被纳入多边毒品管制制度。在现存多边毒品管制制度的领导下解决美墨禁毒冲突，还任重而道远。在非法移民问题上，2018年联合国通过了《全球移民公约》，提出了以人为本的原则，促进签订双边、区域和全球劳动力流动协议的建议，确保有序的移民进程，从而制止非法移民浪潮。然而，目前国际移民治理机制是不完善的，缺乏有效执行的机制，且美国单方面抵制《全球移民公约》，不愿意受到外来规范的约束，而是偏好单边行动。墨西哥政府指望在多边移民治理机制的领导下调解美墨在非法移民问题上的冲突，同样是很难奏效的。

总之，在技术问题和操作层面上，多边机制的介入可以缓和强弱两国因为权力不对称可能导致的冲突。然而，在涉及规范性的问题，弱国在区域和全球政治中的影响力有限，利用多边机制来约束强国行为的效度还取决于强国愿意让渡部分权力和行动自由的意愿以及多边机制的完善性。目前，大多数的国际机制都是在强国主导之下建立的，其规则不可避免地反映了强国的利益需求。对发展中国家的生存和发展具有实质重要性的贫困议题和债务减免议题等共同问题却没有在相应的国际机制的议程设置中得到应有的体现，这使弱国不得不在多边合作中更多地服从优先满足强国所偏好的治理议程，使其实现生存和发展的重大利益受到拖延甚至搁置。① 正如韦民所说，强国外交界定国际关系的状态和发展方向，而弱国外交脱离不了强国外交所建构的国际结构。②

二 未来研究方向

国际关系研究主要关注大国间政治。关于强国和弱国之间关系的研究

---

① 刘宏松：《声誉、责任与公正：中国多边外交的三种需求》，《国际观察》2004年第4期。

② 韦民：《小国与国际关系》，北京大学出版社2014年版，第232页。

也大多是从大国均势的角度进行研究，即强国和弱国之间如何开展博弈，使得强国能够争取到弱国加入其阵营，而不落入"敌人"的阵营。真正关注强国和弱国之间非对称合作，以"和平"的方式，寻找谈判和协调的空间，实实在在解决某一议题的治理的研究非常少。因此，非对称理论的研究尚处于发展阶段，还不够成熟。

本书以美墨非对称合作作为研究对象，展开了一系列概念辨析、理论探讨和案例分析，肯定了沃马克提出的基本假设，即强国虽然在国家军事规模、经济资源以及政治动员能力等要素上占压倒性优势，对于与弱国的关系方面有强大的影响力，但强国很难拥有彻底解决与弱国之间冲突的能力，无法单方面、一意孤行地决定双边关系的"每一个具体条款"。同时，弱国虽然没有挑战强国的能力，但是拥有空间表达自己的偏好和立场，与强国形成"承认自主性换取遵从"的非对称关系模式。应该说，非对称理论关注的是具有普遍意义的国家间关系的一种模式。由于笔者学识水平有限，未来还需要在以下方面继续加强研究，对非对称理论进行完善。

第一，双边关系中议题之间的联系性。本书研究了美墨双边关系中的三个领域的非对称合作。在分析过程中，作者将三个领域分别使用非对称理论框架进行了分析。而在现实的在双边关系中，不同议题之间可能是相互联系、相互交织、相互影响的，因此，在未来还应该更加注意双边关系中不同议题之间的联系性，从而对非对称的双边关系进行全局研究，有利于更加完善非对称理论的研究。

第二，行为体的选择。本书将国家视为一个统一的行为体，相对忽略了非国家行为体所发挥的作用。事实上，一些非政府性的跨国合作也在美墨边境非传统安全合作的治理中发挥了重要作用。那么非政府行为体是有助于非对称的国家之间开展合作还是更可能引起冲突？这些内容应当得到关注与讨论。如果能够在今后的研究中得到深入解释，将进一步提升非对称理论的全面性。

第三，案例的选取。本书只对美墨关系这个个案进行了研究，由此得出的结论是否适用整个近现代国际政治中所有双边关系尚不能给出肯定的答案。美墨案例属于特殊性较强的案例，美国是强国中的霸权国。而墨西哥无论在贸易、经济还是移民问题上，都高度依赖美国。两国有着长达3000多公里的边界线，这条边界线是世界上货物、人员流动最繁忙的边界，这些因素都使得美墨关系具有较大的特殊性。这种特殊性可能导致对其他非对称的双边关系解释力不足。因此，在未来尚待有进一步选取更多的非对称合作案例，开展比较研究，寻找共性、优先性及其他。

以上所列举的不足之处也为今后相关研究的展开提供了一些参考方向。本书或许能作为一个研究起点，作为体现非对称关系的一个经验案例，为非对称理论以及非对称合作的研究贡献绵薄之力。

参考文献

一 中文

(一) 中译著作

[美] 布兰特利·沃马克：《非对称与国际关系》，李晓燕、薛晓芃译，上海人民出版社2020年版。

[美] B. 盖伊·彼得斯：《政治科学中的制度理论："新制度主义"》，王向民、段红伟译，上海人民出版社2011年版。

[美] 戴维·莱克：《国际关系中的等级制》，高婉妮译，上海世纪出版集团2013年版。

[美] 霍华德·J. 威亚尔达：《拉丁美洲的精神：文化和政治传统》，郭存海、邓与评、叶健辉译，浙江大学出版社2019年版。

[美] 肯尼思·华尔兹：《国际政治理论》，信强译，上海人民出版社2008年版。

[美] 罗伯特·基欧汉、约瑟夫·奈：《权力与相互依赖》，门洪华译，北京大学出版社2012年版。

[美] 罗伯特·O. 基欧汉：《局部全球化世界中的自由主义、权力与治理》，门洪华译，北京大学出版社2004年版。

(二) 中文著作

陆忠伟：《非传统安全论》，时事出版社2003年版。

钱皓：《美国西裔移民研究——古巴、墨西哥移民历程及双重认同》，中国社会科学出版社2002年版。

孙杰：《合作与不对称合作：理解国际经济与国际关系》，中国社会科学出版社2016年版。

孙若彦：《独立以来拉美外交思想史》，人民出版社2015年版。

韦民：《小国与国际关系》，北京大学出版社 2014 年版。

徐世澄主编：《帝国霸权与拉丁美洲》，世界知识出版社 2002 年版。

徐世澄主编：《美国和拉丁美洲关系史》，社会科学文献出版社 2007 年版。

张勇安：《科学与政治之间，美国医学会与毒品管制的源起（1947—1973）》，上海人民出版社 2016 年版。

（三）论文

［美］布兰特利·沃马克：《美国实力的现实与局限》，李巍译，《吉林大学社会科学学报》2004 年第 1 期。

陈积敏：《国际移民的非传统安全挑战与全球移民治理——以国际组织为例》，《中共中央党校（国家行政学院）学报》2020 年第 2 期。

陈积敏：《美国非法移民国际合作治理研究》，《江南社会学院学报》2017 年第 1 期。

陈岚：《外围国家的自主性模式：拉美"自主性学派"的视角》，《拉丁美洲研究》2019 年第 5 期。

成银枚：《墨西哥禁毒政策的流变》，《中国禁毒报》2020 年 7 月 31 日第 7 版。

丁波文：《墨西哥禁毒政策及其对中国的启示》，《中国人民公安大学学报》（社会科学版）2016 年第 6 期。

杜娟：《美墨边境非法移民问题历史溯源》，《学术探索》2018 年第 3 期。

范蕾：《墨西哥的腐败问题与反腐败斗争》，《学习探索》2019 年第 9 期。

方长平、宋宝雯：《共有观念、不对等关注与国际冲突的起源》，《外交评论（外交学院学报）》2015 年第 3 期。

郭梅、许振成、彭晓春：《水资源安全问题研究综述》，《水资源保护》2007 年第 3 期。

韩晗：《墨西哥公众参与的法律保障机制研究》，《西南科技大学学报》（哲学社会科学版）2016 年第 3 期。

胡德胜、张青：《哈蒙主义的重新审视》，《河北法学》2013 年第 7 期。

黄放：《美国移民问题与奥巴马政府的移民改革》，《国际研究参考》2015 年第 10 期。

郝鲁怡：《全球移民治理的人权方法——从碎片化到整合的艰难进程》，《深圳大学学报》（人文社会科学版）2017 年第 4 期。

黄正多、段柏旭：《不对称合作下的中国和尼泊尔经贸合作机制建设——动机、可能性与方式》，《区域与全球发展》2020年第2期。

李寿平：《北美自由贸易协定对环境与贸易问题的协调及其启示》，《时代法学》2005年第5期。

林灿铃：《跨界突发性水污染国家责任构建》，《政治与法律》2019年第11期。

林民旺：《沃马克的结构性错误知觉理论研究》，《国际政治研究》2009年第2期。

梁茂信：《美国的非法移民与政府政策效用分析》，《史学集刊》1997年第4期。

梁茂信：《略论美国政府解决城市社会问题的效用有限性》，《美国研究》2002年第4期。

刘宏松：《声誉、责任与公正：中国多边外交的三种需求》，《国际观察》2004年第4期。

柳思思：《身份认知与不对称冲突》，《世界经济与政治》2011年第2期。

刘一：《九一一事件以来美国边境政策的调整——基于"再边境化"视角的分析》，《美国研究》2019年第2期。

鲁·济缅科、程宁：《美国与发展中国家：从传统新殖民主义走向不对称的相互依赖关系》，《国际经济评论》1992年第6期。

卢玲玲、闫伟：《墨西哥毒品问题及其未来走向》，《现代国际关系》2013年第3期。

卢玲玲：《从毒品战争到毒品去罪化：墨西哥毒品暴力治理的发展》，《拉丁美洲研究》2019年第6期。

钱皓：《美国移民大辩论历史透视》，《世界历史》2001年第1期。

钱皓：《美国西裔史学研究》，《史学理论研究》2001年第3期。

佘群芝：《北美自由贸易区环境合作的特点》，《当代亚太》2001年第6期。

史书丞：《试论美国对墨西哥移民政策的钟摆化》，《世界民族》2020年第1期。

孙杰：《不对称合作：理解国际关系的一个视角》，《世界经济与政治》2015年第9期。

吴琳：《不对称合作中的政治风险与关系维持——以新世纪以来的中斯关

系为例》，《太平洋学报》2017 年第 3 期。
吴昊昙：《主要捐助国利益与国际组织的行动空间——基于联合国难民署 20 世纪 90 年代难民保护行动的考察》，《国际政治研究》2019 年第 5 期。
韦宗友：《"失败国家"问题与国际秩序》，《现代国际关系》2005 年第 3 期。
徐世澄：《墨西哥变与不变》，《外交评论》2007 年第 2 期。
杨建民：《拉美国家的反腐败国际合作研究》，《学术探索》2019 年第 9 期。
杨阳、李孟景阳：《美墨禁毒合作的成效评价及启示》，《拉丁美洲研究》2015 年第 3 期。
袁家韵：《国际毒品政策变革：以三次毒品问题特别联大为视角》，《北京警察学院学报》2017 年第 4 期。
岳鹏、林丹丹：《"一报还一报"在不对称国家合作中的困境与解决策略》，《国际关系研究》2015 年第 3 期。
袁艳：《墨西哥政府海外移民政策述评》，《拉丁美洲研究》2016 年第 1 期。
张杰、宋卓如：《美墨禁毒合作的新阶段："梅里达倡议"的解析》，《拉丁美洲研究》2011 年第 5 期。
朱岚：《美国非法移民的历史、治理及其启示》，《理论学刊》2013 年第 9 期。

（三）硕博士论文

鲍夏颖：《尼泊尔对印度外交困境的不对称理论分析》，硕士学位论文，中南财经政法大学，2018 年。
陈积敏：《全球化时代美国非法移民治理研究》，博士学位论文，外交学院，2011 年。
寇惠：《后冷战时代美国与哥伦比亚禁毒合作与分歧探析》，硕士学位论文，福建师范大学，2012 年。
李芳田：《国际移民及其政策研究》，博士学位论文，南开大学，2009 年。
娄亚萍：《试论战后美国对外经济援助》，博士学位论文，复旦大学，2010 年。
宋鸥：《美国墨西哥移民问题研究》，博士学位论文，吉林大学，2009 年。

熊保汉:《不对称的美墨禁毒合作研究(1969—2017)》,硕士学位论文,上海外国语大学,2019 年。

朱鸿博:《冷战后美国的拉丁美洲政策》,博士学位论文,复旦大学,2006 年。

外文

(一) 著作

Alexandra Délano, *Mexico and Its Diaspora in the United States: Policies of Emigration since 1848*, New York: Cambridge University Press, 2011.

Barbara Hogenboom, *Mexico and the NAFTA Environment Debate: The Transnational Politics of Economic Integration*, Utrecht: International Books, 1998.

Brantly Womack, *China among Unequals: Asymmetric Foreign Relationships in Asia*, Singapore: World Scientific Publishing Co Pte Ltd., 2010.

Clint E. Smith, *Inevitable Partnership: Understanding Mexico-U.S. Relations*, Boulder: Lynne Rienner, 2000.

David F. Musto, *The American Disease: Origins of Narcotic Control*. Oxford University Press, 1999.

David L. Markell, John H. Knox, *Greening NAFTA: The North American Commission for Environmental Cooperation*, Stanford: Stanford University Press, 2003.

Dolia Estévez, *U.S. Ambassadors to Mexico the Relationship through Their Eyes*, Washington, D.C.: Woodrow Wilson International Center for Scholars, 2012.

Duran-Martinez, Maureen Meyer, Coletta Youngers and Dave Bewley-Taylor, *At a Crossroads: Drug Trafficking, Violence and the Mexican State*, Washington D.C.: Washington Office on Latin America, 2007.

González González, Guadalupe, Minushkin, Susan, eds., *México y el Mundo: Visiones Globales 2006. Opinión Pública y Política Exterior en México*, Mexico: CIDE-COMEXI, 2006.

Guadalupe González González, Ferran Martínez Schiavon, eds., *México, las Américas y el Mundo: Política Exterior: Opinión Pública y Líderes 2008*,

Mexico, CIDE, 2008.

Guadalupe González González, Susan Minushkin, and Robert Y. Shapiro, eds., *México y el Mundo: Visiones Globales 2004. Opinión Pública y Política Exterior en México*, Mexico: CIDE-COMEXI, 2004.

Isidro Morales, *National Solutions to Trans-Border Problems? The Governance of Security and Risk in a Post-NAFTA North America*, London: Routledge, 2011.

Jeffrey Davidow, *El Oso y el Puercoespín*, México: Grijalbo, 2003.

John Bailey, Jorge Chabat, *Transnational Crime and Public Security: Challenges to Mexico and the United States*, San Diego: Center for US-Mexican Studies/University of California, 2002.

Jorge Durand, Jorge A. Schiavon eds., *Perspectivas Migratorias Ⅲ. Los Derechos Políticos de los Mexicanos en el Exterior*, Mexico: CIDE, 2014.

Jorge I. Domínguez, Rafael Fernández de Castro, *The United States and Mexico: Between Partnership and Conflict*, New York: Routledge, 2009.

Joseph S. Tulchin, *Latin America in International Politics: Challenging US Hegemony*. Boulder, CO: Lynne Rienner, 2016.

Lester D. Langley, *Mexico and the United States: The Fragile Relationship*, Woodbridge: Twayne Publisher, 1991.

Linda Fernandez and Richard T. Carson, eds., *Both Sides of the Border: Transboundary Environmental Management Issues Facing Mexico and United States*, New York: Kluwer Academic Publishers, 2002.

Mario Ojeda, *Alcances y límites de la política Exterior de México*, El Colegio de México, México, 2010.

Mary Kelly et al., *The Border Environmental Cooperation Commission (BECC) and North American Development Bank (NADB): Achiving their Environmental Mandate*, Texas: Texas Center for Policy Studies, 2001.

Oran R. Young, *International Cooperation: Building Regimes for Natural Resources and the Environment*, Cornell University Press, 1989.

Peter Andreas, *Border Games: Policing the U.S.-Mexico Divide*, New York: Cornell University Press, 2000.

Peter Andreas, Nadelmann Ethan, *Policing the Globe*, Oxford and New York:

Oxford University Press, 2006.

Randall W. Stone, *Controlling Institutions: International Organizations and the Global Economy*. Cambridge: Cambridge University Press, 2011.

Robert A. Pastor, Jorge G. Castañeda, *Limits to Friendship: The United States and Mexico*, New York: Vintage, 1989.

Robert A. Pastor, *The North American Idea: A Vision of a Continental Future*, Oxford University Press, 2012.

Sergio Aguayo, *Myths and [Mis] Perceptions: Changing U. S. Elite Visions of Mexico*, La Jolla: University of California, San Diego, Center for U. S. - Mexican Studies, 1998.

Simon Reich, Richard Ned Lebow, *Good-bye hegemony! Power and Influence in the Global System*, New Jersey: Princeton University Press, 2014.

Tom Long, *Latin America Confronts the United States: Asymmetry and Influence*, Cambridge: Cambridge University Press, 2015.

(二) 论文

Agustin Maciel Padila, "El Agua como Tema de Seguridad Nacional para Estados Unidos en la frontera con México," en Rosío Vargas, José Luis Valdés-Ugalde, eds., *Recursos Naturales Estratégicos: los Hidrocarburos y el Agua*, Mexico: UNAM, Centro de Investigaciones sobre America del Norte, 2006.

Ana Covarrubias, "Las Relaciones Internacionales en México," *Estudios Internacionales*, No. 194, 2019.

Andrea Olive. "Assessing Intergovernmental Institutions and Transnational Policy Networks in North American Resource Management: Concluding Remarks," *Review of Policy Research*, Vol. 32, No. 1, 2015.

Antoine Pécoud, "What do we know about the International Organization for Migration?" *Journal of Ethnic and Migration Studies*, Vol. 44, No. 10, 2018.

Armando Rodríguez Luna, "Inteligencia, Tecnología y Democracia: Cooperación Estratégica en Materia de Seguridad en las Relaciones México-Estados Unidos," en Zirahuén Villamar, eds., *Hacia Una Nueva Relación México-Estados Unidos Visiones Progresistas*, Fundación Friedrich Ebert en México, 2010.

Arturo Santa Cruz, "La Política de Enrique Peña Nieto hacia América del

Norte: Normalización e Institucionalización," *Foro Internacional*, Vol. 59, No. 3 - 4, 2019.

Azul A. Aguiar-Aguilar, Jesús Ibarra-Cárdenas, "The Role of the US in the Promotion of Criminal Justice Reform in Mexico: the Case of Law Schools," in Burt, Sally y Daniel Añorve, eds., *Global Perspectives on US Democratization Efforts*. New York: Palgrave-MacMillan, 2016.

Barnett Michael, Raymond Duvall, "Power in International Politics," *International Organization*, Vol. 59, No. 1, 2005.

Barreda Vidal, Perla Zoraida, "La Cooperación Bilateral México-Estados Unidos contra la Delincuencia Organizada Trasnacional en el Marco de la Iniciativa Mérida," *Revista IUS [online]*, Vol. 8, No. 34, 2014.

Betty Horwitz, "The Role of the Inter - American Drug Abuse Control Commission (CICAD): Confronting the Problem of Illegal Drugs in the Americas," *Latinamerican Politics and Society*, Vol. 52, No. 2, 2010.

Blanca Torres, "La Cuestión del Medio Ambiente en la Agenda Bilateral (1991 - 1992)," en Gustavo Vega Cánovas, eds., *México-Estados Unidos-Canadá*, Mexico: Colegio de Mexico, 1993.

Blanca Torres, "Los Nuevos Temas de la Agenda: la Protección del Medio Ambiente y los Recursos Naturales," en Ana Covarrubias, ed., *Temas de Política Exterior*, Mexico: El Colegio de México, 2008.

Blanca Torres, "The North American Agreement on Environmental Cooperation: Rowing Upstream," in Carolyn Deere, Daniel Esty, eds., *Greening the Americas: NAFTA' Lessons for Hemispheric Trade*, Mass: MIT Press, 2002.

Brantly Womack, "Asymmetry and Systemic Misperception: China, Vietnam and Cambodia during the 1970s," *Journal of Strategic Studies*, Vol. 26, No. 2, 2003.

Bruno Ayllón, "La Cooperación Internacional para el Desarrollo: Fundamentos y Justificaciones en la Perspectiva de la Teoría de las Relaciones Internacionales?" *Carta Internacional*, Vol. 2, No. 2, 2007.

Carlos González Gutiérrez, "Del acercamiento a la Inclusión Institucional: La Experiencia del Instituto de los Mexicanos en el Exterior," en Carlos

González Gutiérrez, eds., *Relaciones Estado Diáspora: Aproximaciones Desde Cuatro Continentes*, México: Porrúa, 2006.

Casey Walsh, "Aguas Broncas: the Regional Political Ecology of Water Conflict in the Mexico-U. S. Borderlands," *Journal of Political Ecology*. Vol. 11, No. 1, 2004.

Craig A. Deare, "U. S. -Mexico Defense Relations: An Incompatible Interface," *Strategic Forum*, No. 243, 2009.

Daniel Tichenor, "The Great Divide: The Politics of Illegal Immigration in America," in Kavita R. Khory, eds., *Global Migration*, New York: Palgrave Macmillan, 2012.

David R. Bewley-Taylor, "Emerging Policy Contradictions between the United Nations Drug Control System and the Core Values of the United Nations," *International Journal of Drug Policy*, No. 16, 2005.

Douglas Steven Massey, Karen A. Pren, "Unintended Consequences of US Immigration Policy: Explaining the Post-1965 Surge from Latin America," *Population and Development Review*, No. 38, 2012.

Ernest T. Smerdon, "Water-Its Role from Now to the Year 2000," *Natural Resources Journal*, Vol. 22, No. 4, 1982.

Fernando de la Mora, "Keeping the Mexican Moment Alive: A Case for Public Diplomacy," *Exchange: The Journal of Public Diplomacy*: Vol. 5, No. 1, 2014.

Francisco Alba, "Politica Migratoria: un Corte de Caja," *Nexos*, No. 317, 2004.

Francisco Marmolejo, Leon Ernando, "La Educacin Superior en la Frontera Mexico-Estados Unidos: Convergencias y Divergencias," *Revista de la Educacion Superior*, Vol. XXIX, No. 115, 2000.

Frank R. Pfetsch, "Power in International Negotiations: Symmetry and Asymmetry," *Négociations*, Vol. 16, No. 2, 2011.

G. Isaac Morales Tenorio, "Estrategia Multilateral de México frente al Problema de las Drogas: del Diagnóstico a la Acción," *Revista Mexicana de Política Exterior*, No. 110, 2017.

Gema Santamaría, "Breaking the Vicious Cycle Criminal Violence in U. S. -

Latin American Relations," in Jorge I. Domínguez and Rafael Fernández de Castro, eds., *Contemporary U. S. -Latin American Relations Cooperation or Conflict in the 21st Century*? New York: Routledge, 2016.

Guadalupe González González, "Las Estrategias de Política Exterior de México en la Era de la Globalización," *Foro Internacional*, Vol. 41, No. 4, 2001.

Guilherme Borges, et al., "Drug Use on Both Sides of the US-Mexico Border," *Salud pública de México*, Vol. 60, No. 4, 2018.

Hans Morgenthau, "A Political Theory of Foreign Aid," *American Political Science Review*, Vol. 56, No. 2, 1962.

Hélène Pellerin, "The Cart Before the Horse? The Coordination of Migration Policies in the Americas and the Neoliberal Economic Project of Integration," *Review of International Political Economy*, Vol. 6, No. 4, 1999.

James D. Morrow, "*Alliances and Asymmetry*: An Alternative to the Capability Aggregation Model of Alliances," *American Journal of Political Science*, Vol. 35, No. 4, 1991.

John Sharp, *Bordering the Future: Challenges and Opportunities in the Texas Border Region*, Austin TX: Comptroller of Public Accounts Publication, 1998.

Jorge Chabat, "El Estado y el Crimen Organizado Transnacional: Amenaza Global, Respuestas Nacionales," *Istor: Revista de Historia Internacional*, Vol. 42, No. 11, 2010.

Jorge Chabat, "*El Narcotrafico en las Relaciones Mexico-Estados Unidos*: Fuente de Conflicto," *Documento de Trabajo Centro de Investigacion y Docencia Economicas*, No. 193, 2009.

Jorge Chabat, "La Iniciativa Mérida y la Relación México-Estados Unidos: En Busca de la Confianza Perdida," en Rafael Veláquez Flores, Juan Pablo Lallandeeds., *La Iniciativa Mérida ¿ Nuevo Paradigma de Cooperación entre México y Estados Unidos en Seguridad*? Mexico: UNAM, 2009.

Jorge Chabat, "La Respuesta del Gobierno de Felipe Calderón ante el Desafío del Narcotráfico: entre lo Malo y lo Peor," en Arturo Alvarado, Mónica Serrano, ed., *Los Grandes Problemas de México XV: Seguridad Nacional y Seguridad Interior*. México, El Colegio de México, 2010.

Jorge Durand, "La Desmigratización de la Relación Bilateral: Balance del Sexenio de Felipe Calderón," *Foro Internacional*, Vol. LIII, No. 3 – 4, 2013.

Jorge I. Domínguez, Rafael Fernández de Castro, "U. S. -Mexican Relations Coping with Domestic and International Crises," in *Jorge I. Domínguez and Rafael Fernández de Castro ed, Contemporary U. S. -Latin American Relations Cooperation or Conflict in the 21st Century?* Second edition, New York: Routledge, 2016.

Joseph Nalven, "Transboundary Environmental Problem Solving: Social Process, Cutlural Perception," *Natural Resources Journal*, Vol. 26, No. 4, 1986.

Katya Rodríguez Gómez, Fernando Patrón Sánchez, "La Efectividad de la Política Social en México. Un Análisis de la Reducción de la Pobreza Monetaria después de la Operación de los Programas que Transfieren Ingreso," *Gestión y Política Pública*, Vol. 26, No. 1, 2017.

Leticia G. Juárez, "Mexico, the United States and the War in Iraq," *International Journal of Public Opinion Research*, Vol. 16, No. 3, 2004.

Liliana Ferrer Silva, "Cabildeo en Estados Unidos: Retos y Oportunidades para México," *Revista Mexicana de Política Exterior*, No. 84, 2008.

Liz Ileana Rodríguez Gámez, "Financiamiento de Infraestructura Ambiental en la Frontera México-Estados Unidos. La Estrategia del BDAN," *Frontera Norte*, Vol. 19, No. 38, 2007.

Mark Aspinwall, Simon Reich, "Who is Wile E. Coyote? Power, Influence and the War on Drugs," *International Politics*, No. 53, 2016.

María Celia Toro, *Mexico's "War" on Drugs: Causes and Consequences.* Boulder, CO: Lynne Rienner, 1995.

Matt Bakker, "From 'The Whole Enchilada' to Financialization: Shifting Discourses of Migration Management in North America," in Martin Geiger, Antoine Pécoud, eds., *The Politics of International Migration Management*, New York: Palgrave Macmillan, 2010.

Melissa Dell, "Trafficking Networks and the Mexican Drug War," *American Economic Review*, Vol. 105, No. 6, 2015.

Miguel Ruíz-Cabañas Izquierdo, "El Combate contra el Narcotráfico," *Revista*

Mexicana de Política Exterior, No. 61, 2000.

Mónica Serrano, "El Problema del Narcotráfico en México: Una Perspectiva Latinoamericana," en Arturo Alvarado y Mónica Serrano, ed., *Los Grandes Problemas de México XV: Seguridad Nacional y Seguridad interior*. México, El Colegio de México, 2010, Colegio de Mexico, 2010.

Neydi Cruz, *Evolución de la Ayuda Oficial al Desarrollo: los Retos para México y un Análisis de Su Papel como Receptor de* 1960 *a* 2005, Tesis de maestría, México, Instituto de Investigaciones Dr. José María Luis Mora, 2008.

Nicole Carter, Leonard Ortolano, "Impact of Two NAFTA Institutions on Border Water Infrastructure," in Jan J. Batema Linda Fernandez Richard T. Carson, eds., *Both Sides of the Border: Transboundary Environmental Management Issues Facing Mexico and the United States*, Springer, 2002.

Patricia de los Ríos, "Luis Maira y los Estudios sobre Estados Unidos en México. Del exilio a la Academia," en Ana Rosa Suárez Argüello y Agustín Sánchez Andrés, eds., *A la Sombra de la Diplomaca: Actores Informales en las Relaciones Internacionales de México, Siglos XIX y XX*, Universidad Michoacana de San Nicolás de Hidalgo Instituto de Investigaciones Históricas, 2017.

Paul Ganster & Collins, Kimberly, "Binational Cooperation and Twinning: A View from the US-Mexican Border, San Diego, California, and Tijuana, Baja California," *Journal of Borderlands Studies*, No. 32, 2017.

Paul Ganster, "Evolving Environmental Management and Community Engagement at the U.S.-Mexican Border," *Eurasia Border Review*, Vol. 5, No. 2, 2014.

Peter Andreas, "The Political Economy of Narco-Corruption in Mexico," *Current History*, No. 97, 1998.

Peter Reuter, David Ronfeldt, "Quest for Integrity: The Mexican-US Drug Issue in the 1980s," *Journal of Interamerican Studies and World Affairs*, Vol. 34, No. 3, 1992.

Rafael Fernández de Castro, Roberta Clariond Rangel, "Immigration Reform in the United States", in Agustín Escobar Latapí and Susan F. Martin, eds., *Mexico-U.S. Migration Management : a Binational Approach*, Lexington Books, 2008.

Rafael Velázquez Flores, "Pragmatismo Principista: la Política Exterior de México," *Revista de Relaciones Internacionales de la UNAM*, No. 120 – 121, 2014.

Rahel Kunz, "Depoliticization through Partnership in the Field of Migration, The Mexico-US Case," in Rahel Kunz, Sandra Lavenex and Marion Panizzon, eds., *Multilayered Migration Governance: The Promise of Partnership*, New York: Routledge, 2011.

Raul Bernal-Meza, "México: de la Autonomista Potencia Media a Socio Subordinado de Estados Unidos," *Revista CICLOS*, No. 35/36, 2009.

Raúl Benítez Manaut, Carlos Rodríguez Ulloa, "Seguridad y Fronteras en Norteamérica: Del TLCAN a la ASPAN," *Frontera Norte*, Vol. 18, No. 35, 2006.

Raúl Benítez Manaut, "La Iniciativa Mérida: Nuevo Paradigma en la Relación de Seguridad México-Estados Unidos-Centroamérica," *Revista mexicana de Política Exterior*, No. 87, 2009.

Raúl Benítez Manaut, "Mexico and Its Role in North America's Security: Between Terrorism and Organized Crime," in Marcial A. G. Suarez, Rafael Duarte Villa, Brigitte Weiffen, eds., *Power Dynamics and Regional Security in Latin America*, New York: Palgrave, 2017.

Raúl Benítez Manaut, "México 2012 – 2018: Las Fuerzas Armadas y el Combate al Crimen Organizado," en Alda, Sonia. Sampó, Carolinaeds., *La transformación de las Fuerzas Armadas en América Latina ante el Crimen Organizado*. Madrid: Real Instituto Elcano, 2019.

Raúl Benítez Manaut, "México-Estados Unidos: Paradigmas de una Inevitable y Conflictiva Relación," *Nueva Sociedad*, No. 206, 2006.

Robert L. Bach, "Campaigning for Change: Reinventing NAFTA to Serve Migrant Communities," *Latin American Program Working Paper Series*, No. 248, 2001.

Robert L. Bach, "Western Hemispheric Integration and Migration in an Age of Terrorism," in Kristof Tamas and Joakim Palme, eds., *Globalizing Migration Regimes New Challenges to Transnational Cooperation*, London: Ashgate

Publishing Limited, 2006.

Robert O. Keohane, Joseph S. Nye, "Power and Interdependence," *Survival: Global Politics and Strategy*, Vol. 15, No. 4, 1973, 158 – 165.

Robert O. Keohane, "Lilliputians' Dilemmas, Dilemmas: Small States in International Politics," *International Organization*, No. 23.

Robert Varady, et al. , "The US-Mexico Border Environment Cooperation Commission: Collected Perspectives on the First Two Years," *Journal of Borderlands Studies*, No. 11, 1996.

Roberto Russell, Juan Gabriel Tokatlian, "América Latina y su Gran Estrategia: entre la Aquiescencia y la autonomía," *Revista CIDOB d'Afers Internacionals*, No. 104.

Rosalind H. Bark, et al. , "Tracking Cultural ecosystem Services: Water Chasing the Colorado River Restoration Pulse Flow," *Ecol. Econ.* No. 127, 2016.

Salvador A. Cicero-Domínguez, "Assessing the U. S. -Mexico Fight Against Human Trafficking and Smuggling: Unintended Results of U. S. Immigration Policy," *Journal of Humam Rights*, Vol. 4, No. 2, 2005.

Sandoval Palacios, Juan Manuel, "Militarización, Seguridad nacional y Seguridad Publica en México," *Revista Espiral, Estudios sobre Estado y Sociedad*, Vol. VI. No. 18, 2000.

Simon Reich, Mark Aspinwal, "The Paradox of Unilateralism: Institutionalizing Failure in U. S. -Mexican Drug Strategies," *Norteamérica*, Vol. 8, No. 2, 2013.

Simone Lucatello, "Cooperación Mexicana Bilateral Frente a la Cooperación Multilateral en Materia de Seguridad: los Retos para México en la Iniciativa Mérida," en Velázquez Flores y Prado Lallande, eds. , *La Iniciativa Mérida: ? Nuevo Paradigma de Cooperación entre México y Estados Unidos en Seguridad?*, México: UNAM/ Universidad Autónoma de Puebla, 2009.

Stephen Krasner, "Interdependencia simple y obstaculos para la cooperacion entre Mexico y Estados Unidos," in Blanca Torres, ed. , *Interdependencia? Un Enfoque Util para el Analisis de las Relaciones Mexico-Estados Unidos?*. Mexico City: El Colegio de Mexico, 1990.

Stephen P. Mumme, Debra J. Little, "Leadership, Politics, and Administrative Reform at the United States Section of the International Boundary and Water Commission," *The Social Science Journal*, No. 47, 2010.

Stephen P. Mumme, Kimberly Collins, "The La Paz Agreement 30 Years On," *The Journal of Environment & Development*, Vol. 23, No. 3, 2014.

Stephen P. Mumme, Moore Scott T., "Agency Autonomy in Transboundary Resource Management: The United States Section of the International Boundary and Water Commission, United States and Mexico," *Natural Resources Journal*, Vol. 30, No. 3, 1990.

Stephen P. Mumme, "Innovation and Reform in Transboundary Resource Management: A Critical look at the International Boundary and Water Commission, United States and Mexico," *Natural Resources Journal*, Vol. 33, 1993.

Stephen P. Mumme, "Regional Influence in National Diplomacy: The case of the U. S. Section of the International Boundary and Water Commission," *Publius: The Journal of Federalism*, Vol. 14, No. 4, 1984.

Stephen P. Mumme, "Revising the 1944 Water Treaty: Reflections on the Rio Grande Drought Crises and Other Matters," *Journal of the Southwest*, Vol. 45, No. 4, 2003.

Stephen P. Mumme, "Scarcity and Power in US-Mexico Transboundary Water Governance: Has the Architecture Changed since NAFTA?" *Globalizations*, No. 13, 2016.

Steven E. Hendrix, "The Merida Initiative for Mexico and Central America: The New Paradigm for Security Cooperation, Attacking Organized Crime, Corruption and Violence," *Loyola University Chicago International Review*, Vol. 5, No. 2, 2008.

Stuart Eizenstat, John Porter, Jeremy M. Weinstein, "La Reconstrucción de Estados Débiles," *Foreign Affairs en Español*, Vol. 5, No. 2, 2005.

Susan F. Martin, "The Politics of US Immigration Reform", *Political Quarterly*, Vol. 74, No. s1, 2003.

Tanya Harmer, "Commonality, Specificity, and Difference: Histories and Historiography of the Americas," in Juan Pablo Scarfi, Andrew R. Tillman, eds., *Cooperation and Hegemony in US-Latin American Relations: Revisiting the Western Hemisphere Idea*, New York: Palgrave Macmillan, 2016.

Tom Long, Manuel Suárez-Mier, "Regional Public Goods in North America," in Antoni Estevadeordal and Louis W. Goodman, eds., *21st Century Cooperation Regional Public Goods, Global Governance, and Sustainable Development*, New York: Routledge, 2017.

Vanda Felbab-Brown, "The Violent Drug Market in Mexico and Lessons from Colombia," *Foreign Policy at Brookings*, No. 12, 2009.

（三）美墨政府文件、国会报告、档案资料等

BANDAN, "Cartera de Proyectos," www.nadb.org/espanol/proyectos/cartera.html.

BANDAN, "Programas Complementarios," http://www.nadb.org/espanol/bdan.htlm.

Clare Ribando Seelke, Kristin Finklea, *U.S.-Mexican Security Cooperation: The Mérida Initiative and Beyond*, CRS Report R41349, Washington, D.C.: Congressional Research Service, 2017.

Clare Ribando Seelke, *Mexico: Background and U.S. Relations CRS Report R42917*, Washington, D.C.: Congressional Research Service, 2019.

Clare Ribando Seelke, *Mexico's Immigration Control Efforts*, CRS Report IF10215, Washington, D.C.: Congressional Research Service, 2019.

Clare Ribando Seelke, *Supporting Criminal Justice System Reform in Mexico: The U.S. Role*, CRS Report R43001, Washington, D.C.: Congressional Research Service, 2013.

CNDH, *Informe Especial sobre los Casos de Secuestro en contra de Migrantes*, México, D.F.: Comisión Nacional de los Derechos Humanos (CNDH), 2009.

CONAPO, BBVA, *Anuario de Migración y Remesas México*, México: CONAPO, 2018.

CONEVAL, *Diez Años de Medición de Pobreza en México, Avances y Retos en Política Social*, México: CONEVAL, 2018.

DEA, 2018 *National Drug Threat Assessment*, Arlington: DEA, 2018.

DHS, *Assessment of the Migrant Protection Protocols (MPP)*, Washington, D. C.: DHS, 2019.

DHS, *DHS Border Security Metrics Report*, Washington, D. C.: DHS, 2019.

EPA, *U. S. -Mexico Border Water Infrastructure Program Annual Report* 2014, Mexico: EPA, 2014.

EPA, *U. S. -Mexico Border Water Infrastructure Program Annual Report* 2017, Mexico: EPA, 2017.

General Accounting Office (GAO), *Central America: USAID Assists Migrants Returning to their Home Countries, But Effective*, GAO - 19 - 62, Washington, D. C.: General Accounting Office (GAO), 2018.

General Accounting Office (GAO), *Firearms Trafficking: U. S. Efforts to Combat Arms Trafficking to Mexico Face Planning and Coordination Challenges*, GAO - 09 - 709, Washington, D. C.: General Accounting Office (GAO), 2009.

General Accounting Office (GAO), *International Boundary and Water Commission: Opportunities Exist to Address Water Quality Problems*, GAO - 20 - 307, Washington, D. C.: General Accounting Office (GAO), 2020.

General Accounting Office (GAO), *North American Free Trade Agreement: Impacts and Implementation*, GAO/T - NSIAD - 97 - 256, Washington, D. C.: General Accounting Office (GAO), 1997.

General Accounting Office (GAO), *U. S. Assistance to Mexico*, GAO - 19 - 647, Washington, D. C.: General Accounting Office (GAO), 2019.

Gobierno de la República, *ENCC 2013. Estrategia Nacional de Cambio Climático. Visión* 10 - 20 - 40, México: Gobierno de la República, 2013.

Gobierno de México, *Ley de Seguridad Nacional*, Art. 3°, 2005, DOF 26 - 12 - 2005, México: Gobierno de México, 2005.

House of Representatives, *The Merida Initiative: Assessing Plans to Step up Our Security Cooperation with Mexico and Central America, Hearing Before de Committee on Foreign Affairs*, Washington D. C.: House of Representatives, 14 de noviembre de 2007.

IBWC, *Conceptual Plan for the International Solution to the Border Sanitation Problem in San Diego, California / Tijuana, Baja California*, Minute 283,

2 July, 1990.

IBWC, *Recommendations for the First Stage Treatment and Disposal Facilities for the Solution of the Border Sanitation Problem at San Diego, California-Tijuana, Baja California*, Minute 270. Ciudad Juarez, 30 April, 1985.

IBWC, "History of U. S. Section Commissioners," http://www.ibwc.state.gov/About_Us/Commish_History.html.

Michelle L. Gomilla, *Interview with Joaquín Bustamante*, Interview No. 835, El Paso: Institute of Oral History, University of Texas at El Paso, 1994.

Michelle L. Gomilla, *Interview with Joseph F. Friedkin*, Interview No. 837, El Paso: Institute of Oral History, University of Texas at El Paso, 1994.

Peter J. Meyer, *U. S. Foreign Assistance to Latin America and the Caribbean: FY2018 Appropriations*, CRS Report R45089, Washington, D. C.: Congressional Research Service, 2018.

Peter J. Meyer, *U. S. Strategy for Engagement in Central America: Policy Issues for Congress*, CRS Report R44812, Washington, D. C.: Congressional Research Service, 2019.

Pierre Marc Johnson, Robert Page, Jennifer A. Haverkamp, John F. Mizroch, Daniel Basurto, Blanca Torres, *Ten years of North American Environment Cooperation, Report of the Ten-year Review and Assessment Committee to the Council of the Commission for Environmental Cooperation*, Washington, DC: The North American Commission for Environmental Cooperation, 2004.

Poder Ejecutivo Federal, *Programa Nacional para el Control de Drogas* 1995 – 2000, México: Poder Ejecutivo Federal, 1995.

Presidencia de la República, "Sesión de Preguntas y Respuestas al Término del Mensaje a Medios de Comunicación del Presidente de los Estados Unidos Mexicanos, Licenciado Enrique Peña Nieto, y el Presidente de los Estados Unidos de América, Excelentísimo señor Barack Obama, Comunicado de Prensa," May 2, 2013.

SEMARNAT, *Programa Sectorial de Medio Ambiente y Recursos Naturales*, 2007 – 2012, 34. Mexico: SEMARNAT, 2007.

SEMARNAT/EPA, *Situación de la Región Fronteriza. Reporte de Indicadores* 2010, Mexico: SEMARNAT, 2011.

Steven Zyck, Loretta Peschi, *Evaluating the Effectiveness of Regional Migration Program Models on Providing Assistance to Vulnerable Migrants*, Washington, D. C. : U. S. Department of State Bureau of Population, Refugees, and Migration, 2017.

Steven Zyck, Loretta Peschi, Natalia Alvarez, Nancy Landa, *Regional Summary Report: Mesoamerica*, Washington, D. C. : U. S. Department of State Bureau of Population, Refugees, and Migration, 2017.

United States Department of State, *Framework For Cooperation Between the United States Department of State, Bureau of Population, Refugees and Migration and The Office of the United Nations High Commissioner for Refugees 2018 - 2019*, Washington, D. C. : United States Department of State, 2018.

US Senate Committee on Foreign Affairs, *The Merida Initiative: Guns, Drugs, and Friends, A Report to Members of the Committee on Foreign Relations United States Senate One Hundred Tenth Congress First Session*, Washington, D. C. : US Senate Committee on Foreign Affairs, 2007.

US-Mexico Migration Panel, *Mexico-US Migration: A Shared Responsibility*, Washington D. C. : Carnegie Endowment for International Peace, 2001.

White House, the National Security Strategy of the United States of America White House, 2006, https://georgewbush-whitehouse. archives. gov/nsc/nss/2006/sectionI. html.

（四）美墨智库报告、国际组织报告等

Adam Isacson, Maureen Meyer, *Beyond the Border Buildup Security and Migrants Along the U. S. -Mexico Border*, Washington Office on Latin America, 2012.

Agnes Gereben Schaefer, Benjamin Bahney, Jack Riley, *Security in Mexico. Implications for U. S. Policy Options*, Washington D. C. : Rand Corporation, 2009.

David A. Shirk, *The Anatomy of a Relationship: A Collection of Essays on the Evolution of U. S. -Mexico Cooperation on Border Management*, Washington, D. C. : Woodrow Wilson International Center for Scholars, 2016.

Development Assistance Committee (DAC), *Organization for Economic Cooper-*

ation and Development (OECD), the United States: DAC Peer Review, Paris: OECD, 2006.

International Narcotics Control Board, *Annual Report* 2012, Vienna: International Narcotics Control Board, 2013.

Iñigo Guevara, *A Bond Worth Strengthening Understanding the Mexican Military and U. S. -Mexican Military Cooperation*, Washington D. C.: Woodrow Wilson International Center for Scholars, October 2016.

Iñigo Guevara, *More than Neighbors: New Developments in the Institutional Strengthening of Mexico's Armed Forces in the Context of U. S. -Mexican Military Cooperation*, Washington D. C.: Woodrow Wilson International Center for Scholars, 2012.

Jeffrey S. Passel, D'Vera Cohn, *Mexicans Decline to Less than Half the U. S. Unauthorized Immigration Population for the First Time*, Pew Research Center, June 12, 2019.

Jens Manuel Krogstad, "Surge in Cuban Immigration to U. S. Continues into 2016," Fact Tank, Pew Research Center, January 13, 2017.

John Bailey, *Nontraditional Security Threats in the U. S. -Mexico Bilateral Relationship: Overview and Recommendations*, Washington D. C.: Woodrow Wilson International Center for Scholars, 2005.

Maureen Meyer, Coletta Youngers, and Dave Bewley-Taylor. *At a Crossroads: Drug Trafficking, Violence and the Mexican State*. Washington D. C.: Washington Office on Latin America, 2007.

OECD, *Society at a Glance* 2014: *OECD Social Indicators*, Genova: OECD Publishing, 2014.

Robert P. Jones. et al., *What Americans Want from Immigration Reform in 2014: Findings from the PRRI/Brookings Religion, Values, and Immigration Reform Survey*, Washington D. C.: Brookings, 2014.

Ruben G. Rumbaut, Walter A. Ewing, *The Myth of Immigrant Criminality and the Paradox of Assimilation*, Washington, D. C.: Immigration Policy Center, American Immigration Law Foundation, 2007.

索 引

安全　1,2,9,13,14,23,26,30,37,38,42-46,48-58,60-63,65,66,68,72,74,75,86,90,100-102,106,109-111,115-117,120,121,123-127,136-140,144,146,148,151,152,154,155,157-159,161,163,166,167,169-173,175-177,183-186

霸权　4,7-9,29,32,37,39,58,59,77,134,143,191

北部边境反应部队　104

北美环境合作委员会　65,68,90-96,98

北美开发银行　12,73,74,81-84,97,98,181

北美年度毒品对话　127,128

北美自由贸易协定　3,8,9,11,12,32,57,65,67,68,73,74,85,86,89-91,94,97,98,148,157,175,181,187

边界与水委员会　11,67-69

边境联络人机制　149,150

边境墙　77,78,80,146

边境执法　53,102,157,158,172-174,177

超越梅里达倡议　104

等级制　1,3,24-26,36,37,61

毒品管制高级别联络小组　104-106,142

繁荣伙伴倡议　156

反美　10,32,58,60,61

非传统安全　1-3,15,18,20,21,42-46,51,54,63-65,141,144,170,179,184,191

非对称　1-10,13,14,18-20,22-42,44,57,62,64,65,67,98,100,127,142,144,158,163,176-180,182,183,186,188,189,191,192

非法移民　5,15-21,44-46,51-56,63,144-159,161-163,165,167-178,180-183,185-190

革命制度党　55,62,101,123

共同责任　68,104,108,138,175,177

国际移民组织　163-167,170,171,189

海外墨西哥人研究所　161,162

基础设施　12,32,43,44,48,49,53,63,65,68,69,72-75,78,80-84,89,91,95,97-99,135,141,181,185,187,189

秸秆购买者　112,113

结构性错误知觉　6,10,18,22,26,29,

30,33,34,41,54,55,98,180
禁毒　　5,6,8,13－15,18,19,42,49,100－112,114－117,119－143,157,180－182,185,187,189,190
军火走私者　　112
军事情报保护协定　　109
跨国犯罪组织　　107,108,112
跨界水资源　　5,10,19－21,46,49,63,72,74,78－80,87,95,97－99,185
拉美　　7－9,31,32,39,40,52,56,58,63,115,123,139,155,184,186
联合国毒品和犯罪问题办公室　　128,131
联合国毒品问题特别大会　　129,130,143,189
联合国难民署　　163－167,171,176,189
梅里达倡议　　13,14,102－104,106－112,116,117,119,120,122,125,126,135－140,142,156,157,181,182,185
美墨边境环境合作委员会　　12,65,68,73,74,83,84,96,97,168
强国　　1,2,4,5,7－9,17－42,57,63,67,74,92,121,129,131,141,142,171,175,178－183,186,188－191

情报融合中心　　110,126
全球移民治理　　15,167,168,170,171,177
弱国　　1,3－5,7－10,17－42,54,55,57,63,67,68,96,126,134,140－142,163,175－191
水条约　　42,49,65－69,75,77,79,80,86－89,91,95,96,98,187
水债　　79,87－89
司法改革　　115,117,118,127,184,187
武器管制　　111,113,134,141
移民与发展全球论坛　　167,169－171
援助　　14,18,20,21,32,35,37－39,41,67,68,74,80,82－85,87,89,92,97－99,102,103,107,110－112,114－116,118－120,122,128,134－143,147,153,156,157,164,166,167,174－177,180,182－187,190
自我约束　　20,21,35,36,38,41,74,77,91,98,142,177,180,182,184,185
自主性　　3,9,11,28,30－32,38,39,41,62,77,103,141,143,175,179,189,191

后 记

当我把博士论文整理成这份书稿并完成最后一次校对时,已经是论文答辩之后两年了。当时有幸邀请到中国社科院拉美研究所徐世澄研究员、上海外国语大学汪波教授、王联合教授、左品副教授和同济大学潘敏教授作为答辩委员会成员。他们慷慨赐教,对论文给予了睿智的点评和中肯的建议,令我一直感动至今。

在将拙作交稿付梓之际,我感到的不是如释重负的痛快,反而思想上的困顿和挣扎却与日俱增。本书建构的分析框架可能是一个理想化的强弱国家之间的相处之道。随着国家之间实力差距的进一步扩大,强国拥有压倒性优势,在诸多事务中都掌握主动权,而弱国则一直囿于复杂的国内政治,无法找到符合他们国情的发展模式和道路,缺乏能够制约强国的杠杆,弱国的无力感几乎是一个恒量。正如美国前驻墨西哥大使杰弗里·达维多的"熊和豪猪"的比喻:美国就像一只熊,一种如此强大的动物,无论是有意还是无意,它都能压倒任何东西。墨西哥则像一只豪猪,一种过度敏感的动物,它随时准备对任何挑衅做出反应。要达到本书建构的四个条件来弥合强弱双方之间的结构性错误知觉,开展非对称合作,或许越来越难以实现。而这个框架是否可以应用于其他非对称关系国家之间的关系,也需要和其他研究领域的学者进行进一步的讨论。

我是一名起步较晚的学人。我本科和硕士均为西班牙语专业。毕业之后,在央企工作了几年,外派到拉美国家从事翻译工作。回归高校之后才开始博士阶段的学习。而从语言专业转向至国际关系研究亦是一条艰辛之路。这些年一路走来,我时有疲惫受挫之感,但幸运的是,总能遇到很多良师益友,他们的帮助和鼓励时常把我从放弃边缘拉回。站在今天往回看,虽然"衣带渐宽终不悔,为伊消得人憔悴",但是在查找和阅读前人经典文献、与同行的坦诚交流过程中，也多次体会到"众里寻她千百度，蓦然回首，那人却在灯火阑珊处"的获得感。正是这些时而降临的小惊喜不断鼓励着我一直坚守、锲而不舍、不断前行。

为此，我要特别感激我的博士导师钱皓教授。钱皓老师的专著《美国西裔移民研究——古巴、墨西哥移民历程及双重认同》是国内西裔移民领域最高引的著作之一，也是我入门墨西哥研究的指路灯塔。钱老师特别强调学术论文的写作方法——要在大量阅读文献的基础上，提出大胆的理论假设作为分析框架，之后用翔实的史料来进行实证检验。钱老师严谨治学的精神潜移默化地影响着我、改变着我。我逐渐改正了粗心莽撞的缺点，也立志要努力学习和模仿钱老师的逻辑缜密、视角新颖以及用词的谦恭、严谨和睿智。此外，在导师身上，我学到了为人师表。钱老师每一封写给我的邮件、每一张字条我都保存在我最重要的文件夹中。这些文字不仅凝结着钱老师在学术上对我的指导和启发，更重要的是钱老师对学生的关爱。钱老师有一教诲犹在耳畔："Pass on the love."在今后的道路上，我要把这份爱传承下去。

其次，要感谢在博士阶段为我授课的上海外国语大学的老师。杨洁勉教授、刘宏松教授、王联合教授、汪波教授、汪卫华教授、武心波教授、汤蓓教授等开设的博士生课程深入浅出，他们深厚的理论功底和开阔的学术视野为我打开了学术殿堂的大门。同样，要特别感谢硕士母校对外经济贸易大学的赵雪梅教授、本科母校北京语言大学的周钦副教授和社科院拉美研究所的徐世澄教授多年来一直关心我的发展。

感谢2016—2017年国家留基委给予的资助，使得我能够前往墨西哥查找资料，更加深入了解了墨西哥的学术生态和国际问题立场。感谢墨西哥国立自治大学拉丁美洲和加勒比研究中心前主任阿达尔贝托·桑塔纳（Adalberto Santana）教授对我的指导。

感谢所有同行友人——宋海英教授、李晨光副教授、夏婷婷博士、赵灵双博士、徐文姣博士、安德万博士、郭晓兰博士、刘江韵博士等等，对我的鼓励和帮助，让我孤军奋战在图书馆时依然可以感受到关怀和温暖。感谢时任墨西哥国立大学孔子学院中方院长的李程博士为我扫描我所急需的参考书目。感谢中国社会科学出版社编辑高歌女士为本书的出版提供的专业编辑工作。愿这些努力学习和工作的人都能被世界温柔以待。

感谢2022年度浙江省哲学社会科学规划年度课题（22NDQN263YB）和

后　记

浙江外国语学院2023年度博达科研提升专项计划（第五期）后期资助专项（2023HQZZ2）为本书的出版提供的资助。正是学校对教师科研的支持，才使得本书的出版成为可能。

感谢我的父母、岳父母和爱人多年来的默默支持和无私奉献。他们给了我太多朴素而不求回报的爱。感谢在我写博士论文期间降临到我生命中的可爱女儿，她见证了我的成长，给了我无穷的力量。

最后，本书中可能存在各种疏漏、不足甚至是谬误之处，均因本人学识尚浅所致。欢迎大家批评指正，帮助我在学术之路上不断前行。

陈岚

2023年4月30日